艾迪兹管理理论

把握变革

依沙克·艾迪兹 ◎ 著
张伟中　熊艳芳 ◎ 译

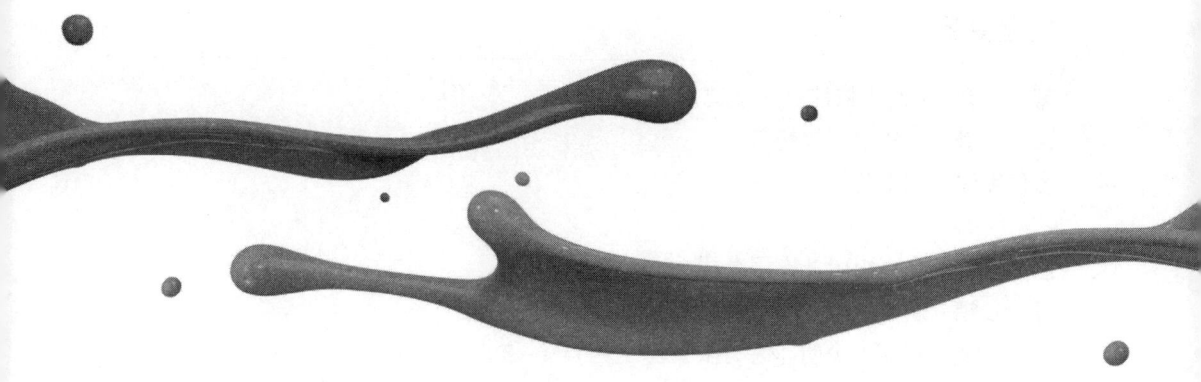

华夏出版社
HUAXIA PUBLISHING HOUSE

图书在版编目（CIP）数据

把握变革/（美）依沙克·艾迪兹（Ichak Adizes）著; 张伟中，熊艳芳译. --北京：华夏出版社，2018.1（2021.12 重印）

书名原文：Mastering Change（by Ichak Adizes）

ISBN 978-7-5080-9360-4

Ⅰ．①把… Ⅱ．①依… ②张… ③熊… Ⅲ．①管理学 Ⅳ．① C93

中国版本图书馆 CIP 数据核字（2017）第 288034 号

Mastering Change；Copyright ©1992
New edition 2015 by Ichak Kalderon Adizes

本书中文简体版版权归迈沃思（北京）咨询有限公司所有，迈沃思（北京）咨询有限公司授权华夏出版社享有在中国范围内以图书形式出版此书的中文简体版的专有使用权。未经出版者书面允许，不得以任何方式复制或抄袭本书内容。

版权所有，翻印必究
北京市版权局著作权合同登记号：图字 01-2017-8291 号

把握变革

著　者	[美]依沙克·艾迪兹	
译　者	张伟中　熊艳芳	
责任编辑	陈小兰　增　慧	
出版发行	华夏出版社有限公司	
经　销	新华书店	
印　装	三河市少明印装有限公司	
版　次	2018 年 1 月北京第 1 版 2021 年 12 月北京第 2 次印刷	
开　本	710×1000　1/16	
印　张	20.75	
字　数	300 千字	
定　价	69.00 元	

华夏出版社有限公司　地址：北京市东直门外香河园北里 4 号　邮编：100028
网址：www.hxph.com.cn　电话：（010）64663331（转）
若发现本版图书有印装质量问题，请与我社营销中心联系调换。

致中国读者

《把握变革》一书为组织的领导者提供了管理工具，这些领导者为了使他们的组织得以生存和繁荣，需要持续地实施变革。这可能涉及世界上所有的公司，因为政治、经济、社会急剧而快速的变化，变革已经成为我们生活中的现实。

在超过58个国家，从创业公司的领导者到各国领导人，我为他们提供了50年的咨询服务。基于由此获得的咨询经验，我在这本经过扩展的新版书中，增加了很多关于如何成功地实施变革的觉察和领悟。

中国正从农业社会向工业社会、从国内经济向国际经济快速地转变。本书提供的工具，可以帮助个人和组织如何在不断变化的环境中协同管理而不产生破坏性冲突，付出最小的必需能量就获得卓越的结果。

依沙克·卡尔德隆·艾迪兹 博士
2017.1.31

致　谢

　　对此书有所贡献的人名单太长了。我教授这些内容已经超过40年了。它从一个小而简单的模型开始，它也因人们所做的评论伴随着时光而不断成长，有些人贡献了轶事、笑话、案例甚至漫画，特别是那些不同意见和分歧丰富了我的理论。经过实践，我认识到适用于组织的内容也同样适用于个人生活。当我受邀各国元首和他们的内阁首脑演讲时，这些内容适用于社会政治层面也得到了验证。

　　那么，该感谢谁呢？该从哪里开始呢？首先是我的父母，他们的犹太人智慧教给我的不仅仅是生活。在我的家庭之外，我在南斯拉夫贝尔格莱德的一年级老师乌卡迪诺维奇先生上过的一节课使我终生难忘。八岁的我在二次大战幸免于难，而我的大多数家人都为此丧生，我感到害怕和胆怯，班里的另一个孩子因为反犹太人而公开对我进行侮辱。乌卡迪诺维奇先生把我们俩都叫到教室的前面，给我们讲兄弟情谊，我们有多么相似，而且我们可以共享作为不同个体的美好。他谈到了信任和尊重，让我们俩一年都坐同一张桌子，从而我的敌人最终成了我最好的朋友之一（1999年，他在北约袭击中死于贝尔格莱德）。

　　接下来我想感谢叶胡达·埃雷尔，我在以色列参加青年运动时认识了他。第二次世界大战后，我来到了以色列，想在这里安家，而我的内心充满了怕被排斥的恐惧。他教我去为那些比我还要不幸的人提供服务，从而给了我新生活的一种归属感。

然后，是我来到美国继续求学的岁月。哥伦比亚大学的威廉姆·纽曼教授教给我管理理论。但比知识更重要的是，他教会我保持思维开放，对管理过程进行实践，那也是我试图模仿的一种智慧的生活方式。

最后，不容忽视的还有罗斯玛丽·绍什陶里奇、阿德里安.丹尼、已故的查尔斯·马克（本书的早期版本）以及简·里奇邓斯坦重新编写了本书，艾米丽负责复印和编辑，玛雅·柯琳和卡洛琳·希利就像"妈妈"一样关照本版新书。

再次对所有人表示感谢。

依沙克·卡尔德隆·艾迪兹 博士
美国加州圣巴巴拉，2015年

再版序

本书第一版是在二十多年前的1992年写的。从那时起，我就向遍布全球的十多万名公司管理者、国家领导人演讲、咨询，并出版了二十多部著作。换句话说，我又总结了很多经验。

在每一个国家，我都学到了一些新东西。我曾在五十多个国家做过演讲或咨询，每一次他们发来邀请，我都欣然接受，无论这个国家多么遥远，无论它们是落后的还是发达的，因为我想借此机会来检验一下我的方法论和人生哲学，我因此受益匪浅。我发现我的理论不仅仅可以应用在商业领域，它同样还可以应用到国家治理、家庭建设以及个人生活。如何管理变革的通用理论在不断变化，本书也需要更新以适应当下的需求。

再版本书还有一个原因，就是很多大学开设了艾迪兹法的课程，所以是时候让这本书成为教科书了。老师需要指导手册，本书正好可以满足这些需求。

四十多年来，我已经形成了一个关于如何引领变革的理论或者可以称之为哲学，但是它并不是一个完善的概念。我亲自应用了我所教的东西，当成功地取得了预期的结果时，我就将理论记录在手册中，教授给他人，并监测它是否也在经济和行为结果方面取得同样的成功。当他们这样做的时候，有上百家各种规模的公司有证据表明，这套方法不是一个善意概念的积累，而是一个科学：这套方法可以反复验证以得到相同的结果。为了确保它是通用的，我已经在十多个国家开设了艾迪兹办公室以对比不同国家的实践结果。这套方法独立于文化和行业偏见,在商业组织和非营利组织中都适用。

另外,我还开办了一所研究生学院,加利福尼亚州政府准许了学院在教授引领变革——更准确地说是组织变革领域的硕士和博士学位的授予权。我把它比作诊疗,因为我们的目标是通过变革使组织保持健康。组织健康的含义以及如何开展变革,我们会在本书中详细说明。然而,我认为本书仅仅是组织诊疗的导论,要了解完整的治疗方法,我想你们需要阅读我的其他书籍,尤其是《企业生命周期》,它详细论述了哪些问题是正常的,哪些是不正常的。

写作这本书时,我采用了苏格拉底的对话录形式,因为它给了我最大的灵活性来与大家交流。我希望此书通俗易懂,不失趣味性,值得大家去实践。

依沙克·卡尔德隆·艾迪兹 博士

美国加州圣巴巴拉,2015 年

前　言

管理、执行与领导

多年来，我一直在留心观察解决组织发展问题的专业术语的演变过程。起初叫"工商管理"（administration），这个领域的第一本刊物叫《工商管理科学季刊》，那时候培训公司和组织领导者的学校被称为"工商管理研究生院"，授予的学位称为MBA——工商管理硕士。

当工商管理项目无法产生预期的效果后，工商管理这个概念就被降级到企业较低层次的管理上了，仅仅起到协调和监管的作用。此时，新的概念应运而生，"管理"（management）一词逐渐被学院认可，它们纷纷改名为"管理学院"。

显然，这也不奏效，它被降级到企业管理的中级层面，褪去了华丽的外衣，被另一个光彩夺目的新词所取代，"执行"（executive）一词大行其道，EMBA和首席执行官（CEO）等词纷纷面世。

这次转变仍然效果不佳，因此最近出现了一种新的理论："领导力"（leadership）。现在的书上都在说领导力和管理有何不同，但我认为领导力只是另一种时尚，很快就会有更加时髦的词来取代它。

为什么会是这样？因为我们正在寻找一个包罗万象的概念，它将涵盖运行一个组织所必需的技能。我们在苦苦寻求一种模式，它可以描述并识别可以提供组织需要的特定功能的人，而且无论短期还是长期，都既有效益又有效率，而这样的人是不存在的。

　　这种想法之所以错误，是因为它的假设前提是：一个人可以扮演各种角色，并实施各种管理功能，无论他被称为管理者、执行官还是现在流行的领导者。实际上，一个人即使拥有特殊的才华，也仅仅能扮演好一个最多两个管理组织的角色。

　　在本书中，"领导力"、"执行行动"、"管理流程"等对我来说都是一样的，它们都犯了同样的错误范式。它们所基于的范式认为，一个人无论是领导者、管理者还是主管，无论是短期还是长期，都能够使企业保持有效益和有效率。

　　我要明确指出，一个可以使企业无论是短期还是长期都可以保持有效益和有效率的决策者是不存在的，也不可能存在。能够产生这些功能的角色是内在排斥的。完美管理者只是以个理想。

　　但人们还是在不断地尝试着创造和培训出这么一个人，无论称之为管理者、执行官还是领导者。到头来一定是竹篮打水，不可能、不会、也从未发生。我们的管理教育需要洗心革面，我们的管理文化需要重新定向。

　　领导者作为个体来讲，无论他现在多么能干，最终也会沦落到不能干的境地。因为随着时间的迁移，企业所处的生命周期阶段会发生变化，从早先的成功进入到繁盛阶段，作为个体的管理者避免不了重新调整自己，或许过往的成功经验会变为未来失败的温床。

　　建立一个公司需要的是一支互补型团队，需要的是协同性领导力，团队领导不同于团队成员，而又彼此互补。

　　但是注意了，互补型团队会带来一个问题：因为风格不同，所以就会产生冲突。因此，尽管冲突是必要的，也是不可避免的，但冲突也是具有破坏性的，它会使企业丧失正常的功能。

　　要避免这种潜在的破坏性冲突引发的功能丧失，就需要一支基于彼此信任和尊重、具备协同性领导力的互补型团队。

　　本书提供给大家一个新的范式，可以使企业获得超常的可持续的成功。很多企业家在使用了这套方法后都留下了赞许之言，有些可以在我们的网站 www.adizes.com 上看到，有些你可以看我出版的新书《CEO访谈录：艾迪兹法实践》。

　　我们现在就开始吧。

译者序

随着中国在全球发展中扮演的角色越来越重要，中国企业的管理者和领导者如何面对变化、更好地把握变化，将变化带来的问题转化为机会，以助力组织持久的发展，将成为企业迫切的需求，此书的再版恰逢其时。此书的以下特点有助于企业管理者的领导力发展、团队建设和组织动态保持在"鼎盛"期：

第一、管理思想以及方法既具有先进性又具有可操作性。企业的管理者们面临的挑战是：在企业每年绩效指标不断飙升的时候，他们更多关注在短期效益的实现，然而这样就有可能影响组织的长期效益；如果关注在长期效益，又可能影响短期效益的获得。考虑效益的时候又有可能损害效率，关注效率的时候又有可能损害效益。而艾迪兹博士将企业的管理角色归纳为PAEI四种管理风格，就像维生素对生命一样，这四种管理风格对企业管理缺一不可，企业管理团队只有包含四种特质的管理者才有利于企业做出正确的决策。而做出正确的决策，并有效地实施决策的可预测模式为企业带来短期和长期既有效益又有效率。

第二、艾迪兹法的系统性。艾迪兹法是把组织视为一个系统，艾迪兹不会像医生一样开药方让患者去"吃药"，而是会让组织利用和释放自身的能量来进行自我修复，针对的是整个系统而不是个人，帮助组织产生必需的维他命（PAEI角色），那样就可以使组织保持健康并减少企业对外界咨询力量的依赖。

第三、以价值观为驱动的管理与领导理论。艾迪兹法会检查这套方法体系赖以存在的价值观是否会被所服务的公司所接受。通过"推销"彼此信任和尊重的文化为组织的"土壤",如果领导者不在乎企业文化,只想快速得到结果,企业有可能采取裁员和降低成本的方式。艾迪兹法提供的不是"减肥",而是将脂肪转化为肌肉,将破坏性的冲突转化为建设性的冲突,真正通过创造变革的环境使企业提高并持久保持高绩效。

企业环境的变革无疑是很具体的,本书把基于变革理论的整个概念体系转化为对管理者而言具有不同寻常的实践指导意义的内容,使得企业可以有效地识别常态与非常态的问题,能够处理持久艰巨的管理决策问题,并将常见的管理难点之源减至最小。

以我投身于企业培训、咨询与辅导多年的经验来看,艾迪兹博士在《把握变革》中采用谈话方式所分享的管理与领导方法,是我迄今为止看到的最通俗易懂、可操作性的理论,更重要的是艾迪兹博士独到、科学而智慧的见解非常值得一读再读,并真正在企业加以运用,在家庭中亦是如此。

熊艳芳

2017.11

目 录
contents

致　谢 *1*

再版序 *1*

前言：管理者、高管、领导者 *1*

译者序 *1*

对话 1　变化及其影响 *1*

对话 2　关于教育、管理、领导力 *15*

对话 3　如何预测决策的质量 *29*

对话 4　效率和效益 *47*

对话 5　管理角色的彼此不相容 *81*

对话 6　管理、领导和管理不当的风格 *109*

对话 7　如何应对变化 *129*

对话 8　责任及职权、权力和影响力 *153*

对话 9　预测决策执行的有效性 *181*

对话 10　如何驱动正常运转 *211*

对话 11　**如何与不同风格的人进行沟通**　*229*

对话 12　**感知现实**　*257*

对话 13　**人的素质**　*267*

对话 14　**如何将委员会式工作转化成团队协作**　*289*

对话 15　**艾迪兹项目与组织变革**　*307*

译后记　*315*

一天下午，我和一位我曾经咨询过的公司高管进行了一番交谈。他想了解我已经开发出来的理论框架，这也正是我在全球范围内教授和举办讲座所讲的内容，这些内容可以帮助大公司的CEO们，在组织实施变革中不会产生破坏性冲突并迅速取得成功的实施策略。他问我是否愿意与他谈谈我所专长的领域，当我们彼此就问题和答案进行交流时，本书就在我的脑海中成形了。

对话 1

变化及其影响

您好。

你好。

我知道您已经研究管理和领导的过程超过50年了，您的结论是什么？对于您而言它又意味着什么？

我们首先需要定义"管理"这个词。后面我会定义"领导"，以及彼此之间的区别。

传统的管理理论

我发现在很多语言中，比如瑞典语、斯拉夫语、西班牙语，并没有与"实施管理"这一概念相对应的词。在这些语言中，会经常用"指挥、领导"或者"行政管理"等词来代替。例如，在西班牙语中，会用 *Manejar* 与"管理"一词相对应，但管理的对象却是马匹和车辆，而不是指人。

当其他语言中使用美国人想表达的"管理"（*Manage*）的意思时，他们使用"指挥"（*Direct*）或者"行政管理"（*Administer*）这些词，或直接使用美语中的"管理"（*Management*）一词来表达。

再来看法语，更没有这个词。当他们讨论管理时，他们会直接用英语中的"管理"（*Management*）一词。在俄语中，尽管他们试图与美国保持一定距离，然而也使用英语中的"管理"（*Management*）一词。

我给你的建议是，如果不对这个概念进行解释，理解起来会很不明确。此外，这个过程也并非是普遍适用的；不同的国家，管理方式也不同。

20 世纪 60 年代之前，在南斯拉夫的自治系统中，管理甚至是被法律禁止的，而同样的管理流程在美国已经很成熟，并被纳入商学院进行教授。在前南斯拉夫，如果一个经理对公司经营单方面做出决定，他可能会被起诉。这被视为对工业民主体系的否定，并有明确的法律规定。管理者只有建议权，但决定必须由工人们来做，在企业层面也同样应用了这种民主的原则。同样的事情也发生在以色列的"基布兹"——共有自治组织，处在基布兹的管理位置上的人定期被选举出来，以避免某管理者长期统治他人。

您的意思是基布兹的管理者也会去给牛挤奶？

或者去厨房下厨、洗碗。管理者不是长期和永久不变的，正如经过民主选举的领导是没有永久的一样，那样将否定民主。在民主制度中，领导和管理并不是一种职业，而是一种召唤。

那么，究竟什么是管理？如果在某些语言中没有直译的词，管理就会被某些社会政治制度否定甚至在实践中禁止吗？词典中的同义词会不会提供了足够的定义呢？

问得好，你建议有什么同义词呢？

决策、运营、计划、控制、组织、规定、达成目标、领导、激励、完成任务……

在一些词典中，管理的同义词诚如你所说。还有一些有趣的同义词，比如美国大学词典中是支配（*Dominate*）和统治（*Govern*），牛津词典中是操纵（*Manipulate*）和纵容（*Connive*）。

我对使用"操纵"和"纵容"这样的同义词感到不舒服。

我不会因此而责怪你，但这些词的存在是有原因的。让我们来分析一下你之前提到的所有这些同义词，除了"操纵"和"纵容"以外。请想象一下这些同义词所描述的过程，当赋予它们生命的意义时，你能辨别出它们的共同之处吗？运营、计划、控制、组织、规定、达成目标、完成任务。

它们的过程都是单向的，管理者告知被管理者该干什么，管理者决定做什么，被管理者只需要服从并执行。

这就是为什么我们称管理者为部门的"头儿"，称得力下属为"右手"。因为右手可以精准地执行头儿交给它要做的事情，而左手的行为则受其自身的意志支配，不是完全可控的。

但是管理者也被称为监督者啊。

那是因为监督者被认为应该有更高的视野。如果看一下军队中军官的徽章，你可以通过比较徽章的内容而看到美国军官的不同等级，先爬上树而后上升到天空。副官用树的分枝来代表；少校用一片树叶来代表树的顶端；上校的图案是一直上冲的鹰；将军的图案由一颗星星来代表；他们在组织中的级别越高，其视野就应该越广。

> 管理或领导的流程不是一个与价值无关的过程。它不仅是一门科学和艺术，也是社会政治价值观的一种表达形式。

然后呢？

这是一个涉及低级别下属的视野的问题。他们越是在树的底端，可以看到和知道的就越少。我们来看一下下属这个词，其意思是次要的普通人。

您的言外之意是说管理者要有更高的视野，而下属只是次要的"配角"？

在希伯来语中，下属的字面意思是"弯曲"（*Kfufeem*），意思是管理者需要他们怎样就变成怎样。

我从来没有注意到这些隐含的意思，是什么原因造成的呢？

管理或领导的流程不是一个与价值无关的过程。它不仅是一门科学和艺术，也是社会政治价值观的一种表达形式。它是政治进程的附加值，来源于父权式的家庭，至少我是这么认为的。

那么激励这个词呢？这个词是不是改进了管理过程中由于等级出现和单向式管理所带来的损失呢？

在上下级管理中，下属要向上级汇报，先由管理者做出决定，然后再激励下属去执行，你认为这就是激励的意义吗？

作为管理者或领导者，我知道希望下属做什么，我所遇到的挑战是：找到可以激励他们的方式以执行我做出的单向决定。如果我不能掌控他们，也许我会尝试激励他们去做我想让他们做的事；他们没有发言权，他们就应该心甘情愿地去执行我的决定。

这听起来像什么呢？

操纵。

对啊！我记得《纽约人》杂志上的一幅漫画。画的是一个心理学家的妈妈试图说服她的儿子去倒垃圾。这个男孩厌烦地说："好了，好了！我会去倒垃圾，但是，老妈，请别再试着激励我了。"即使是一个孩子也可以看出激励是被操纵的。做什么已经被决定了，剩下的只是让他怎么做的事情了。

现在我明白为什么工会经常反对用来"激励"工人的诸如工作丰富化或扩大化的方案了。工会认为这些手段加大了对管理层和股东来说良好的生产力和盈利能力，对工人们唯一的好处是他们可以保住饭碗。

同样的情况也发生在同义词"领导"（*Lead*）上。一些关于领导力的理论，如果你仔细分析的话，你就会发现，当下流行的领导功能就是使追随者满怀热情并愿意去执行已经做出的决定。请注意艾森豪威尔的一句名言："领导是一门艺术，让别人去做你想做的事情，因为他想这么做。"你看，决定已经做完了，追随者应该乐于去执行好像是他们做出的决定，这被视为操纵，不是吗？

在某些行业，管理是一个肮脏的词。在美国的艺术领域，管理往往是剥削的代名词。如果这种模式不改变，我相信同样的事情很快也会发生在领导这一概念上。

您有什么建议呢？

变化的本质

我们必须了解管理或领导的角色及其所执行的功能:为什么我们需要它?功能应该与价值无关,也不应存在社会政治和文化的偏见,并适用于任何组织和行业,也适用于任何规模、任何层次(无论微观、宏观还是中观)的营利或非营利组织的任何组织目标。

> 变化越多,我们面临的问题就越多。

无论管理我们自己、我们的家庭、我们的工作、非营利组织还是管理国家,都是同样道理。当我谈到管理者、领导者、家庭教育或者政府时,从概念上讲管理过程是一样的,理论也是通用的。

听起来是个雄心勃勃的计划,从哪里开始呢?

有一点你是否认同,变化是永恒的?自古以来就是如此,并会永远持续下去。世界在变化,身体、社会、经济等都在变化,甚至此刻也存在变化。变化是必然的。

是吗?

变化产生问题。为什么产生变化?因为有新的事物出现,现在我们不得不决定对此做出反应,并执行做出的决定。

当有新事物、新现象产生时,我们得不到我们想要的全部信息,因此,对新事物做出决定会有不确定性。如果我们实施这一决定就会有风险:可能不会得到我们预期的结果。

在不确定的情况下做出并实施决定会产生风险,这就是问题。我们一边挠着头一边想:我们该怎么做(在不确定的情况下)?我们该做吗(在有风险时)?这时,我们考虑到新事物带给我们的影响就是"这是一个问题"。

变化越多,我们面临的问题就越多。

现在让我们假设我们已经做出决定并去实施，会发生什么？我们有了解决方案并实施它，对吧？

请注意我们的解决方案也造成了变化，我们可以就此画个图：

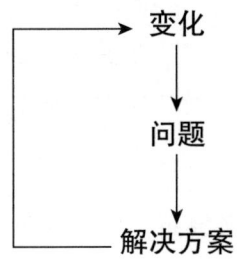

现在来看看这个图，如果变化一直存在，还有什么是一直存在的？

问题。

变化越多越快，我们遇到的问题就越多并越复杂。

是的，电子邮件和计算机系统可以提高我们工作的效率和创造更多的效益。但是，我却有更多的工作要做而不是减少了工作，我需要面对比以前更多的问题。

> 生活水平越高，生活质量就越低。

我也有同样的经历。变化的速率加快了，环境变得彼此重叠和相互依存。一个新技术可能瞬间就会对经济环境、社会环境甚至政治环境产生影响。看一下互联网，那可是一项技术革新，它对零售业产生了多么大的经济影响啊。那么多人参与其中，这既对政治也对社会产生了影响：看看人们如何在互联网上彼此相识并约会……我们面对的环境越来越复杂，简单的解决方案已经无法解决复杂的问题，对待复杂的问题我们需要复杂的解决方案。

此外，因为变化的速率加快了，我们的祖父辈可以用一生的时间做重大决定，而到了我们的父辈就变成10~15年时间来做重大决定了，我们做出决定的时间则变成5年，我们的孩子这一辈就缩短为每年就要做出一次重大决定：生活变得越来越有压力。

> 每一个问题后面都隐藏着机会，
>
> 每一个机会后面也隐藏着问题。

我去一些国家旅行时发现，在发展中国家，一天听到的笑声比发达国家一年听到的都要多。那些发达国家或者说更加先进的国家，人们似乎很少有时间去笑，很少有人只是享受生活，他们的压力都很大。

是的，看起来生活水平越高，生活质量就越低。这一切都与变化的速度相关。

> 只有在没有变化发生时，我们才会避免问题的产生。

那是不是变化带来的事物都会引发"问题"？会不会有一些变化也能带来机会啊？

确实如此。有意思的是，在中文里，把问题带来的危险与机会合在一起用一个词表示：**危机**。意思是说每一个问题后面都隐藏着机会，而每一个机会后面也隐藏着问题。

你曾经遇到过问题并解决了它，你会从中学到很多，并因此而变得更强大，对吗？这个问题真的给了你机会去学习。我还很确定，你有时间看到机会并试图利用它，这个机会被证明，如果不被解决就会变成一个大问题。

所有的机会都是对问题的回应，这世上如果没有问题就不会有机会。你面临的竞争问题就是你的机会。你公司所面临的问题对于你的竞争对手就是机会，如果你很聪明地利用这一点，那为什么会让你的问题变成竞争对手的机会呢？为什么不用这些机会来有效地提升你的公司的竞争力并从你的问题中受益呢？

每一个问题都是学习和改进的机会。机会和问题既对立又统一，这取决于我们怎样去看待它。正如我们将要讨论的，它具有独立的本质。

对于一些人而言，问题是机会；对于另一些人而言，机会就是问题。

这都取决于你看待变化所造成的是机会还是问题，取决于你的思维模式和如何处理它。带来问题的同时也带来了机会，我发明了一个新词，把中文中的"危机"一词翻译成英文 oppor-threat（"机遇-危险"）。

这让我想起在印度哲学家欧斯波的书中读到的一个笑话。

一个男人走进精神病医院，看到走廊中一间病房里的一个男人手抓头发，边哭泣边说："娜塔莎，娜塔莎。"

来访者问周围的人："他怎么了？"

"他坠入爱河，但他爱的娜塔莎离开了他，他的心都碎了。"

来访者继续往前走，看到另一间病房有一个男人，一边以头撞墙一边喊道："娜塔莎，娜塔莎。"

"他又是怎么回事？"来访者诧异地问道。

"哦，就是他娶了娜塔莎……"

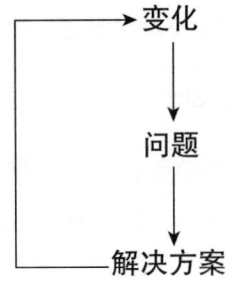

请注意，无论我们怎样去实施之前做出的决定以解决问题，我们都会引发更多的问题，我们自己就是制造问题的来源之一。变化既可能来自外部，也可能来自内部，甚至来自我们之前做的决定所造成的连锁反应。

> 无论作为管理者、领导者、父母还是政府，其最终目的是：管理变化。

如果变化一直存在——甚至永远存在，那么这里还有什么也会一直存在下去?

问题和机会。

好极了。这里的要点是：只要变化存在，我们就不应期待永久地解决所有问题，这种情况不会发生也不可能发生。当一批问题得到解决，会有一批新问题产生，只有在不发生变化时，我们才能避免问题的产生，而这只有在什么情况下才会发生？

死亡。

对啊！活着就意味着要解决问题，而成长则意味着可以解决更大的问题。"大人物"解决大问题，"小人物"解决小问题。（这里的大人物、小人物特指精神层面。）

变化越多，带来的问题就越多，无论我们谈论的是人、婚姻、公司还是国家。

遇到的问题少并不意味着成长，反而意味着行将死亡。看一下小孩子，有那么多的问题，而年老的人只想着一个问题：如何可以活下去。

但变化越多，压力也越大啊。

是的，专门有心理测试来测量压力，你填好表后会看到每一个事件给你带来多少压力。举例来说，被解雇，多少分值；家人去世，多少分值；去度假，多少分值。这一系列事件的共同点是什么？

管理、领导、教育或者治理的本质就是：管理变化。

变化！

无论作为管理者、领导者、父母还是政府，其最终目的是：管理变化。解决过去和现在需要解决的问题，做出决定以解决未来可能出现的问题。当下解决过去所产生的问题，做好准备以解决当下做出的决定而在未来可能出现的问题。没有问题就不需要管理,什么时候才没有问题,只有当我们……

死亡。

管理是为了活着,活着意味着去经历各种因变化而带来的问题。

对管理者、领导者、父母、政府、国家……意味着去解决各种因变化带来的问题。

如果你不管理变化(即因变化而带来的问题),你就不是在做管理,不是在做领导,这才是管理、领导、家庭教育、政府的本质。

所以,无政府主义者所强调的政治理论是尝试去掉政府和管理,那是乌托邦式的幻想。

我认同。

变化能成为你的朋友,也能成为你的敌人。

这里有个故事可能你还记得。

我的朋友彼特·舒特兹,被任命为保时捷的总裁后,他走访了公司的所有部门。

当他来到工程技术部门时,问在场的人:"如果保时捷参加法国勒芒的赛车比赛,谁会在竞争的赛车比赛中获胜?"

在场的人回答:"我们不会赢。"

"我们应该在明年获胜,如果我们获胜就全仰仗在场的各位了。"他说道。

于是,工程技术部开始围绕赛车记录设计出经受住考验的赛车,并重返赛车场获得胜利。为此还举行了盛大的庆祝活动。第二天他们发现,赛车委员会改变了下一年的比赛规则,他们不得不重新回到绘图板前重新设计,工程设计师们感到很郁闷。

彼特回复给大家这样一句话,这也是我信奉并反复告诉公司高管们的话:

"如果没有改变,平庸最终将会赶上。"

变化,是管理良好的公司最愿意发生的事情。

变化使管理良好的公司与管理不良的公司保持了竞争距离,因为他们知道可以变得更好。

> 如果没有改变,平庸最终将会赶上。

变化对于管理良好的公司而言,出现问题是一个机会,而对于管理不良的组织而言,出现问题则可能是一个致命的问题。

快速变化或慢慢死亡。

我再说一遍,无论你是自我管理或管理一个公司、一个部门,领导一个政府、一个家庭……你都必须根据变化做出决定并实施你的决定。既然变化是永恒的,管理和领导就会一直存在下去,不会消失。

你的管理是否良好,取决于你的决定是否有效益以及是否有效率地实施。

问题的起源(机会)

是否存在因变化而出现问题和机会的深层原因呢?

万物都存在于一个系统中。我的意思是,这个世界上的一切都存在于系统中,系统之间相互依存,甚至连天上的星星都是相互依存的。

现在,每一个系统都由次系统组成,次系统也由属于自己的次系统组成,向下一直延伸到纳米级,我相信还会一直延伸到我们目前没有发现的次系统。

那又怎样?

当发生变化时，一些次系统没有发展，变化导致另一些次系统发生的变化快于其他次系统。

> 问题是瓦解的表现。

就以你或其他任何人为例吧，你自身就是个系统，由身体、智力、情感、精神等次系统组成。它们的变化不同步是必然的：也许你身体40岁，智力因为学习和经验丰富而显得更成熟，但情感上你还是个青少年，精神上则显得幼稚不成熟。

你看会发生什么？系统内部会发生裂变，一定会不同步（不是一个"整体"），这些裂变被证明就是我们说的问题。

出现问题是因为……

瓦解。

这就是为什么当某人说遇到太多的问题时，我们会说他心烦意乱，人都快崩溃了。当我们看到某人战胜困难时，我们会说这个人挺过去了，或说这一家人渡过难关了，或说这个国家是合为一体的。

健康的标志是整合，疾病的标志是瓦解。所有问题出现的根源是因为瓦解，瓦解的原因是因为变化。告诉我一个高速率的变化，我将向你提供瓦解的重要标志。一处海边的房子一定比山边的房子需要更多的维护、保养，为什么？海边的房子受气候变化的影响更大。

我们遇到的任何问题，我再强调一下，任何问题，无论是健康问题、婚姻问题或者车子无法启动，还是邻居发生了犯罪行为，都是因为瓦解造成的：有些事情因为变化而分裂了。

你去看医生述说病情，医生会问你什么？

"发生多久了？"

"这种情况从什么时候开始的？"

"发生什么变化了？"

"什么地方不对劲了？"

你的车无法启动了，维修工会尝试着找找什么零件坏了，哪里松了。

> 自我诊断时问自己：发生什么变化了，什么分裂瓦解了？

你与伴侣之间出现了问题？你的婚姻面临"瓦解"。瓦解多数是因为发生了变化，也许是因为有了小孩儿，也许是因为换了工作，或者发现了隐藏的新需求等等。谁知道呢？但有一点是肯定的：发生变化了，发生瓦解了。

自我诊断时问自己：发生什么变化了，什么分裂瓦解了？

可是，当今西方世界所面临的关于伊斯兰恐怖分子的问题要大于因变化所带来的瓦解。

我认同。现代西方社会在政治、社会、技术方面是先进的，而世界上其他一些地区则不接受这些变化，比如女性的社会角色发生改变。请注意，不只是狂热的穆斯林分子有这种反应，所有的宗教狂热分子都抗拒变化。

那么，对于一个系统，有没有一个可以管理变化的工作流程？是否有不具破坏力量的变化呢？我注意到人们讨厌变化，或者可以支持变化，只要不发生什么变化。我想他们希望获得因变化而带来的益处，却不需要因变化而带来的痛苦。

这就是我花费超过50年研究并在超过52个国家的各种规模的公司中所教授的内容，这其中还包括全球最大的公司，甚至还有一些政府机构。这也是我们这次谈话的目的，我们先阐述主题，然后再继续展开。

我都等不及了。

对话 2
关于教育、管理、领导力

回顾我们之前谈过的管理理论，当今在美国和全球进行教授的并不与价值无关。恰恰相反，美国文化中表现的个人主义和精英主义都强调，管理就是针对不同的工人和下属而做的。

是的。

此外，您强调管理是因变化而存在，如果世界没有变化，也就不需要去管理了，但那时我们也将会死去，所以，只要我们活着，就会存在变化。

> 不做决定也是一种决定，即决定不做出决定。

您还说过变化产生问题和机会，关键取决于我们视其为问题还是机会，您将会告诉我们怎样将问题转化为机会。

我认为这牵涉到两种管理变化的过程。首先，你必须决定做什么，然后，你必须实施你做的决定。你是否认同，即使做出决定而不去实施也是无效的决定？

但是，有一些人不能做决定，他们觉得信息不够或者惧怕卷入风险。

注意：不做决定也是一种决定，即决定不做出决定。实际上你放弃了做决定。假设你站在一个十字路口，由于变化而引发一个新情况摆在你面前，你必须决定做什么：向左，向右，还是返回。假设你不能做出决定的原因是你还没有搞清楚情况。现在发生了什么？你决定待在原地，你决定不做出决定。

这可能是最糟糕的决定。

你说得对。请让我套用威尔·罗杰斯的话：即使你走在路的右边，如果你不动，卡车也会撞到你。

当发生变化时，没法避免做出决定并去实施这一决定。

为了管理良好，在管理过程中必须把它们放在一起来看。所以，我们认为领导路线图如下。

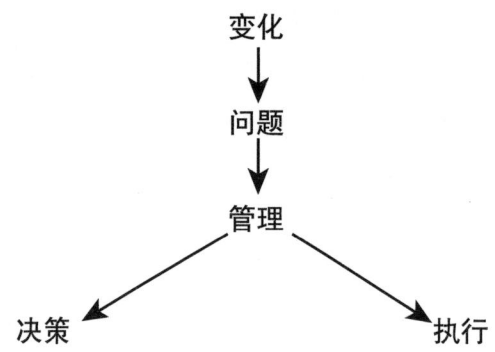

这一过程——决策和执行——是与价值无关的。你既可以将它们应用于黑社会犯罪，也可以应用于高档社区的管理。无论何时，只要有变化，你就必须做决定并去执行那些决定。

但这些要素真的是必需的吗？

像我之前所说，不做决定或者拖延也是一种决定。你无法逃避随时都会发生变化这一事实，你必须做决定或为决定去改变自己。做出决定是必需的，但还不够，你还需要实施决定。

有意思的是，商学院或商业学校并没有教授什么关于实施方面的东西。所有课程都是关于如何在市场、财务、经济方面做出正确的决定，并假设这是一个不错的决定并得到实施。

你很快就会知道为什么这样，让我来解释一下。以我多年的经验来看，刚刚毕业的 MBA 学生初生牛犊，没有经验，他们成天都在抱怨为什么那么好的主意不能去实施。他们需要一些教训才能知道什么才是正确的决定，虽然他们很不错，但做出错误的决定和不能得到实施一定是有原因的。

为什么？

如果我们想管理良好，你既需要做出决定以创造效益（产出预期结果的决策），还需要高效地实施（尽可能少的成本消耗）。

$$\text{管理质量} = f \left\{ \begin{array}{l} 1.\ \text{有效益的决策} \\ 2.\ \text{高效地实施} \end{array} \right\}$$

您说得对，即使一亿乘以零，其结果依然还是零。但我还是有个疑问：不包含实施计划的决定就一定不是好的决定吗？由此推断，管理需要一个完整的决定，应该包含详细的实施计划，然后就是去实施它。

不是那么简单。看一下你的个人生活：有多少次你曾经做出的决定从来没有去实施？你甚至可以列出一份长长的清单，列出那些你想做（甚至已经有了详尽的实施计划）但一直没有去实施的那些决定。

你吸烟吗？也许你暴饮暴食？自从你知道这些行为会对你产生不利影响，或许你决定改变这些不良习惯，尽管你为此制定了详细的改变实施计划，但是你或许依然延续着老习惯。

您的意思是说，我无法掌控我的生活？

不是吗？你实施了所有因变化而做出的决定吗？

那倒没有。举个例子吧,我到现在依然对如何减去一些体重而感到很纠结。我决定节食很多次了,但到现在都没有奏效,太令人尴尬了。

同理,这也几乎适用于企业。管理层直接决定做出改变,比如在市场、生产线或者企业文化等方面,而在实施阶段经常困难重重,很难实施这些决定。这样的情况也会在国家政府层面发生,很多国家领导人甚至独裁者都抱怨他们涉及变化的决定无法得以实施。例如,希特勒也不能强迫下属去实施他的决定(燃烧德国计划)以阻止盟军向德国的挺进,他的这个决定从未得到执行,尽管希特勒具有绝对的权力去处死任何不执行他的命令的人。

他的摧毁巴黎计划也被搁置了,虽然他可以处死任何违抗他的命令的人。尽管他掌控着他人的性命,但人们依然没有遵从他的命令。

列维·艾希科尔[①]是以色列的总理,他曾经对不能实施他的决定提出批评。他回应说:"我承诺做决定,但我没有承诺去实施。"

> 决策的质量既不能预测,也不能保证实施的概率。

我再强调一下,决策的质量既不能预测,也不能保证实施的概率。即使它是出色的决定,也会因为不能实施而需要改变,反而一些糟糕的决定得到实施。

为什么会这样?

因为有两条管理路线,一条是如何做出正确的决定,另一条是如何正确地实施,这二者彼此是不相容的。这就像你有两本书,一本书教你如何做出正确的决定,另一本书教你如何实施决定。如果你去实施一个决定,依据的是书中教你的做出正确决定的原则,这个原则就会损害有效实施;反之,如果你按照书中教你的有效实施的原则,又

---

① 第三任以色列总理(1963-1969),任期内去世——译注。

会损害你做出正确的决定。

如果您能举个例子,我可以更好地理解您的意思。

看一下政治体制,哪种体制的设计可能会更好地制定正确的决定?对目标而言,可以提供一个开放式的讨论和自由辩论的氛围、收集各种信息、展开演说并最终做出正确的决定?

民主制。

正确。因为有变化,所以我们要改变一些公共政策,可你知道实施这些决定有多难吗?这个系统可以做出正确的决定,但是做出这个正确且合法的决定后,在实施过程中却又往往成为绊脚石。我听到很多采用民主制的领导人都抱怨制定的政策不能按他们预想的那样即刻得以实施或者得以全部实施。

现在来看一下,哪种政治体制不受问题、争论、意见不合等因素影响并可以得到快速实施?

极权制。

对啊。极权制通常制定的不是好的决定,为什么?因为有效地执行是禁止言论自由、讨论、意见不合的。

"去做,否则……"

这抑制了必要的信息交换和理性判断,反而由于独裁者基于个人的偏见而制定出不正确的决策,产生可怕的结果。

回顾历史,所有的独裁者最终都毁掉了他们的国家。因为不允许有不同意见、信息不交流,决策完全是基于独裁者的个人偏见而做出的判断。没有讨论、无须他人批准,一个不好的决策就做出了,最终毁掉了国家。

> 好的管理是民主制的决策和独裁制的执行。

难道您的意思是说，好的管理是民主制的决策和独裁制的执行？

非常正确！这还不只是适用于公司管理方面。在个人生活方面，为了做出正确的决定，你必须思想开放，你必须在你自己的头脑中运用民主的思想来自我对话或与他人合作。听听你脑海中不同的声音，问问别人的想法，谁有不同意见，去理解一下为什么有不同意见，甚至可以辩论一下。你能从他人的争论中学到什么？这就是民主制的决策。但是一旦做了决定，你必须要变得"独裁"。这意味着一旦你做出决定，就要意志坚定，坚持到底，不再来回讨论。

说起来容易做起来难啊。

确实如此。我将民主式决策和独裁式执行称为"民主决策独裁执行（Democratship）"。这确实是一个困难的过程，很多人处置不当，顺序颠倒：独裁式决策和民主式执行。

我想那说的就是我。我就是独裁式的决定去减肥：我毫不犹豫地就决定减肥，为此我列了一个清单，列出哪些可以吃，哪些不能吃，分量是多少，没有回旋的余地，我说："就这么定了。"直到看到美味的三明治之前我都很坚定，之后我就民主了，开始听取不同的声音。

你理解了，我的朋友。你必须用对民主和独裁的顺序，你必须能够先民主然后独裁。这里最困难的是"然后"这个词，什么时候停止民主？什么时候开始独裁？什么时候停止争吵，安静下来？

有些人在决策制定阶段使用民主制，在执行阶段也使用民主制。他们的决策效率很低，因为他们总是会因最后一个人和他们说的话而改变主意，周围的人乞求你赶紧做决定吧，并坚持这个决定，别再变来变去了。另一方面，有些人过早地在决策阶段就采取实施阶段的原则，他们很快就关上思想开放之门。对他们而言倾听是困难的，他们匆匆忙忙就停止讨论决策过程：先决定再听取意见。这些人不耐烦讨论，就想着赶紧去实施吧，因为没有进行充分的讨论，所以这个决定是匆忙中做出的。

就像您所说的，民主制是有效益但不是有效率的系统，而独裁制是有效率但不是有效益的系统。

对，如果你尝试建立民主、高效的政治进程，就会损失效益，这样确实可以有效地减少争论、言论更自由、信息更透明。民主制的减少确实可以很快就得到解决问题的实施方案，但有些决定可能会产生不良后果。

> 民主制是有效益但不是有效率的系统，而独裁制是有效率但不是有效益的系统。

按照同样的思路，您是说极权制就不能创造效益吗？

看看苏联的经济，中央计划经济模式下很难按照计划进行生产，食品短缺，极权主义很有效率但无效益。如果他们变得更民主，就会更加有效益，最后他们不得不放弃一些有效率的政策，他们放弃了一些权力和控制，而这些却是极权制的本质，结果举步维艰。人们通常不愿意失去已经得到的，他们更愿意接受代替的方式。

良好的管理、领导、教育或治理国家都意味着决策和实施，先民主再独裁。这不容易，你必须做决定和去实施，该思想开放就思想开放，该做决断就要决断，你要知道什么时候做决定、什么想法是正确的。以此方式来定义：管理的过程包罗万象、通用、与价值无关。

$$管理质量 = f \begin{cases} 1. \text{有效益的决定} \\ 2. \text{有效率地实施} \end{cases}$$

外部 – 内部整合

这里有另一种复杂的领导过程。我们已经讨论过做决定和去实施你的决定，都是因为变化造成的，而变化又制造了新问题。

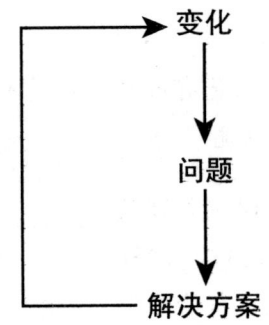

新出现的问题可能比之前试图解决的问题更糟糕。

这让我想起之前看过的一个卡通漫画。

一个男人走进医院大楼，看到大厅的信息墙贴着所有医生的名字和专长等信息：

史密斯医生，　　心脏病科医生，　　202 房间
霍瓦特医生，　　肺部疾病医生，　　303 房间
蒙德拉科医生，　内科医生，　　　　404 房间

最后一个是：

古德伯医生，　　专治副作用，　　　1001 房间

> 只要我们活着就有变化，有变化就会产生问题。

我们需要做决定并去实施，但这个决定取得的效果要好于以前，而不是更糟。

我理解了，只要我们活着就有变化，就会产生问题。但怎样制定决策才不会产生更糟的结果呢？

让我们来解决这个重要的问题。我们已经讨论过造成所有问题的根源是瓦解。

所以，如果所有问题造成的结果是瓦解，那么你觉得解决方案是什么？

我明白您的意思了，如果我们做出新的决定并实施导致了瓦解，那就是坏的；如果做出新的决定并实施导致整合，那就是好的，对吧？

既对也不对。一个领导者需要使组织去适应市场所带来的变化，即使是一个非营利性组织也是如此，必须对外部变化做出反应，或者更好地做到提前预判。

这里涉及组织整合的一些努力是应对外部变化的，但还有一些整合需要与组织内部环境相结合，去整合那些因内部运营而造成的瓦解。就像我之前说过的，所有次系统的发展和变化都是不同步的。市场和销售会努力对变化做出反应或做出预判以应对市场的变化；而运营部、生产部对变化的反应没那么快，财务部甚至更慢，人力资源部是最慢的。人们不会轻易改变他们的行为和价值观。

针对外部整合的努力会导致内部的瓦解。如果在内部去整合，我们需要放慢变化以应对外部环境，这就意味着当下的内部整合造成了外部的瓦解。

你看这有多复杂，所有这些都不可能同时完成。一个领导者、管理者、总理或者父母都需要遵循两条准则：内部瓦解外部整合；外部瓦解内部整合。这里的挑战是如何使它们都是整合的。

如果她只整合内部，就没有增长；如果她只整合外部，又是不可持续的增长。

> 如果她只整合内部，就没有增长；如果她只整合外部，又是不可持续的增长。

解决方案是什么呢？

顺序是这样的。所有的生命系统都是先瓦解然后整合，所有的生命系统先清醒再睡眠，这些对于像人类、树木、鱼等等活着的生物而言都是真理。

当你清醒时，变化会使你抓狂，之后你去睡了几个小时，你睡觉时发生了什么？你在整合。当你在早上醒来后，你又精神饱满地出发了，又开始瓦解的一天。

如果你不睡觉会发生什么？假设已经持续了一周或更久了，最终你的身体垮了。对于组织而言也是如此，如果它们不定期地整合，也会土崩瓦解，因为所有的组织也是一个生命系统。

没有公司会一直成倍数地增长，看一下增长曲线，向上、向上、向上，最终会倒塌，只是时间问题。连续不断地增长，最终倒塌。

您有什么建议呢？

收益和利润曲线一直增长，然后横盘整理，之后再次增长，再次横盘，就像阶梯图一样。盖楼，盖楼，盖楼，巩固，再盖楼，再巩固。

但即使实现了阶梯式功能（不断整合、瓦解的过程），也只能获得二等奖。

为什么是二等奖？您刚刚说服我，我需要去睡觉而不是一直保持清醒。

因为它反映了不可持续性。有一种领导是要求不断向上的，这是典型的企业家型的领导。而需要横盘整固的是很不同的另一种领导类型，是内部导向，想要组织可以更有秩序和系统化。

看一下阶梯图，公司总会在出现停滞增长点时更换领导者：太多的改变会不会让公司倒闭？那么解雇这个人，换一个财务导向的人来恢复秩序。但是好景不长，公司再次陷入困境，走投无路了，再把这个人也解雇了，换一个新的企业家型的领导人，这只会给公司带来更多的眼泪和损耗。

除非你换的这个领导者具有变革导向的能力：首先，她是外部导向的，去适应外部变化；其次，她再转向内部导向，进行内部整合。

解决外部事物的同时解决内部事物。不要让两种方向的努力拉开差距，不断地观察组织内外部的两个阵营，避免让两个阵营拉大距离。如果你的内部没有整合一致，就去试图追逐太多的外部机会，有可能会为将来埋下隐患。（记住，问题可能成为机会，机会也可能成为问题。）

这对一个领导人而言是不是太难了？

一个适应外部变化的挑战的人去面对内部整合会感到不舒服，而一个适应内部整合的人去面对外部变化挑战也会感到不舒服。冲突来自管理风格和角色。

绝对是这样。管理良好的组织需要互补型团队。公司建设就像在矿山掘金：一个人去掘金，另一个人要去维护框架的安全并加固，以确保不会发生坍塌。成长的家庭一样要由互补型团队构成，一个人在外边工作、挣钱养家，另一个人负责打理家庭、整合内部。看一下与你结婚的另一半，多数情况下与你的风格是互补型的，另一半的强项恰恰是你的短板，反之亦然。因此，当我们介绍我们的伴侣的特质时会说："请允许我向您介绍比我强的另一半。"而伴侣可能会说："不对，不对，还是让我介绍比我强的另一半吧。"都说对方强于自己。在这个家庭里，两人结合在一起形成彼此互补的系统。

> 管理良好的系统需要互补型团队。

但是在公司中我怎么做呢？

在公司中，你需要有人面对外部挑战，还要有人来整合内部。公司召开会议，讨论面对外部市场的变化我们需要采取的策略是什么，之后召开另一个会议，讨论内部需要做什么，以便可以识别出短板在哪里等等。内部会出现什么问题呢，举例来说，在组织结构、职权、奖励系统方面会有什么问题需要解决；完成绩效需要什么管理角色；你需要雇用什么样的人等等，并达成共识。[①]

为什么我不能同时开这些会？

因为你会被搞晕。当你看到内部一团糟时，你还会有意愿去面对

[①] 艾迪兹学院有一个系统化、结构化的项目。我们将在以后的对话中进行讨论。

并解决外部的挑战吗？再有，不同的会议要求不同的人来参与讨论。

作为公司的 CEO，你起的是桥梁作用，你应该倾听各方面的声音再做出决定，到底外部需要做什么和内部做什么才可以实现目标以及什么时候去实现、如何实现等等。你应该平衡内外部的执行效力。

只有 CEO 去扮演这个角色吗？

不，不只是 CEO 才能做，应该是一个高层战略联盟共同去实现。谁去扮演实现利润的角色，如果是非营利组织，谁去扮演达成结果的领导者角色以确保组织继续存在下去。

但这些努力意味着冲突——内外部结合，先聚焦外部市场适应变化，再停下手来解决内部事宜。

有互补型团队就一定会有冲突出现。积极的团队成员知道如何使组织更好地适应变化的环境，保持稳定和敏感度会使整合后的公司更加稳定、安全。我们需要风格多样，而风格多样就意味着冲突。所以，针对变化进行管理不可能没有冲突。

没有变化就没有冲突。活着就存在变化，活着意味着有问题出现。有了问题就需要去处理，就有了冲突，而有冲突就有痛苦。

生活是痛苦的，那是您的意思吗？

是的，我就是这个意思。没有人喜欢冲突，除非他有心理障碍。冲突消耗能量、带来痛苦，所以人们会寻找解决方案以避免更多的冲突。人人都愿意持久地和睦，并乐于推广，你可以看到书店里有大量的关于如何避免冲突、如何和谐地生活等类的书籍在销售。宗教还保证，如果你信教就会进入天堂，这样就可以一直处在和谐中，没有更多冲突，没有更多痛苦，不断地传播这一宗教主题，如宗教领袖们所说的：感觉好极了，实现共产主义了。

没有变化就没有冲突。

但实际上却不会实现，不会实现的原因是？

变化。

只要有变化就会有冲突，变化越多冲突越多。变化的速率越来越快，带来的冲突越来越持久。你知道20世纪在战争中被杀害的人超过人类历史累计的总和吗？变化的进一步加速、技术的革新为制造更强、更多的大规模杀伤性武器提供了便利，比如化学武器和核弹，生活在21世纪的我们可能会毁灭我们所有的人。

变化就是生活，生活又是由一长串的无休止的问题组成，而试图用解决方案的方式只会引发更多的冲突。

现在我明白为什么总有人说："生活就是折磨，至死方休……"

我知道几乎所有的文化都有这样的话："小孩子遇到小问题，大孩子遇到大问题。"只要我们活着就永远会遇到问题，只有当我们死去才会停止。正如尼科斯·卡赞扎基斯——《希腊人左巴》的作者——在其墓志铭上写着："再无恐惧，希望亦无，终将自由。"当我们死去之时，我们最终将获得自由，再也没有痛苦。

但是冲突有破坏性。

你说对了。这是为什么人们不喜欢变化的一个原因，也许是主要原因，他们想要变化以解决问题，只要不发生变化。

> 不要通过逃避变化来逃避冲突。

不要通过逃避变化来逃避冲突，逃避变化就是逃避生活。当没有变化时就意味着死亡，这个想法不是去逃避变化，而是通过变化引发建设性冲突而非破坏性冲突。

好主意！怎么做呢？

冲突是能量，就像急流，如果你知道如何驾驭它，你就可以制造适度的紧张感来发挥能量，如果不知道如何驾驭，则会使破坏性泛滥。

如何驾驭？不相容怎么办？这些有关冲突的话题非常有意思，我们以后再谈。

好的，我非常期待。

对话 3

如何预测决策的质量

我们谈到哪里了？

变化一直存在，且永远存在。
变化造成瓦解。
瓦解带来了问题。
从事管理和领导工作，意味着解决因瓦解所带来的问题。
为了解决问题，我们需要做决定并且去实施这一决定。
衡量管理和领导的标准要看是否制定出好的决策以及实施时是否有效率。

总结得很好。

但是，为了做出好的决策，我们应该做什么呢？如何知道我做的决定是好的？我当然可以事后进行分析，得出是不是好的决定，但事后分析会不会已经太迟了？您说过管理、领导、教育、政府管理的好坏取决于决策的质量，有没有什么办法可以提前知道决策质量的好坏呢？

当然有。为了制定出好的决策，我们需要提前预测决策的质量。我们当然不想在实施完毕了再分析决策的质量是好还是坏，对吧？

对啊，无论实施的结果是好还是坏，如何可以提前预测呢？

让我们举一个例子。比如，我们详细描述一个问题或情况，包含所有必须了解的信息，利用这些信息可以去诊断和解决问题。假设我们将此交给一个四人小组，他们四人已经通过记录了解了有关这个问题或情况的所有信息。我们让他们一起来研究这个问题并制定解决方案，指示他们写下问题和对应的解决方案，然后把结果密封在信封中交给我们。

现在我们找到另外一个四人组给他们同样的任务，他们也没有得到额外的信息，他们遇到同样的问题和任务流程。当两组都完成了任务时，我们手里有了两个密封的信封。

我们手中的两个信封中会包含同样的问题诊断和解决方案吗？

不会，多数情况下他们会包含不同的问题和解决方案。

是的，但为什么呢？遇到的情况相同，两组得到的信息相同，为什么问题和解决方案会不同呢？

> 为了管理良好，你必须安排合适的人去处理问题并找到解决方案，而不是直接处理问题本身。

因为人不一样啊！

你刚刚发现了管理或领导流程中的关键因素。为了管理良好，你必须安排合适的人去处理问题并找到解决方案，而不是直接处理问题本身。

有个管理者说过："我喜欢管理，但我无法忍受那些人！"

如果你不喜欢与人打交道，那你可选错了职业。太多的领导者听完下属汇报后说："问题不对，解决方案也不对！ 正确的问题和正确的解决方案是……"他们认为他们是领导，他们做的就是对的，即使他们发现实际情况不同。他们怎么就知道自己找到的问题和解决方案是对的呢？

但是这些管理者确实应该比下属强才对啊，这是他们薪水拿得更多的原因，不是吗？难道不是因此才选他们做领导吗？

他们确实应该知道得更多，但实际情况呢？付出的越多就可以保证一个人知道得越多吗？作为领导者，对其负责的所有方面都要比下属强吗？

那为什么管理者还要付出那么多？由此付出得到的奖励是什么？

付出这么多可不是为了知道问题和解决方案，他们应该花费更多的精力去探索如何找到合适的人，"有见识的"和可以应对这种情况的人，这样的人可以针对问题进行分析并找到正确的解决方法。

如果一个管理者要求知道所有的事情，组织就会陷入麻烦中。在当今复杂多变的环境中，没有人可以知道所有的事情。

如果管理者想找到正确的问题并获得正确的解决方案，手中必须有胜任的合适人选。他们的工作是创造一种环境，一旦有事情发生，就会有合适的人出现在那里去解决问题。奥格登公司的首席执行官曾经说过一句很精彩的话："领导者的角色就是去创造一个最理想且最有可能出现的环境。"

> 领导者的角色就是去创造一个最理想且最有可能出现的环境。

但是作为一个领导者或者管理者，如何区别问题和解决方案的好坏呢？如果我对自己所管理和领导的人缺乏必要的了解，那么我如何去评价他们的决定呢？我可能会出错，对吗？

想知道别人的提议是不是一个好的决定，你可以问四个问题，如果回答都是"是",你就找到了正确的问题和解决方案,而如果四个问题的答案全部是"不",你就找错了问题和解决方案。

什么问题?

要理解这四个问题,你需要把这本书都看完。但很值得,你觉得呢?

同意。

开始时,我们的谈话也许有的地方比较复杂和学术化,随着时间的推移,这些概念会变得有效和适用,再回到这些问题中,你就会豁然开朗。

决策制定中的四个角色

人不能凭空做决定,一定是为了什么事情而决定。可以产生预期效果的就是好决定,因此,对于一个组织而言,可以使组织在短期和长期既有效益又有效率,那么这个决定就是好决定。

我们可以将其归纳在一个图表中。

输入 →	输出
决策角色	组织的结果
P	短期有效益
A	短期有效率
E	长期有效益
I	长期有效率

我研究管理实践多年并在很多国家应用,以观察在不同的条件下会发生什么。我很喜欢一位英国海军军医曾经说过的话:"如果你在海上航行很久,观察到船员的饮食中缺少维生素C,就会得坏血病。"

我在一些国家研究管理实践时发现，某一管理的角色会被法律禁止，我观察和分析得出一些管理"疾病"。[1]我识别出必需的特质，即四种"维生素"，我称之为决策角色，它们能够确保健康的组织在短期和长期既有效益又有效率。

P 型角色	使组织在短期有效益
A 型角色	使组织在短期有效率
E 型角色	使组织在长期有效益
I 型角色	使组织在长期有效率

就像缺失维生素会造成疾病那样，角色的缺失会产生一种对应的管理不当的类型。[2]

我可以分析和预测决策的结果，分析哪些角色可以执行这一决策，哪些人不行，这就像医疗诊断那样。

让我来举个例子。假如销售业绩下降就是明显地缺少 P 型角色。P 型角色以给组织创收为目的，保证组织存活下去，这可以作为衡量销售的标准。假如利润下降且低于竞争对手，就是明显地缺少 A 型角色。A 型角色使组织更有效率以及损耗最少。假如组织不再创新，市场份额不再上升，也没有新产品，就是明显地缺少 E 型角色。最后，假如公司太依赖某个人的存在和服务，举个例子，如果创始人的存在是不可或缺的，这明显地就是缺少或没有 I 型角色。

您的意思是说您可以像医疗诊断一样帮助组织找到管理问题，识别出到底是缺少哪种角色而造成的？之后，像治疗缺少维生素的患者一样，为组织系统"注射"所缺失的角色者或者角色群体，带领组织回归健康？

---

[1] 请参阅我的《产业民主：南斯拉夫方式》，美国纽约自由新闻出版社出版，1971 年。美国加州艾迪兹学院出版公司再版。
[2] 请参阅我的《如何解决管理不当的危机》。

是的！我认为组织就像一个完整的系统，然后诊断哪里健康、哪里生病了。一个健康的组织系统是在短期和长期既有效益又有效率。

艾迪兹法提供完整的管理理论，包括预防和治疗，它不是只聚焦特别的问题，它聚焦整个系统以及如何保障健康。当组织健康时，问题不会困扰组织，并可以自我解决，就像一位顺势疗法的医生有一次告诉我的："我不针对特别部位治疗，我治疗的是整个身体。"

保持健康可以使组织成功。

有的公司十年间不靠任何股权稀释，使用艾迪兹法就能帮助公司的销售业绩从 1 200 万美元增加到几亿美元。[①]

这一收益是持久的吗？

如果公司反复使用这一方法不断地滋养和培育就可以实现，否则，从长期来看，这一方法的有效性就会降低，组织甚至会失去收益。就像锻炼和正确的饮食一样，持久坚持才有效。

为什么组织效益会降低？

因为有变化。市场在变化、技术在变化等等。如果领导者的管理不因变化而调整，系统就会在短期和长期变得无效益和无效率。

任何人都可以学会如何发挥好这四个角色的功能吗？

是的，只要方法得当。

这与传统的咨询工作有什么区别？

艾迪兹法不会像医生一样开药方让患者去"吃药"，意思是我们不会给客户写咨询建议书，我们会让组织利用和释放自身的能量来自我修复。我们还会对整个组织进行教练式指导，针对的是整个系统而不

[①] 轧辊国际公司主席及总裁波尔·雷斯尼克。

是个人,帮助组织产生必需的维生素(PAEI角色),那样就可以使组织保持健康而不需要我们进一步介入。

典型的咨询建议书不会教你如何保持健康状态,通常你需要定期接受他们的咨询服务。艾迪兹法则不同,此方法帮助组织渡过整个变革期,同时赋予它处理未来可能出现问题的能力,不必过度依赖外部介入。它可以教会组织如何正确和持久地自我管理。这种方法更类似于疗愈而不是药物治疗的介入。

这四种角色是如何工作呢?

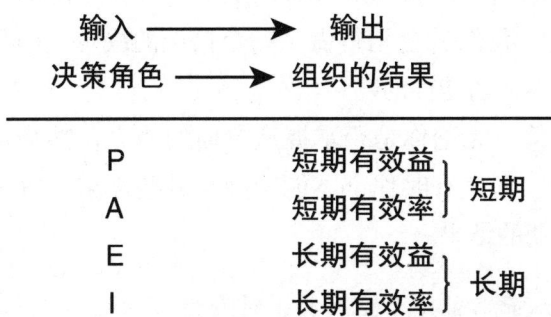

让我们对每种角色逐一讨论具体是怎样以及是如何运作的,但要小心,关于"有效益"和"有效率",有些语言中没有对应的文字翻译。例如,在俄语中就没有"有效率"一词的翻译,他们用"有组织的"或"有效益"等词来表示"有效率",用"产生结果(resultativno)"来表示"有效益"。这是不准确的翻译,因为不是所有的结果对组织都是有效益的。希伯来语中没有对应的"有效益"意思的文字,"有目的的(Tabliti)"并不意味着试图实现什么,它的本意是做到有效益。因此,让我们先看看艾迪兹法中对这些词是如何定义的。

短期有效益

首先,一个决策的出台必须使组织有效益,如果不能为组织提供效益，那么这个决策就不是好的决策。

"有效益"是什么意思？

在短期，如果决策可以满足使组织生存下去这一P型目的，就是有效益的，因此，大写字母P代表这一角色。我们每一个决策都是有目的的。

> 追求利润不应该是目的。利润应该是实现令人满意的目的后的正确结果。

当你读一本书时，你会期待着从书中得到什么，如果读一本书不能满足你的这一期待，你会觉得浪费时间和金钱。对于婚姻也是如此，你和某人结婚是因为你期待可以从对方得到一定的满足。期待一旦得不到满足，我们就会觉得做了一个错误的决定，即和错误的人结婚了。婚姻可不是功能性的。

每一个决策，无论你是否掌握这方面的能力，都必须以满足一定的需求为目的，即使有时你都不能明确是哪些需求。每一个决策的功能都要产生预期的结果。

对商务领域而言就是产生利润，对吗？

追求利润不应该是目的，利润应该是实现令人满意的目的后的正确结果。

我还是不明白。

你是否看到过有些公司因为过于看重利润而最终破产吗？他们不是不关心赔钱，而是因为他们对于追求利润过于偏执。他们缩减开支、利润最大化，缩减诸如产品研发的经费会让他们在远期吃大亏。

如果你把追求幸福作为目标，你每天早上醒来告诉自己："我必须每天幸福。"你会把自己搞得很悲惨的。同样，看看健康领域，过于担心自己的健康的人会把自己变成臆想症病人。

利润就像前面提到的幸福、健康、民主制等一样都是大的输出，是做了很多正确的事情的结果。再看看正确的管理，只要管理良好就会赚钱，聚焦过程就会产生结果，聚焦公司健康就会持续盈利。

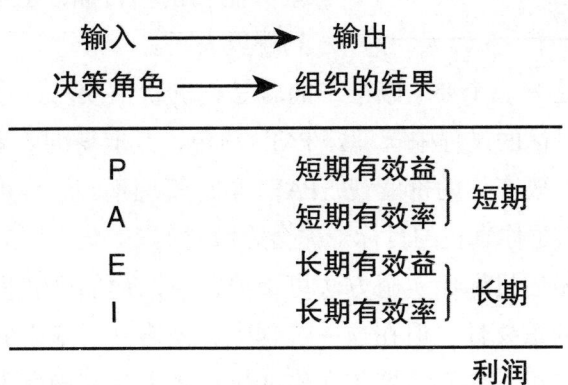

很多人看网球比赛时关注比分大于比赛过程，如果你有一个出色的网球教练，他会告诉你不要太关注比分而是专注打球，每一个球都应该像第

> 管理是通过正确的过程产生结果。

一场比赛一样，好像比赛刚刚从零开始一样。如果你过分关注在比分上，你就不能打好球，直到你打得顺风顺水时，如果你愿意也想知道比分情况的话，分数会告诉你之前你打得有多好。

同理也适用于管理。我并不认同一些管理书中提到的管理就是关注结果，它应该是通过正确的过程管理来产生结果。通过管理产生结果是机械化的，它主要是关注输出或者获得高分，却较少关注输入和生产力。没有不关注方法就实现目标的。

射击是一个用来说明实现目标时要关注方法的好例子，那就是击中靶子。要想击中目标，你必须用枪瞄向你的靶子，瞄准就是你击中靶子的方法，如果你只关注靶子而忽视瞄准，一个视觉的瞄准偏差就会使你错失靶子。

人类的视力不能同时既看到一个清晰的目标又看到一百码视线以外的地方。很多人聚焦在他们想实现的目标上，在实施的过程中

> 训练你的思维聚焦在目标上、在想要的结果上、在实现的方法上。

就不再瞄准实现目标的方法。一个百分之一英寸的瞄准错误产生的偏差可能会击中目标，也可能不知道打到哪里去了。

管理中还有一个要"瞄准"的就是你的价值观。聚焦在你的价值观上，实现目标的过程中管理好 PAEI 角色，其取得的效果也会好于你只关注目标；放弃你的价值观，PAEI 角色管理不当，你可能会实现目标，但这并不是你真正的目标，你会后悔的。

有的人相信目标比实施方法更重要，所以他们会忽视实现目标的过程中方法的重要性。但在这一过程中，最终一个细小的偏差就可能错失预期的结果。你必须聚焦在你的价值观上，并确保不会违反价值观，然后在一点都不违反你的价值观的前提下实现你的目标。聚焦在瞄准上，接受相对模糊的目标，训练你的思维聚焦在目标方向和希望实现的目标的方法上。我再强调一遍，在制定决策的过程中，一个最关键的输入就是价值观。支配你的行为的价值观是什么？什么价值观是你不能违反的？

目标并不总能证明方法的合法性，而是相反：聚焦在实现目标的方法上才能证明方法的合法性。

我一直认为去哪里远比如何去哪里更重要。

你不是唯一这么认为的人。目标确实是令人兴奋的。再来想想有关方法和价值观的讨论，如何实现目标经常是无聊和复杂的，人们理所当然地认为就会实现目标，其实如何实现目标不那么容易说清楚和有操作性。

如果管理一个公司时我们不聚焦在利润上，那应该聚焦在什么上呢？您认为忽视利润吗？不是以盈利为目的吗？

问得好。无论什么系统或者从事什么行业，一个组织的目的是什么？

经营的目的

看看你的周围，光照亮你的房间，光不是为自己存在的，它的存在是为了照亮房间。你用的这支笔可以写字，它的存在是为了你可以去写字。一张桌子的存在是为了满足你放东西在上面的需要。

这些都有一个共同的特征，这个世界上的任何东西的存在都是为了服务于其他的东西。

同样，这也很好地适用于我们人类。我们生活在彼此依赖的系统中，心脏为了身体的其他部位的休息而存在。那么肾呢？肝呢？顺便说一下，千万别忽略了直肠，虽然我们会降低它的重要性，但还是有一些关于直肠的笑话，它在整个身体中扮演了重要的角色。

> 这个世界上的任何东西的存在都是为了服务于其他的东西。

我们称公司的领导者为"头儿"，就像形容工人为"直肠"一样。但如我之前说过的，"直肠"如果拒绝配合身体就会出现很多问题，你知道"屁股很疼"会带来多少伤害吗？

这意味着无论谁是组织、系统的一员，都要扮演服务于他人的角色，因此，系统的各个部分都同等重要。明白了，继续。

这个世界上的任何东西都是为了服务于其他的东西。那么，一个组织的目的是什么？找到并去服务于你的客户。

> 那么，一个组织的目的是什么？找到并去服务于你的客户。

这个想法对个人生活也有影响。当你聚焦在"为什么我生活在地球上？"这个问题上时，是不会找到答案的。把"为什么（why）"和"为（for）"两个词交换一下，意思一样但有不同的结果：你的存在是为了什么？你必须有一个客户，一个你可以满足他的需要的人，你越能满足更多客户的需要就越有活力。

难怪佛教僧侣会说:"谢谢你允许我来为你服务。"

那自我需求的满足呢？我就是我的客户，不是吗？

你应该满足你的需求，但不是唯一的，如果你的身体中任何一个部件只自我服务，它是什么？

癌细胞。

在生活中，你的存在要服务于他人而不只是自我服务，你必须这样做，只有癌细胞才自我服务。

有些公司并不服务于市场，他们只关注短期利益，他们只关注自己的需要，忘记或忽视市场和他们的客户的需要。你可以预见到他们最终会灭亡。

有些政府为选民服务，没问题。而有些政府却忘记了当初投票给你的选民，只为满足选举的需要，这种国家最终注定会失败。

经常问自己:"如果你死去，谁会为此而哭泣？"如果没有人，也许你真应该死去。如果一个组织成立了却不服务于他人，那么这个组织存在的目的是什么？

> 在生活中，你要服务于他人而存在。
>
> 如果你死去，谁会为此而哭泣？

我明白了，我应该去分析我的顾客的需求！

不，让我们用"客户"而不是"顾客"这个词，很多人把这两个词混为一谈。

有什么区别？

每个实体组织都有客户。这些以个人或团体形式成立的实体组织，其存在的目的就是要满足需要。每个组织即使不能满足顾客，也有客户。

顾客是不同的，付费的客户称为顾客。对于销售部门而言，他们的客户是……

顾客。

对，他们是外部付费客户，但财务部的客户是谁呢？

组织的内部客户。

你应该既要满足内部客户也要满足外部客户。对于顾客你要做市场调查，对吧？你问他们："你需要什么？怎样会满意？"同样，你也要对内部客户这样做。

聚焦在客户需求上，成立组织做好管理来满足客户的需要。对于内部客户，调查他们的需求，你会学到很多，就像公司做外部市场调查一样，可以学到很多。一些公司了解到市场供应过剩但顾客却不需要的信息，同时也知道了什么是供应不足却很需要的信息。同样的思路可以用来做内部客户调查。

我可以用有效益来衡量吗？

当然，通常会以销售额来衡量，但还不够。

应该如何去衡量呢？

你如何衡量一个餐厅是赚钱的？如果它可以满足客户的需求。

难道你不是用收入来衡量吗？如果顾客愿意去购买就意味着需求得到了满足，不是吗？

还不够。还应该看客户是否愿意回来，如果可以重复销售的话。

你不会看到动物回到干涸的水坑，对吧？人们愿意去可以满足他们的需要的地方。如果需求得到了满足，他们愿意再次回来，否则就不会。因此，你的客户愿意回来吗？

这一标准适用于所有组织：一个婚姻、一个家庭或一个国家。如果你的配偶不愿意回家，一定是有原因的；如果你的逐渐长大的孩子宁愿去别处玩也不愿意回家，一定是有原因的；如果人们想离开一个国家，也一定是有原因的。

你离开美国是不会有人审查你的护照的，只会在进入美国时才会有人详查你的护照，这不是很有意思吗？出去容易进来难。在苏联非常容易进去，但你想离开时会有拿着机枪的警卫人员不让你那么容易出去。哪个国家可以更好地满足人们的需求，公民愿意留在国内还是想离开？

告诉我有多少人愿意加入你的公司、多少人愿意离开公司，如果他们愿意告诉我的话，我会告诉你公司有多好。

同样的道理也适用于国家。你会移民到其他国家吗？外国人会投资移民到你的国家吗？这是一个很不错的衡量那个国家的社会、经济、政治体系的标准。

好的，我还必须满足股东的需要，难道这不是公司成立以满足他们的需求的原因吗？公司成立得到他们的投资并给他们良好的回报。

不，股东就是股东，你要满足他们的投资回报的需求，更应该使他们获得比存到无风险的储蓄账户要好的收益。

利润应该是一个有约束的目标：不低于那么多。

他们应该承担投资的风险，承担风险才收获回报，如果不想承担风险，那就别投资，经济就不会有太多增长，其后果够我们每个人受的。但是你的确需要支付他们承担风险应获得的投资回报，这意味着你需要支付他们不低于多少百分比的利润，而不是更多，只要不失去这些投资者就可以了。

利润不应该是一个确定的目标：越多就越好。利润应该是一个有约束的目标：不低于那么多。

你不得不聚焦在市场上，满足你的客户的需求，那才应该是你确定的目标：你越是能够满足客户的需求就越好。

那么政府代理机构呢？就是那些官僚机构，这个原则也适用于他们吗？他们以垄断的方式满足客户的需求，就像服务于公司内部客户一样没得选择。每个人都必须和公司的会计部门打交道，你无法在公司外获得这种服务，你不被允许由其他人来提供这种满足你的需求的服务。

聚焦在满足客户的需求上确实是一个困难的任务，因为你可以轻易地躲开去干别的，这没有竞争压力。有些客户之所以回来，是因为你有垄断资源可以满足他们的需求，他们最多抱怨一下；最糟的是他们什么也不说，你因为什么都没有听到可能还感觉不错，但漠不关心是濒临死亡的一步。在这种情况下，你拥有独家垄断性，你应该更主动地去搞清楚，客户之所以回来是因为他们的需求得到了满足，还是因为他们不得不回来。

在这种情况下，我们应该怎么做？

作为一个管理者或一个领导者，你不得不诚实地面对自己。闭上你的双眼，诚实地问自己：如果我的客户可以选择，他们会回来吗？让自己换位到客户的角度来想，如果我是他们，我会回来接受服务和产品吗？

这也是为什么在婚姻中，我们不应该把我们的配偶的行为视为理所当然，因为他没有选择到婚姻外边去满足他的需要。我们需要对我们的配偶的需求给予特别的关注，他/她到底期待从婚姻中得到什么。

让我来总结一下，第一个角色是 P 型角色：满足客户当下的需要并使组织有效益，提供并满足你的客户当下的需求。

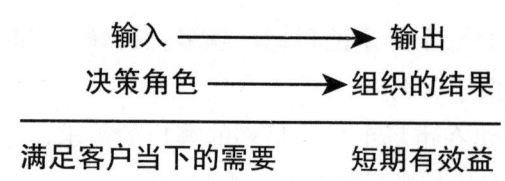

对于 P 型角色的领导者,必须拥有什么样的特征?

如果你是 P 型角色,也就是心理学家们所称的成就动机,你就必须完成结果。如果你知道客户的需求和如何满足这些需求,但缺乏成就动机,你也许是一个优秀的员工,你也许是经理助理,写备忘录,提出建议。但对于 P 型角色,有实现结果获得成就的动机的需求。

对于 P 型角色有成就动机是必需的,但还不够。如果你有动机去获得成就,但不知道什么是必须完成的、如何完成的,你就很危险了。你就是一个不可控的导弹,这往往是那些满怀激情的年轻高管们所具有的品质,他们热情但缺乏知识和经验。

好的领导者是发挥其领导功能且做出有效益的决定,一定是知识渊博的成就者,要二者兼备,只是知识渊博不够,只是成就者也不够。

我不同意一些书中所说的,一个管理者就是一个管理者什么的,或者一个领导者生来就是可以领导一切的领导者。这个意思是,你是领导者就可以管理一切,这是不对的,除非你在前面加上几个词:经过一段时间后。

这意味着什么?

当你换了工作,在公司内部调岗或是离开去另一家公司,你会遇到新的组织、一群新的客户。不存在两个一模一样的组织,就像不存在两个完全相同的人一样。同一家银行也不会有一模一样的分行,他们在不同的街区有不同的停车位,吸引来自不同行业的不同的客户群体,也许有相似性,但绝不会一模一样。

但人们通常会关注相似的地方,他们试图找出他们熟悉的东西,当他们知道是自己熟悉的任务时，他们会感到舒服些。

否则就退缩了，这是典型的错误吗？

你必须去寻找差异，只有这样你才能设计出一种能满足这一特殊需求的量身定制的策略。

当你在生活中遇到新欢，你会寻找相似之处，并且说"你让我想起了前任"，还是你会在新欢身上寻找吸引你的特别之处？

当然是"一代新人换旧人"。

同样的道理也适用于管理。你应该问自己："这个任务与我之前完成的其他任务有什么不同吗？"为了有效益，一个好的领导者、高管、部门经理、父母、政治领袖都应该知道客户在那一刻的独特需求，然后熟练地使用各种能力来满足客户的需求。

> 这个任务与我之前完成的其他任务有什么不同吗？

好的，先识别谁是你的内部和外部客户，再识别出他们的需求。如果你可以满足他们的需求，衡量一下客户是否是自愿地、心甘情愿地回来，你的组织就是有效益的。

那么，有效率是什么意思呢？

这正是我们下一次要谈的内容！

对话 4

效率和效益

我们谈过了满足客户当下的需求可以使组织短期有效益，P型角色是实现一个好的决策的必要组成部分，制定出好的决策意味着管理成功了一半。

为什么我们要做决策？

因为出现了变化，有变化就会导致出现问题。

那么什么是有效率呢？

有效率意味着，你只需花费很少的能量就可以把事情做完，两点之间直线距离最短，那就是有效率，你不必几经周折就可到达终点。

一台有效率的机器会比低效率的机器消耗更低的能量。这不只是适用于机器。一个有机的系统，比如我们的身体，也是非常有效率的，不妨问一下主治医生。

对于有效率，你需要使组织系统化，建立和优化制度、运营标准和规则；你必须有法律、秩序、纪律。做正确的事情需要在正确的时间、正确的强度、按正确的顺序去完成。你必须把事情做正确，而不仅仅是做正确的事。你通过最好的方式设计、生产了轮子,这样,当你每次需要轮子时,就不需要重新去发明轮子。

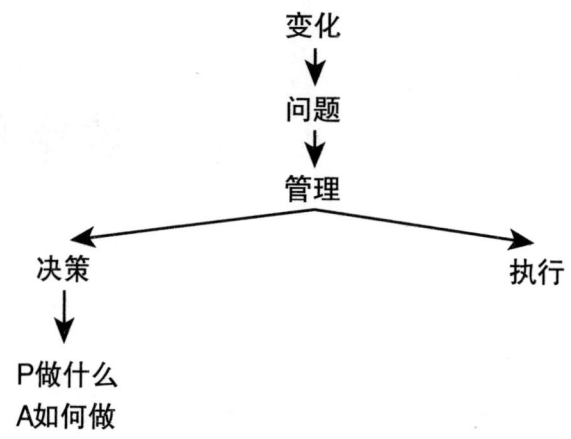

让我们再回到类似的网球例子上,将球回击到对手的场地上才能证明你是有效益的。那么,为了有效率,你会怎么做?你必须截击对手的球,你必须学习正确地持拍和移动身体。教练站在对面一次次地发球给你,以训练你判断球的落点、正确地移动身体并提升接球率,这样,你才能在尽量少地消耗你的体力的情况下击出高质量的球。

系统化可以使你更有效率,它要求关注细节、一丝不苟和良好的记录。它不要求你更加努力地工作,但要有纪律。

所有这些都是A型角色——运营管理者——的特点。

很有道理。一个决策产生了有效益和有效率。

对,那么,一个系统是否有效益但没有效率呢?

让我想一下,是的,可以。一个决策可以满足客户的需求,但有可能使用了过多的资源。

是的。让我们看一下网球比赛。为了赢球,首先你需要将球回击到对手的场地上,将球打到对方的场地就产生了效益。但是,如果你移动身体过度或方向判断错误，你回球的效率就可能很低。

你训练自己更有效率，如何有效地持拍、如何正确地击球……经过不断的训练，你终于可以很好地移动身体，但却接不着球，有这种可能吗？

你很有效率但没有效益。

这确实可能发生，且不只是出现在训练中，生活中也是如此。想象一下某人对对手说："将球发到这儿，就发到这个点，因为我只能在这儿将球击回，在这儿我可以完美地回击，千万别把球发到别处。"

谁会犯这种错误呢？

官僚主义者。他们依靠制度和手册并以此为指导原则。他们擅长此道且很有效率，但他们却不顾客户的需求是否得到满足，因为系统自成立之后需求就发生了变化。他们是被球击中了球拍而不是用球拍去击球。他们只提供符合程序规定的服务，而不是用程序规定去满足客户的需求。这就是"官僚主义"被贴上一个贬义的标签的原因。

官僚主义的必然性

让我来问你一个问题：你知道网球比赛中，球改变落点有多快吗？

> 变化越多，官僚就越多。

非常快，经常改变球的落点。

需要多久才能训练到有效率地回击球？

很长时间。

在现代社会，市场需求的变化速度总是快于公司希望有效率地满足客户需求的能力，客户需求的变化速度总是快于组织系统去适应满足需求的速度。组织系统总是要求满足需求的变化慢一些，然而需求发展依然很快，结果就是：官僚主义产生了，需求得不到满足。

产生官僚主义的部分原因是变化造成的。我可以看到，变化越多，官僚就越多。

没错，所以你不得不选择怎样执行才能既有效益又有效率，要么基本正确，要么基本错误。你想将球回击到对手的场地，即使不是最佳位置，至少也要回球过去，对吧？

当然，有效益更重要。

为了更有效益，你也许不得不牺牲一些效率，有效率会损害有效益，不过，那也比要么基本正确要么基本错误要强。

当公司处于起步阶段时，经常是有效益但不是很有效率，这是市场导向的结果。系统还处在褓襁中。当长大一些后，公司开始变得有效率而减少有效益了。当公司壮大了，系统变化放缓了。系统对市场需求的反应越来越慢，公司如果不做改变，就会变得没有效益。

非常正确！处于鼎盛期的组织既有效益又有效率，会努力创造出学习的氛围，这可不是不请自来的。

如果效率提升了，之后利润提升了，那不正是我们希望在商业领域中得到的吗？

利润应该是可测量的附加值。

缩减成本不会增加价值本身，即使增加了利润。

当你只能通过提高效率来产生利润时，就只剩下缩减成本这一条路了。如果你继续缩减成本，还有什么可能会减少呢？如果你缩减成本已经不能保证很好地满足客户的需要时，效益和销售额都会直线下降。

确实如此吗？

这里有一个时间延迟的情况，也就是在客户的需求得不到满足与客户去寻找另一个可以满足他的需求之间的时间差。建立客户的满意度是需要时间的（销售），失去客户的忠诚度也是如此。现在，你可以让缩减成本的速度比客户寻找下一个供应商要快，这就意味着销售下滑的速度要慢于削减成本的速度。这个在削减成本和业绩下滑之间的时间差，可以使公司在短期内保持有利可图，但时间一长就会使公司最终走向破产。你会在短期内赚钱，但最终销售业绩的恶化会赶上来，那时，没有客户损失，也没有生意可做了。

利润应该是可测量的附加值。削减成本不会增加价值本身，即使增加了利润。

您说利润应该是可测量的附加值，能再详细阐述一下吗？

需求也是有价值的：一个客户会支付一定数量的钱来满足他的需求，这个需求的价值就等于支付的价钱（在一个自由的竞争的市场中）。

然而，满足需求是花费了成本的，如果你满足需求的成本低于客户所支付的价格，你就有了利润。因此，利润是可衡量的附加值：你能以低于需求的认知价值来满足客户的需求。

你应该最大化满足客户的需求但又要避免损失利润，意思是在有盈利的前提下满足客户的需求，而不是利润最大化却影响了客户的满意度。有利润但受一定限制，这不是一个目标。换句话讲，客户满意度是一个决定性的目标，一个你想最大化的目标，利润是一个受限的目标，一个不能侵犯的目标。

那么，非营利组织又是怎样的呢？比如非政府组织，他们的目标不是利润，那么，他们的利润附加值是什么呢？

任何组织都应该用最低的能量消耗来满足客户的需要。以非营利组织为例，其结果不是为了有利润。如果是一个政党，可能是为了改选。

对于慈善组织，它将是运用最佳能力来高效地利用资金和完成使命。

再比如医院：这取决于医院的类型，衡量附加值的方法会有很大的不同。对于医学院而言，衡量附加值是以医生受训的数量以及保持医学院的可持续发展来决定的。对于研究性医院，衡量标准可以是员工在专业刊物上发表文章的数量为准。如果是服务性医院，你要看所提供的医疗服务质量以及是否有任何浪费行为。你不会去关注为了降低成本而降低服务质量的医院，对吧？

聚焦非营利组织首先应该看其社会功能，之后才看成本最小化来满足这一功能或需求的附加值。非营利组织就像营利组织一样，也需要识别客户及其需求，他们可以通过被反复提供服务来衡量是否有效益，同时问自己：我是否使用最小的成本就提供了有效率的服务？

满足客户需要的"成本"不只是指金钱，也可以是资源和时间等其他形式来表现。举个例子，一个客户愿意花多长时间来排队等候满足其需要的服务呢？一个客户愿意走多远去最近的医院就医呢？

我不认为非营利组织与其他管理公司或国家有什么区别，大家都需要聚焦在客户的需求上，并以最小的成本消耗来满足客户的需求。

我明白了，我们既需要有效益也需要有效率。

我们可以把它们添加到图中：

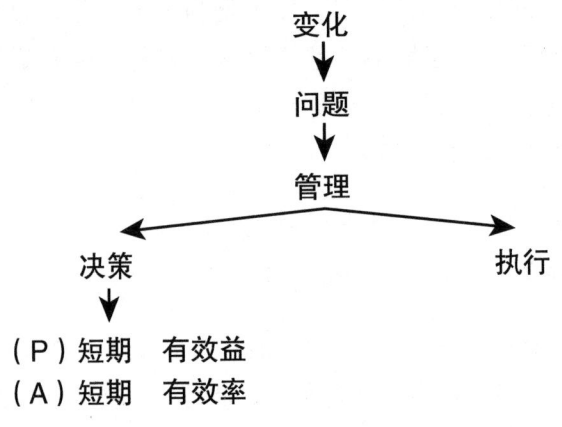

现在，请告诉我做什么可以长期有效益？我已经明白，为了短期有效益和有效率，我需要 P 型的执行角色来满足需求，还有 A 型的运营角色，那么，需要怎么做才能长期有效益和有效率呢？

长期有效益

长期有效益的意思是，现在就做出决定可以满足客户未来的需求。我们做什么决定可以产生长期有效益，这个决定可以预测并满足未来的新客户出现的需求，我们的组织要做出这个前瞻性的决定。

能举个例子吗？

让我们假设，今天要建一个工厂，可以生产一些配件，你预测明年会有市场需求。等到了第二年，你的预测被证明是准确的，市场确实有对这一产品的需求，你今天建工厂的决定可以使你在未来有效益。

您的意思是我不得不让我的组织去适应市场的变化。

不，去适应是被动反应，你会一直等到变化发生了才会去适应。

这有什么错吗？

因为环境变化，每天都会有动植物的灭绝，你相信它们不想继续存活下去吗？

它们尝试着去适应，这有什么错呢？

在这样的环境中，对比变化的速度，它们适应的速度太慢了。

那我们人类呢？

人类在一定的速度下可以改变。在缓慢变化的情况下，可以用一二百年来适应。现在的世界很不一样，变化正在加速，既不是动植物类也不是人类的能力可以适应的速度。你必须要有前瞻性去预测变化，为变化提前做准备，这样你才可能有机会。

我怎样才能有前瞻性？

让我们再回到网球话题上。就像你回击球，为此你还需要做什么呢？你必须考虑对手会把球发到哪个位置，你可能会上网截击或者在底线去接球，这个提前跑到预判位置的过程就称之为前瞻性。

一个前瞻性的预先行动会给你带来长期效益。如果对方将球打过来时你就在那里，你就提前做好了再次回球的准备。因此，前瞻性的意思是，现在就做些事情以应对未来的需要。

我没有谈论市场或销售，我谈论的是你到了那里去等待未来的需要。你的新产品准备好了吗？你的分销渠道准备好了吗？你使用新技术武装好自己了吗？为有能力满足即将到来的需求你准备好了吗？

您的意思是我应该做计划？

是的。做计划不是决定明天会做什么，那是白日梦。做计划是我们决定现在要做什么，今年做好准备以应对明年我们期待并相信一定会发生的事情。

人的大脑就像计算机一样，或者更确切地说，我们设计计算机是模拟了人脑。计算机需要指令，你不能在一个指令中加入另一个指令并期待发生什么事情，我们的大脑也是同样的工作原理。

如果你对自己说："明天我要开始节食。"第二天，当你醒来后，你的大脑问你："今天是明天吗？"因为不是，你也就不会开始节食。事实上，你永远不会节食，因为总是明天才开始做什么。

您讲得很有意思。在美国有一个酒吧的墙上写着很醒目的一句话："明天喝酒免费。"他们从来就没有提供过免费喝酒。在墨西哥语中，他们说"manana (tomorrow)"这个词时，意思是"忘了它吧，永远不会发生的"。

以备明日之需，你必须今天就开始行动，今天就规划你的明天。现在就创造你的将来。

> 今天就规划你的明天。
> 现在就创造你的将来。

有的人会等到事情发生了才去适应这个变化的环境。一旦他们知道球在哪里落地才开始行动或去适应它，那时也许就来不及了。世界的变化太快了，组织就像地球上的动植物，如果它们不能足够快地适应所处的变化的环境，就无法生存下去。这个环境，我指的是市场环境、竞争环境、科技环境、政治环境、法律环境、生物环境（空气、水、自然资源）、社会环境等等。

快速变化或慢慢死去，对吧？

一个组织变化的速度一定要快于其所处环境变化的速度，还需要有能力去想象未来看起来怎样，这里面要包括未来客户的需求、竞争环境以及任何可能影响到组织的情境，还必须包括创新以及去想象可能发生的事情。

您提到的"创新"一词是什么意思？

未来是模糊的，不是所有的信息都是清晰可使用的。你不可能得到全部信息，信息的有效性会随着时间而变化，时隐时现，你不得不尽可能地收集信息，然后使用你的想象力在新兴路径中填补空白。这就是创新：填补信息空白，创建完整图像。

但前瞻性要多于创新。当你预测到球会落在哪里，下一步你必须做什么？

你不得不移动到位。

是的，你必须移动到你认为球可能落的地方等待回击，但球也可能落到别处，你必须承担这个风险。

$$\text{E 型的企业家角色} = f \begin{Bmatrix} 1.\ 创新 \\ 2.\ 有意愿承担风险 \end{Bmatrix}$$

您的意思是成为一位企业家。

是的,现在让我们来谈谈 E 型的企业家角色。作为一个企业家,你必须做得比 E 型角色好,你需要成为 PaEi。

一个企业家不只是需要创新,如果他想获得成功,他还必须是结果导向,也就是发挥 P 型角色的作用。E 型是孤独的梦想家,一个创新贡献者,那就是他。

有些人可以有创新但不承担风险,他们不是企业家或具有前瞻性。通常你可以在咨询业或商学院见到他们,他们有创新意识,他们可以想象未来,但没有意愿承担风险和采取行动。

最完美的情况是,E 型作为领导者,有能力想象未来且愿意为了组织能够更好地适应未来而承担风险。

如果你有前瞻性,你就能长期有效益吗?

那也比没有前瞻性更有机会吧,就像你会为可能出现的需要而做好准备一样。

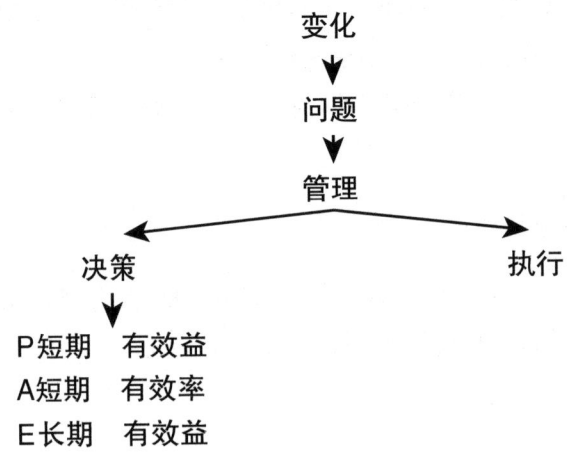

一个有创新能力、能够想象未来的图像且有意愿承担风险的人就是企业家型，这是第三个角色 E 型。满足客户当下的需求是短期有效益，满足客户未来的需求是长期有效益。

我重复一遍：对于短期有效益，你必须专注风险，是成就动机者；对于长期有效益，当你展望未来时，你对客户现在和未来的需求做出分析和假设，通过创新来想象未来。你还必须有意愿承担风险，因为你现在就为将来做好了准备，即使这些事情可能不会发生。

那第四个角色是什么：如何长期有效率呢？

长期有效率

为了长期有效率，需要 I 型来发挥整合者的角色，总结如下。

你是整合者，例如，当你教大家做团队游戏，所有参与者分享来自情感、社会、经济上的收获，它不是一个明星个体，而是一个整体。在团队建设时，你让团队成员彼此支持，而不是突出个体，这样才能一荣俱荣一损俱损。

您觉得怎样才能做到呢？

致 I 型整合者：

将
组织的
文化
从
机械化
转变到
有机化。

让我们解释一下上面的句子。

"转变"是一个重要的术语，因为它意味着我们是为了积极的整合而变化。我们不能被动地期待自我整合，事实正好相反，它会随着时间的推移而产生破坏性。比如建一个漂亮的花园，你可能为此花费了几千美元，但如果之后你什么也不做（两年都不碰一下）会发生什么？可能会像野地一样的杂草丛生。同样，你可以买最好的车却一直不开，一年后，车可能都无法启动。时间本身就有破坏性。

与上面关于花园和汽车的例子一样，婚姻也是一个系统，要么经营、维护，要么任其破裂。我的一个朋友的妻子提出与他离婚，他非常诧异："我什么也没做啊。"你必须经营、维护你的婚姻。

有一天，我计划与一个客户再次见面，我建议和他在3月15日见面，"哦，那天不行啊，"他说："我还在度蜜月呢。"对此我非常惊讶。前天晚上我还和他及其妻子在一起吃晚饭呢，怎么可能一天以后就离婚又结婚了呢？这时间也太短了。他看到我惊讶的表情后说："不，不，还是和我妻子，我们俩订了一个婚姻规则：每年的婚姻纪念日我们都去度蜜月，因为对于婚姻而言，一个蜜月是远远不够的。"

所有的系统都需要维护、保养。为什么组织就不能呢？这就是为什么我一开始就把整合定义为"转变"，它的意思是，今天做些不同的事情，就可以使明天与今天不一样。

下一个词是"组织的"。这有很多内容要解释。组织这个词的意思是什么？如果我问你有多少人在你的公司工作，你会从哪里寻找答案？

我会从查看组织的人事档案开始。

作为管理者，要想找出谁是你打算整合、激励并管理的人，就不要去看你的组织结构图或人事档案，要去找"岩石"。

"岩石"？

让我举例来说明我的意思。五个好朋友在周五晚上一起喝啤酒，正喝着呢，有一个人提议第二天早上去最近的湖边徒步行走，这个提议得到集体的热烈同意。第二天,他们去湖边的路上要经过一段非常狭窄的山路,由于太窄了,只能一个个地行走。在行走过程中,他们吹着口哨、开着玩笑、大笑着,甚至还互相打趣。对于组织行为学和社会学家来说,这就是组织,因为他们彼此连接。对管理和领导感兴趣的人而言,在这个狭窄的道路上,没有组织可以顺利通过,一块大岩石就会阻挡他们的道路。由于岩石太大了,以至于没有人可以单独移动它。

这个团队必须做什么?

移动那块岩石。

当一个人无法移动石头时,他们不得不相互依赖实现目标——共同移动石头。从组织与管理过程的角度延展来看一下,从他们决定去湖边徒步开始,喝啤酒是 I 型角色的需求,决定去湖边是 E 型角色提出来的,现在他们需要移动石头才能到达目的地——这代表了 P 型角色,如何组织呢,或者 A 型角色的需要是什么呢?他们必须组织起来,因为没有一个人可以单独移动石头。

当一个独立的个体无法满足市场需求时,一个商业组织就成立了。如果市场的需求只是满足一个个体的需要,就不需要成立组织来满足了。这同样适用于非营利组织实体,无论是一个家庭、一个非营利组织、一个州,还是全球。

任何组织成立的目的都是满足客户的需求,而不是满足一个独立的个体的需求。

当一个组织非常年轻时,目的是清晰可见的,因为年轻的组织不会忽视客户,如果忽视了就会破产。公司希望客户再次光临或发生类似行为,这样才能有钱发工资。

当组织长大一些后,他们越来越聚焦在财务报表上、在利润上、在可测量的输出上,他们忘记了客户是谁,而客户的需求必须得到满足。当他们开始只关注利润时,公司会破产,他们不是不关注利润,而是太关注利润了。

为什么组织会视而不见？就像当人们上了年纪时视力会发生什么一样。

那是我另一本书《企业生命周期》的话题。如果你感兴趣，可以从那本书中学到很多。

让我们回到之前的模拟场景，想象一下这群朋友无法移动那块大石头，但他们依然想去湖边。这时，他们看见又有一群人从小路走过来，他们彼此都不认识，但他们需要新人的帮助才能到达湖边，他们需要整合新人，形成新的团队，一起努力把石头移开。

这些人是组织中新的小组成员吗？当然是的，因为第一拨人需要他们的加入才能完成任务，实现目标。

你的组织成员不只是那些向你汇报的人或拿薪水的人。为了实现目标，移动那块石头，你需要改变之前的文化，你需要这样做才能得到他们的帮助。

您的意思是，我需要做诸如协调、计划、组织、奖励一类的工作，不只是对直接向我汇报的人负责，但所有这些都是为了实施我的责任，无论我是一个管理者还是领导者？

是的，如果一个管理者说，"我只能对那些向我汇报的人负责，而在那之外的就不是我的工作了，我不应该对此负责"，那他就是一个糟糕的领导者。他没有移动石头，他只是扔走了一个石子儿。

没有一个领导者、管理者、运营负责人、执行经理、首相甚至父母可以说他的工作是所有人都要向他汇报的。

一个家长要对他或她的成长中的孩子负责，但是老师们不需要向家长汇报，体育教练也不会这么做。当然，一群孩子在街上玩，有一个孩子可能要参与其中，但不必为此向他的父母汇报。然而，所有这些都会对这个孩子的成长产生影响，这群孩子就像这个孩子的家长一样。

我还从来没有碰到过一个管理者发表声明说:"我需要对所有向我汇报的人履行我的责任。"从来没有过!我认识的管理者都发表相反的声明。他们通常会抱怨他们很难履行自己的责任,因为人们不向他们汇报任务的关键点。萨姆·阿玛科斯特是美洲银行的前主席,他对这种情况有一个精彩的回应:"你不必拥有高速公路后才开车,你只需要有一个驾照就够了。"

但是,公司的董事长当然需要所有人向他汇报工作啊。

是吗?工会就不需要对董事长汇报,银行家也不会,股东、客户还有竞争对手等等都不会。从下往上的角度来看,这看起来好像是董事长将一切都进行掌控,但其实他们只是表现出有职权而已。仔细观察就会发现,他们是高处不胜寒啊!他们经常感到无力履行他们的责任。

那么,总统的情况又会怎样呢?

他也只有最低的权力影响,他甚至还要动员人民,对他而言,绝不是"岩石"而是一座大山。

当你一个人工作时,权力是最大的,但那不能称之为组织,你无法一个人移动石头,你不是在组织中做管理工作,你只是自我管理。(顺便说一下,自我管理也没那么简单,你的脑海中有各种各样的声音,你需要冷静下来倾听并彼此合作,你可不是"一个人在工作"。)

我猜我们所有人都是孤独和脆弱的,然而,有些领导人并不会承认这一点。

如果他们承认这一点,他们会吓到选民。人们都有一种期待,期待领导者就像父母一样:有力量、知识渊博、提供保护使他们感到安全,如果一个领导人承认他不够有力量,选民就会害怕。前美国总统吉米·卡特身上就发生了这样的事情,他做了有关美国信任危机的演讲,部分美国国民降低了对他的尊重,至今依然有很多人认为他是历届总统中最弱的一任总统。

在一个独裁专制国家的管理中，这一点更加重要。例如俄罗斯，总统弗拉基米尔·普京必须采取独裁行动，因为人民期待他这样做。如果他的行为像总理迪米特里·梅德韦杰夫那样温和，人民就会认为他软弱，国家就会群龙无首，处于无政府状态。

那么作为领导者，我应该在组织中从哪里开始管理工作呢？

开始时，寻找客户以确保组织存在的意义，意思是组织要意识到自己对他人有责任。没有人只为自己而存在。

我知道有些人真是以自我为中心的，不会考虑其他人。

当你只为自己而存在时，你会成为癌细胞。癌细胞吸收能量来实现非功能性用途，他们只自我服务而不服务于他人。有些人就像癌细胞一样存在于组织中，而有些企业也像癌细胞一样存在于社会中。这个世界被创造成一个功能性整体，事物之间彼此支持，每一个事物的存在都服务于其他事物，这就是生态平衡，我们现在依然专注于此。

组织、社会或社区开始工作时，就要意识到彼此间的相互依赖性。"我是谁"是一个灵性觉察话题，也是一个对每个人来说都要不断回答的问题。

我们可以修改笛卡尔的话，把"我思故我在"改成"我服务故我在"。拉比·亚伯拉罕·赫施尔说："如果我不为我想，谁会为我想？如果我只为我自己想，那么我是谁？"

不健康的组织是没有共同的命运感的，即使彼此都在一个系统中。无论这个组织是一个国家、一个公司、一个婚姻，还是独立的个体，都必须意识到彼此相互依赖。

当你识别出谁是组织的客户、确保组织存在的意义后，为了继续满足客户的需求，你应该找到谁可以共同合作。

让我们回到先前的场景，那群年轻人要尝试移开挡在小路中的大石头，假设他们为了到达湖边去划独木舟而移开大石头，你需要公园管理员的援助，而他并不向你汇报。或许正如我们之前提到的，你需要其他徒步旅行者的帮助来移开石头。为了实现你的目标，你需要形成新的团队，包括新的徒步旅行者和公园管理员，所有这些组织的新老成员，都需要进行协调、激励，还有另一个词——管理。

但为什么那些人愿意一起移开石头呢？可以付钱叫公园管理员来帮忙，但另外那些徒步旅行者又为了什么呢？

因为他们也有共同的目标：其他那些徒步者也需要去湖边，至少他们也被大石挡住去路，也许他们本身就是"帮助型"的人，他们帮助你，将来也会有人帮助他们，我们彼此帮助，我们在同一个社会。

你的工作就是找到他们的需求，他们为什么愿意合作，一旦他们的需求得到满足，石头就会被移开。

并不是所有人的共同利益都是明确、清晰的，你作为领导者、管理者或者身为父母的角色，任务就是要将所有人都组织起来去识别其共同目标、共同利益。此外，你应该对他们的合作给予奖励，或者做得更好一些，给他们一个合作的理由，应该是一个愿意强化合作的理由。

那会是什么呢？

看一下我们移动石头的例子。有些人你直接告诉他们，你需要他们帮助移动石头就可以，他们在你的组织结构图中，是你的下属，需要付工资给他们。有些人需要移动石头，但并不为你工作，在其他部门工作，也许是你的同事，也许是你的上级，甚至可能是公司外的人。这些人需要你去管理或领导他们去移动石头（或者可以找到绕过石头的路，以便大家可以继续去湖边）。所有人都因为移动石头而受益，需求得到满足，否则，他们为什么要合作？

> 你应该对于服务整体负责，反过来整体才会为你服务。

有些人这么做是为了钱，有些人这么做是因为他们喜欢移动石头，有些人为了友情而参与其中，还有些人这么做是因为他们也要到湖边。

对他们而言，激励效果最弱的是：谁参与谁拿钱，激励效果最强的是：这么做就是想提供帮助，很简单。

当他们决定提供帮助后，你应该把他们纳入你的"组织"中，让大家不只是看到岩石，甚至看到湖边。你可以看到多远、你还需要去整合谁，取决于你的意识。一个组织中，你感到谁是可以承担责任的，甚至不只是眼前移动石头这件事，谁还愿意承担更多。如果你可以拓宽你的视野，你会发现石头只是小波折，到达湖边才是目的。随着时间的推移，我们也会有所变化，今天它是石头，但到达湖边后，目标可能又变化了。对于人类而言，什么是永恒不变的？就是不断变化的需求，无论是移动石头还是到达湖边。去感受一下人类对文明的责任，但还不止于此，如果你继续看下去，你会意识到，不只是我们人类居住在我们统治的世界里，实际上还有动物、植物、岩石等所有物种在我们人类的周围。你应该对于服务整体负责，反过来整体才会为你服务。

这段谈话让我想到一个故事：三个人用砖盖房子，如果你问第一个人在干什么，他可能回答："我在盖房子。"第二个人可能回答："我在砌墙。"第三个人可能回答："我在建一座教堂，我们将在那里赞美上帝。"

只有第三个人明白这个事业的目的，并承认对每一个人的好处。通过祈祷，无论采取何种形式，这个人与上帝整合在一起了。这样的整合可以使我们更充分地认识到，我们自己、我们与他人之间以及我们周围，我们都从属于一个更大的生态循环圈。

我们觉察到上帝的存在，我们觉察到世间万物都处在一个巨大的相互关联的系统中，当我们觉察到这一点时，我们认识到我们是一个整体，虽然我们通过不同的形式、形状、材质来呈现，但在整体中，必须呈现不同的功能性。虽然我们不同，但在整个系统中，我们彼此服务，整个系统也是一个有意识的、整体的、绝对无穷无尽的系统。这就是上帝告诉我的。

我如何去实施这些呢——明天早晨？

看一下 PAEI 代码，先从问题"谁是我的客户？"开始，我为谁而存在？哪些人和实体是我的第一批客户？这取决于你的意识，你需要去识别出来。下一步，识别客户当下的需求以及如何做可以满足客户的这些需求，那是 P 型角色的工作。

下一个问题是：我们应该关注哪些问题？如何做可以使成本最小化？

> 你爱是因为你就是这样的人。

那是 A 型角色？

你还应该问自己，你当下和未来的客户在将来会有什么需求，那是 E 型角色。之后，为了满足你的客户当下和未来的需求你还需要谁？你还需要公园管理员、其他徒步旅行者，还有谁？你需要整合这个组织，并花时间让彼此合作，那是 I 型角色。

问问自己，为了移动石头和到达湖边，组织需要做什么可以满足大家的需求，如果他们合作，具体还要做什么？有些人，组织需要付工资给他们，另外一些人则不需要付钱，带他们去吃饭或做按摩就可以满足他们；还有一些人需要支付奖金。在不违反法律和道德的前提下，人的需求不同，要用不同的形式来"支付"。你的工作就是找到他们可以接受组织的奖励方式，那样他们就会合作并满足你的客户的需求。

最有力的激励是这样的：你之所以合作是因为你就是愿意合作的人。你不需要奖励，你无欲无求，你参与移动石头是因为你愿意给予合作。你爱一个人，内心坦荡荡，不需要回报。你爱是因为你就是这样的人。

利益相关者

为了满足客户的需求，你需要领导、管理、整合一个群体，这个群体我们称之为利益相关者，应该付给他们薪水或其他一些回报方式。客户和利益相关者也有自身的利益，雇员、领薪水的人或其他类似的利益相关者，我们都称之为利益相关者，所有这些人都需要给予回报：满足他们的需求取决于组织如何对应地实施回报。

那么，管理者呢？

他们也有需求，所以他们才在组织中，他们也是利益相关者。要确定他们的需求与组织所给予的奖励是否相对应。20世纪初，美国发生金融危机期间，即使管理者所供职的银行要破产了，管理者依然获得几百万美元的奖金，而雇员被裁掉，利益相关者失去了工作。

那么，组织所在的社区呢？也是利益相关者吗？

社区也是一个利益相关者。你需要让所有的利益相关者认识到，只有他们去合作，他们的需求才能得到满足。你必须创造一种大家共赢的氛围，在这种氛围中，钱和薪水不是唯一的交换手段，你必须使客户与利益相关者的需求同步得到满足。

一个领导者就像桥梁一样架在这两个需求之间：一方面是客户的需求得到满足，另一方面是利益相关者只有合作才能满足他的需求。他必须满足所有人的需求。

你感受到来自两方的压力：客户的需求和合作者的需求，他们都是利益相关者。你处在两方的中间被吆来喝去。有时候你不能满足客户的需求，你也没有能力来满足那些合作者的所有需求。你不得不在两边的需求之间进行协调。

试着最大化满足你的客户/顾客的需求，让他们愿意一次次地重复购买你的服务（那是你的明确的目标），同时，还要得到必要的合理的利润，以对投资者、利益相关者或其他类似的利益相关者有竞争力的回报。你还应该给雇员有竞争力的收入，他们是另一群利益相关者。

千万不能只关注股东，而失去对你的客户的关注。顾客满意度是目标，利润才能滚滚来。

机械意识 & 有机意识

机械意识和有机意识这两个词是什么意思？在整合者的定义中您使用了这两个词，到底是什么意思呢？

想象一下在屋子中间有一把四条腿的椅子，为什么我们称之为椅子，为什么不能称之为奶牛呢？

如果它能挤出奶，你就可以称它为一头奶牛。

对啊！这就是我们的谈话的目的，我们可以说，这是什么东西、它是做什么用的、它可以满足什么需求、把它设计出来的目的是什么，如果不能执行它的功能，那么它就没有意义了。如果你告诉我它的功能，我就可以告诉你它的名字。如果你有一架钢琴却不是用来弹琴，它就不是钢琴，它是一个家具。如果你有一把椅子却不能坐，那它就不是一把椅子，它也许是孟菲斯集团的一件艺术品，它的主人会很不高兴你坐在上面。如果我拿一把锤子给你看，问你这是什么，你应该从我前面的谈话中足够了解我的意思，并可以回答我了。

> 你是谁取决于你做了什么，你做了什么取决于你满足了什么功能需求。

这个容易：我不知道它是什么，直到你告诉我你打算用它做什么。如果用它来钉钉子，那它就是一把锤子。如果你用它来砸谁，那它就是武器。如果你从世界各地收集不同的锤子挂在你的车库，那么它就是一个装饰品。

我们不知道它是什么，直到我们知道它的功能，可以满足什么需求。如果你不能满足你的孩子们的需求，你就不能说你是一个父亲，你也许是孩子的生父，但如果你没有满足孩子的社会、经济、情感需求,你就不是称职的父亲。你是谁取决于你做了什么,你做了什么取决于你满足了什么功能需求。

现在,回到椅子这个例子:它是椅子,因为你可以坐在上面。它的功能是提供了一个可以坐下的地方。P 型角色的功能是满足需求,那么 A 型角色的功能呢?你能找出答案吗?

我会看看是否有不必要的地方,有浪费吗?容易生产吗?容易清洗吗?

那么 E 型角色的功能呢?

我会看看有没有其他需求、未来的需求,除了可以坐以外,像美观方面、它和其他家具的颜色是否协调等等。

现在说说 I 型角色。如果椅子的右腿折了会发生什么?

我们不再有椅子的功能,我们有了把坏椅子,无法继续使用它了。

问题是,为什么不把左边的椅子腿移到椅子中间,改成三条腿的椅子,那样椅子不就可以继续发挥坐的功能了吗?答案是明显的:这把椅子就像一台机器,内部各个零件无法相互依赖,就好像左腿在说:"我很好啊,是右腿出问题了,我这儿没有折啊。"

我明白了,这确实在一些组织中发生过。一个公司的销售业绩下滑,生产部门的人会说那是销售部门的事情,不是我们的事情。

是的,这种想法在管理术语中被称为"孤岛思维"①。

为了让椅子发挥其角色功能,需要外部的某人如木匠来解决,这把椅子要依靠外部力量来实现其功能了。

---

① 孤岛思维是一种心态,发生在一些组织或者机构中。部门或者以组的形式讨论问题时,人们不喜欢分享信息和想法。它降低了效率,可能导致失败。是现代企业里经常发生的一种现象。——译者注

椅子内部之间没有相互依赖，一个数百万美元的航天飞船在飞行中爆炸导致 7 个宇航员丧命，就因为密封圈没有发挥作用，其他的零件无法替代密封圈的工作。这就是我们说的机械意识。

现在，让我们来看看有机意识。看一下你的手，称之为手是因为你可以用它来抓物体，这就是手的功能。如果你失去了一根手指会发生什么？你还有一只完整的手吗？

是的，虽然不是完整的，但我还有一只手。

为什么？

因为另外四根手指能弥补损失，还可以继续发挥手的功能。

确实，一只手并不只是物理属性的五根手指，每一根手指都可以像一只手一样"独立思考"。如果每一条椅子腿都这么想："我是一条腿，是椅子的一部分。"每一条椅子腿都为实现坐的功能而提供支持，那这把椅子就以有机意识代替了机械意识。

让我们再看看人类。当我们的眼睛看到危险时为什么拔腿就跑？这就像通过有机意识，身体的每一个部位都认识到因相互依赖而得益和受害，得到整个身体的保护。而在机械意识中，每一个部位只考虑自己，没有将彼此间的依赖内化。

在机械意识的组织中，生产部的人只关心生产部的事，而销售部的人只关心销售部的事，那谁来关心整个组织的功能呢？外部的人不得不对组织感到担忧从而对其进行干涉，因为内部没有人会关心这些，这种外部干涉经常会以管理的形式进行。在这样的组织中，员工经常反对管理，就好像他们是外人一样。

在极端情况下，管理者也会只关心其利益所在，而忽略了整体管理。在这种情况下，外部干涉会以咨询的形式出现，它们来自政府或其他组织，此时，该组织可能因此而瓦解或者破产。

这种瓦解并不一定只发生在商业组织，也有可能发生在国家层面，一个国家的领导人只关心自己的职位而不是国家本身,本质上没有人再关心国家,他们是腐败者就不奇怪了,国家蒙受了损失。

在关于椅子的例子里,如果每条椅子腿作为椅子的部件,都理解并支持椅子系统,那么椅子就会拥有有机意识,就不是坏椅子,因为每一个部件都去弥补系统的弱点,尽全力发挥系统功能,椅子就不会因某一个部件损坏而失去使用功能,而会像手一样继续发挥功能。

我想我明白了:为了长期有效率,一个组织应该像手一样,没有哪根手指是不可或缺的。在一个组织中,团队中的每一个成员都应该彼此支持,所以,没有一个人是不可或缺的。

看一下你的手,哪一根手指是最重要的?多数人会说是食指,因为人们在多数情况下用它传达指令。看一下雕像,一个男人骑在马上,食指指向前方,指引前进的方向。

食指在一个年轻的组织中也是最重要的手指。当你让学步期的孩子去睡觉时,你不需要说太多话,因为到了该睡觉的时间,把他抱到床上就可以了。但当这个孩子长到40岁时,你就不能再这样对待他了,对吧?当然,有些母亲依然想用这种方式对待她们的成年的孩子,那样情况会怎么样?

所以,为了使用完整的手,哪一根手指是最重要的呢?是大拇指。

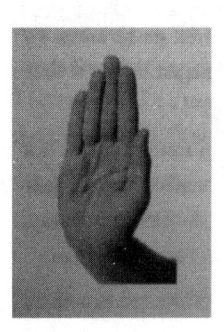

为什么?因为是大拇指使另外四根手指变成一只手,在一些语言中,大拇指被称为"首脑①",如果你没有了大拇指,你就没有手,它是整合者、团队建设者。

现在看一下我的手,手伸

---

① 很抱歉我忘记了是哪种语言,我已经在超过55个国家举办过讲座,我现在记不清是谁告诉的我这些。

直，五指并拢，触碰其他人，这是什么意思？随意去任何教堂或任何教派或任何印度寺庙，看看他们信奉的男神和女神。你会看到什么？这些神都半伸直手掌，五指并拢，这对我们是什么意思呢？

虽然并拢在一起，但每根手指都是不同的，而手作为一个整体，我们需要接纳彼此的不同，并在一起工作。尽管我们生来就是不同的，但如果每一根手指都自行其是就不能很好的工作，只有协调才能共同发挥作用。

在中东地区，这被称为"哈姆萨（hamusa）"。妇女把它作为装饰物佩戴，人们把它挂在家门上，代表祝福：我们不同但在一起。

在中东地区，当人们诅咒某人时，会把手指分开对着某人的脸，就好像在诅咒：我们不同且不在一起。

祝福与诅咒之间的区别只有两英寸：我们不同但在一起还是我们不同且不在一起？要在一起就需要拇指，需要整合者。

你去过印度的新德里吗？如果你要进入这个国家，在入境处的展台，你可以看见这个手的雕塑。大拇指可以接触到每一根手指，我告诉你，这是印度文化的代表，显示出非常大的 I 型功能。

那就是我们需要去做的吗？尽管不同但需要整合，也因为整合了不同，我们才可以创造出协同效应。

是的，你并不想融合，但为了整合成一体，你必须这么做。

就像法西斯主义和共产主义。

或者其他信仰。请想一下，所有激进的信仰者都抵制不同。

要么接纳不同并从中受益，要么因为内心充满恐惧而抵制不同，我们处在两者之间很纠结。这已经持续了很多世纪，斯巴达与雅典之间就有很多不同。看看两次世界大战中交战的双方，那是民主制应对极权制或君主制的战争。

这种纠结会永远存在下去吗？

我是这么认为的，现在除外，由于先进的大规模杀伤性武器，它正变得越来越危险。

我们的话题离如何做好管理有点远了，我们可以回到如何更好地讨论这个主题吗？

> 当客户感到满意是因为利益相关者的需求也得到满足时，你就拥有了一个没有人是不可或缺的系统。

问自己：我做管理或领导的职责是什么？障碍是什么？谁是你的客户，他们的需求是什么？为了移动石头我需要谁成为利益相关者？我如何在利益相关者之间培养内部的相互依赖？我如何可以使人们认识到彼此间相互需要？例如，我们有共同的使命吗？我们有培养合作的奖励制度吗？

如果人们愿意彼此共享一个愿景，并配合相应的奖励制度，就可以培养出追求成就或实现使命的合作，之后看起来就没有人是不可或缺的。人们彼此支持，就不再需要外部来解决他们的内部问题。

你应该创造出一个整合了客户和利益相关者的环境，当客户感到满意是因为利益相关者的需求也得到满足时，你就拥有了一个没有人是不可或缺的系统。

健康的组织功能要服务于其存在的目的，这是 P 型功能；有效率是 A 型功能；能积极应对不断变化的环境，那是 E 型角色功能；拥有整合的意识，使组织内没有人是不可或缺的，这是 I 型角色功能。

PAEI 是一个可以应用于很多情境或需求的代码，我们可以用在决策分析，使组织健康或出现病态。如果你学习了艾迪兹法，你就会掌握PAEI代码[1]，以对领导风格[2]、组织结构[3]、发展战略[4]做分析以及预测未来可能出现的问题等等[5]。事实上，在艾迪兹学院，每年我们都会获得PAEI代码的新用途，这就像做化学实验。在俄罗斯，他们称艾迪兹法为"门捷列夫式管理"。

现在我们再回到之前提到的例子，在周五晚上，喝啤酒的时候就做出了去湖边徒步的决定，有块大石头挡住了他们的去路，不得不决定是移开石头还是往回走（也许会就地露营准备烧烤）。

I 型与其他的 PAE 型是不同质的，它属于"不同的语言"，从某种意义上说，I 型是需要与其他 P 型、A 型、E 型一起才能发挥功能的。P 型并不是活在真空中，你必须意识到什么需求需要满足，因此，只需要很少的 I 型角色。而且，在这种情况下，I 型就不是人导向的，而是任务导向的。一个 P 型的人要意识到满足什么需求，他必须对任务、对当前的处境保持敏感，如果他没有这份敏感，将会如在真空中操作。

同样的原理也适用于 A 型角色，而为了良好的运营管理系统和满足需求则需要 I 型角色。

这也对 E 型有效。一个 E 型要知道为什么和如何创新。一个市场奇才知道市场在哪里，然后找到它、整合它。一个 E 型工程师就是一个发明者，机器或设备就在他的血液中。这还适用于艺术家，他们也属于 E 型。一个出色的雕刻师会对眼前的石头胸有成竹，他可以看到

---

[1] 请参阅艾迪兹博士的《完美管理者——为什么你不能成为完美管理者以及如何应对》，美国加州艾迪兹学院出版公司出版，2004 年。
[2] 请参阅艾迪兹博士的《管理与管理不当的风格——如何识别一种风格及如何应对》，美国加州艾迪兹学院出版公司出版，2004 年。
[3] 请参阅艾迪兹博士的《企业生命周期——组织如何成长、老化、死亡》第一卷，艾迪兹学院出版公司与图书商公司共同出版，2012 年，美国加州圣巴巴拉市。《管理企业生命周期——组织的行为分析及培育健康的组织》第二卷，美国加州艾迪兹学院出版公司出版，2015 年。
[4] 请与艾迪兹学院中国公司 www.mivos-life.com 联系 PAEI 测试事宜。网址：http://www.Ichakadizes.com/paei-code-and-strategy-development。
[5] 请参阅艾迪兹博士的《企业生命周期》。

雕刻成什么样子，就好像人石合一了。

> 任何系统存在的目的就是由 I 型去整合为一体。

缺乏 I 型，其他角色会显得空洞无趣、没有效益，我甚至认为没有任何用途。

在五个朋友去湖边徒步的故事中，首先要注意的是他们彼此是朋友，他们彼此的友谊和归属感本身就表现为要一起做点什么的愿望。最初他们的需求就是一起喝啤酒，P 型任务；然后，有了去湖边徒步的需求，新的 P 型任务；再后来，又有了一起行动和移开石头两个需求，又一个新的 P 型任务，也许还有其他的计划，比如放弃去湖边，改为找地方吃烧烤，这时就是 E 型任务；涉及彼此内部连接时，I 型任务一直都存在。

如果说 P 型角色的需要是驾驶汽车，那么 A 型角色的需要是一切可控，E 型角色的需要是永生或对死亡的恐惧，I 型角色的需求是建立友好的联盟关系。

我们做任何事情的终极原因是 I 型角色，即彼此之间的关系。整合是持续不断的最终需求，其本身表示了不同的渴望，比如一起出去、一起喝啤酒、一起徒步、一起划独木舟等。

I 型角色是我们存在的最终目的。在这个世界上没有什么存在着，却不服务于其他没有彼此关联的东西。我拿的笔在纸上写不出什么就失去了其意义；除非氧气充满了我的身体，否则呼吸就是无用的。"没有"本身也是有功能性的。如何为客户服务，这是对任何功能能力的评估标准，任何系统存在的目的是整合，也就是 I 型角色的任务。

在个人生活中，这种彼此相连的需求被称为爱的需要。我怀疑个人生活中表现的所有问题都是因为爱被锁住了，解决方案就是去经历爱。

你知道对这种关系的需求在监狱中产生多大的力量吗？为什么说监狱是一种惩罚？事实上，囚犯失去了行动自由和自由生活的权利，也丧失了这种关系，对囚犯最严厉的惩罚就是把他关进小黑屋。这种环境下人会疯掉的，如果关在小黑屋过久，也许还会导致自杀。为了让囚犯平静下来，一些监狱让囚犯养狗，狗给了他们爱，这种方式对犯人平静下来产生了惊人的影响。在美国，还有人在医院把狗狗提供给患者当宠物养，我说过，这对康复产生了积极影响。

内部彼此相连和整合力都是连续不断并需要永远进行下去的事。它代表自身不同的需求，我们希望在未来可以得到满足的愿望，就像精神一样绵延到永远。它本身就代表我们从出生就是不同的，一直存在直到死去。而这种整合的存在也和为了整体我们需要服务于他人一样长久，反过来自己也会受益。这是一条永远生存下去的法则，要通过你的行为而不是你的思想或身体来体现。

最终的需要是去整合，实现内部彼此连接的功能，绵延下去与精神一样永存。

如何使之产生呢？什么时候才开始表现出这种独特而持久的内部彼此连接的现象呢？是当组织开始成立时吗？

当公司的创始人在公司成立而受到鼓舞时，他们会给银行、父母或任何他们需要的人打电话，并将获得的贷款打入公司，现在，他们受到鼓舞后看到了什么？看到了利润吗？

我不这么认为。当人们成立公司后，开始的几个月甚至一年他们都不会看到利润。事实上，在这期间，如果他们关闭了商店去为其他人打工，他们会挣到更多的钱。

那么，他们看到了什么？

赚到利润的一个机会。

注意选择的这些词：赚到利润的一个机会。那意味着你不得不聚焦在机会上，如果你创造并抓住了机会，最终你就会获得利润。从我们之前的分析中可以看到，利润是靶心，机会是瞄准，你认为机会是什么？

附加值是某人的需求被创造出来并得到满足,他愿意为此付钱。所以,我们谈论的机会就是,市场上的需求没有或部分得不到满足,而这正是这个新公司的创始人苦苦寻找的需求,他看到了需求,并相信他可以也应该去满足这个需求。当有了满足这个需求的能力后,机会就产生了。

> 当有了满足这个需求的能力后,机会就产生了。

对极了!当内部间的相互依存得到实现并承诺满足它时,一个组织就诞生了。

第一个要注意的是创始人的意识,他们不是在沉睡中,他们要有独立意识和觉察,对一些超越自己的事情保持敏感。相互依存的意识,也就是I型角色,用特别的觉察来感知到需求并能满足它。那个需求也许是冰淇淋,也许是治疗疾病的新药,这是E型角色,识别这一特别的需求并去满足它。之后,创始人继续走在前进的路上去满足长期需求,在这一过程中会遇到拦路石。移动石头是P型角色的功能,可以帮助创始人靠近长期的目标。如果有需求E型且整个组织的宏伟目标没有受到破坏,那就是I型的整合功能。如果在实现E和P的目标过程中损害到I,你会觉得整个过程的努力都是不值得的。

某人努力工作,因为他有个梦想,去建立一个商业帝国,带领大家一步步地实现目标,但生活一团糟、家庭支离破碎。他也许实现了明星梦,但不知道这样的代价是否值得。

喝啤酒是I型的需求得到满足的方式,这时有人建议去徒步,请注意这个新需求,它需要内部连接,他要对人们渴望的目标保持敏感。当这群人越过巨石障碍后,他应该继续对内部彼此连接的功能保持敏感,考虑到这一点,他应该继续领导移动石头的过程或者放弃徒步的目标。

对于一些规模很大的组织而言,这一时期的挑战是员工已经非常多,达到几万人的规模,可是只有很少人知道组织为什么要走这条路、为什么要去湖边徒步、挡住去路的石头在哪里。

因为大家都不知道为什么在这种情况下要移动石头？

是的，彼此影响。"你踩到我了。""不，是你踩到我了。"他们专注于地盘之争。他们把时间花在谁应该承担责任上，而不是在彼此依存关系的目的和利益上。

您说的"彼此相连的功能"是什么意思？

我的意思是创造附加值。如果移动石头的过程造成了紧张和争吵，虽然徒步的目的首先是满足在一起的经历，他们可能移开了石头，但却错失了移开石头的目的。

同样的情况也发生在婚姻中。婚姻的目的是什么？是为了生小孩，还是为了爱和被爱，这种情况下，有了小孩就表示夫妻间一个人爱另一个人吗？那如果没有小孩呢？他们就应该离婚吗？还是他们去找到另一种爱的表现方式以继续经历在一起的目的？

如果他们的婚姻中出现问题会怎样？他们的问题是"岩石"，就像职业生涯中决策性的问题，买什么样的房子、如何使用钱等等。他们如何去移动石头呢？正确的决策是什么呢？这取决于他们是如何彼此承诺的或者当初他们为什么决定在一起。如果是因为爱，那么就会用正确的方式来解决如何移动石头的问题并积极地坚持下去；而为了对错而进行争吵，就会走上错误的道路。他们可以移开石头，抵达湖边，但却发现，他们最初为什么去湖边的目的被摧毁。

在管理、领导、教育以及婚姻中的彼此相连，一般关系中的彼此相连，所有这些都需要问自己：这种关系最初的目的是什么？最初的和最重要的承诺是什么？答案是：如果你是有意识的，那就是爱。如果你对于如何在谈话中表现爱感到困惑，那就放松下来，一会儿就清楚了。这时问自己：你是否是有意识的？你做了什么承诺？你的组织之所以存在，可以满足短期和长期需求的内部彼此连接的关系是什么？无论这个组织指的是你的个人生活、婚姻、生意，还是你所处的社会。接下来继续问自己：你将如何满足这些需求且不损害这种内部彼此相连的关系呢？

最终整合的目的是爱。我发现那些有爱的人比没有爱的人更成功。这是显而易见的，不是吗？他们热衷于所做的事情，因此，他们成功了。他们整合了他们的行动，他们感受到了努力的方向，因此，他们成功了。你热爱你工作的场所吗？你热爱你的客户吗？你热爱你提供的产品或服务吗？

在所有的冲突中，在你的生活中所有类似于需要移开的"岩石"，如果你以爱作为指导，用心去做事，你就会成功。即使你失败了，你也不会感到内疚和挫败，因为你用心去做事、用爱去做事，还有什么可以让你做得更好吗？如果失败了，它就失败了，你也不必老记着它，它已经超出你的努力了。

你发现了吗，当一个人坠入爱河时看起来比实际年龄更年轻一些，而恨一个人时会显得老一些？如果不能完全整合，爱会变得多么不可思议啊！我们已经说过整合是健康的标志，如果你是健康的，你会活得更长久。爱可以延长寿命。

为了可持续发展，长寿型组织应该是基于爱的，去爱你的员工、去爱你的客户、去爱你的产品，都是爱，你做得越多，组织就会生存得越长久，也会越成功。

你如果不相信，那就试试去恨变化、恨顾客、恨供应商、恨工人，看看你还能存活多久……

之后怎样呢？

组织自身是无法做到短期和长期有效益和有效率的，需要某人来制定 PAEI 决策，之后会有 PAEI 组织，产生 PAEI 的结果，这个结果会产生短期和长期的附加值，那是衡量组织是否有利润的标准。这是谁的角色，看看 PAEI 是如何做决定的？那是领导者、管理者、父母、政府的角色。

我很期待去实践一下,因为这令我感到困惑了!

我们会有很多练习。在我们下一次的谈话中,我们开始分析当某种角色缺失后会发生什么?即 P、A、E、I 四种类型。我们会学习如何与领导者、管理者、公司对话。如果发现什么地方不能运转了,我们将可以识别出什么角色缺失了。如果我们知道为什么会发生这种情况,我们就会知道如何应对了!

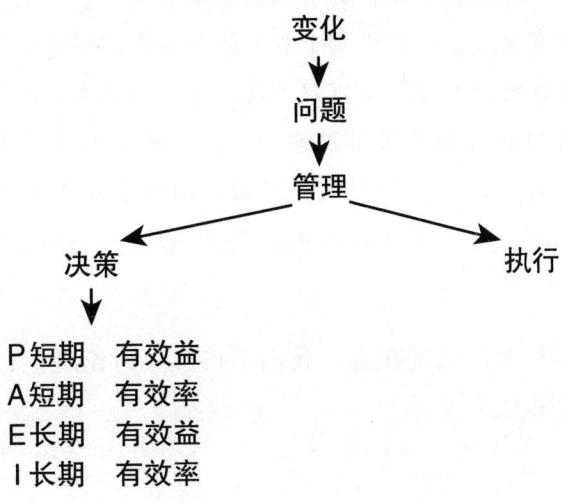

总结

让我来总结一下,看看我是否理解了这些内容。不过挺复杂的,至少现在可以这么说。

通过一些讨论和举例会变得清晰、明了的,相信我!

好的,为应对变化我们需要管理,制定一个决策并实施。好的决策使组织在短期和长期有效益与有效率,这将使组织功能化、系统化、有前瞻性，以及意识的有机化。

为了短期有效益，组织需要去满足客户需求，P型角色可以用重复销售获得的总销售额来衡量。

短期有效率的意思是使用最少的资源（包括管理的时间），去达成结果。为满足组织的需求，需要A型角色来做运营管理，使组织系统化、有机化、遵守纪律和流程化。

为了长期有效益，组织需要E型角色，去预测、去想象客户未来的需求，并且现在就采取行动以便有能力满足客户未来的需求。为了实现这一目标，你要去创新，并有意愿去承担风险。

为了长期有效率，组织需要I型角色来整合，创建一个有机的合作氛围，以便所有的利益相关者可以去满足客户的需求。

如果所有的利益相关者都愿意合作，就没有人是不可或缺的，组织就会长期有效率。为了实现这一目标，组织要能识别所有利益相关者和客户的需求，并对其保持敏感，建立和培养一个彼此满足需求的氛围。

总结得非常棒！从现在起，我们不再过多讨论理论，相反，我们可以聚焦在应用上。

对话 5

管理角色的彼此不相容

上一次谈话后我想了很多，让我先回顾一下。

变化产生问题，所以需要管理，我们需要做出正确的决策并有效实施。

管理的效果取决于两方面：一是我们是否做出了高质量的决策；另一个是在实施过程中我们消耗了多少资源。

要制定高质量的决策，我们需要全神贯注于需要实施的服务，以便满足企业存在的理由，这就是P型角色，这可以使组织在短期内有效益。

我们同样也需要A型角色去运营管理，在正确的时间做正确的事情，这个过程使组织在短期内有效率。

对于E型角色，一个创新型企业家，积极主动地给组织定好位，现在就开始准备满足客户未来可能出现的需求，这样做可以使组织长期有效益。

最后，我们还需要整合者I型。这个角色可以将企业文化从机械式的转变为有机式的，前者会使所有利益相关者和客户感到被隔绝，而后者则因相互的利益和价值而使人们共享彼此支持所带来的成果。

我们需要全部的四种 PAEI 角色，就像四种"维生素"一样，任何时候有一种"维生素"缺失，组织就会出现某种可以预见的企业病。企业有可能短期和长期丧失效益和效率，这取决于缺失了哪种角色。

那么，还会有哪些管理疾病？

在开始对个人、组织或社会做诊断之前，需要充分理解 P、A、E、I 四种角色。先试着来回答一些问题。假设你有两个孩子一个 5 岁，另一个 6 岁。有一次，当你在看报纸时，他们在自己的房间里玩耍。他们之间因为一个木琴而发生了争执，你听到他们在喊你："爸爸！"他们都想玩那个木琴。

第一个问题是，如果他们跑过来喊爸爸来解决他们自己的问题，他们彼此间的相互依赖是机械式的还是有机式的？

机械式的，他们没有自行解决问题，他们期待着外部的人来介入。

是的！那么 P 型的解决方式会是什么样的呢？

把木琴拿走。

停！你怎么确定这是 P 型的解决方案？

你需要先去识别客户是谁、需求是什么，你应该分析如何并实际满足客户的需求，这就是 P 型角色：满足客户当下的需求。

对！然而，假如你把木琴拿走了，谁作为客户、其需求得到满足了吗？

我想，是我的需求。我需要和平和安静。

是的，这是一个典型的错误！很多时候，管理者解决问题时满足的是他们自己，而不是客户的需求。那么再来看一下，在这个例子中，谁应该是客户？

孩子们。

那么P型角色的解决方案是什么？

给他们再添一把木琴。

这也许是一个正确的解决方案，不过还要取决于你如何假定孩子们的需求。如果他们的真实需求是用木琴来演奏音乐，那么再买一个木琴就是一个不错的解决方案。但是，你真相信两个孩子之间的争执确实是因为演奏音乐才抢木琴的吗？

他们争吵也许就是想制造些噪音。

那么，解决方案可能就是从厨房拿些盘、碗给他们来制造些噪音。

也许还因为兄弟间的对抗。

那他们可能也会因为盘、碗而争吵，直到有人冲他们喊叫才停止。解决方案可能就是让他们先彼此争执着，把东西从他们手中拿走，并让他们独自待一会儿。如果他们的争执是为了让你将注意力从看报纸转到他们身上，那么，直到你将注意力转移到他们身上他们才会停止争执。

请注意我所说的：P型的解决方案并不容易识别。首先，你必须识别客户是谁，之后确定真正的需求，因为你不能百分百地确定哪些是真正的需求。

我可以直接问他们。

是的，很多公司做市场调研来验证客户的需求，但是请小心，客户经常不清楚自己的需求，他们只知道不需要什么。

您这话是什么意思？

还记得你上次买车或买衣服吗？你知道你需要什么然后就可以买

到吗？还是你环顾左右，尝试各种不同的选择，直到你选到认为合适的东西为止？

后一种，我买到东西了。

为了获得P型解决方案，你不得不提供不同的解决方案供客户选择，直到客户满意。你要识别客户的需求并予以确认，实际上，客户满意才是衡量正确与否的唯一标准。在孩子的例子中，你可以看到孩子们安静地玩耍。

我很喜欢卖狗粮。人们并不知道狗粮是否好吃，直到狗开始吃它。狗不能说话，它用行为来投票，人类也一样。不要只听他们怎么说，还要看他们怎么做。他们会购买吗？最好的证明方式就是客户购买了你所提供的产品。永远不要假设客户的需求是什么，客户会因为需求没有得到满足而感到心烦意乱。对待客户不能高高在上，一次次地去尝试直到获得成功，当客户再次光临时，你就成功了。你需要一次次地（我不断强调）尝试，因为客户不知道自己到底想要什么，他们只知道不需要什么。我的意思是他们需要看到新的东西，而不是像买蔬菜和主食一样重复购买，就像购买汽车一样，客户必须不断地看车和试驾，直到他说："啊哈，这就是我要的车！"这有点像寻找伴侣。

所以，我们没有找到P型解决方案来解决木琴问题，直到孩子们安静地做些什么事情，那意味着他们因为木琴而产生争执的需求得到了满足。

对，孩子们不再因为木琴而争执。他们因为木琴这一主要的需求而争执，需求也许还是制造噪音，也许是兄妹间争宠，也许是吸引父母的注意力，也许是为了艺术而演奏音乐。

人们不是在购买一个产品，人们购买的是需求得到满足。

做出P型决定的意思是解决客户当下的紧急需求，找到需求并尝试着去满足它。

那么 A 型角色呢？

A 型角色是使组织有效率。在孩子们之间，你能告诉我如果用 A 型解决方案如何解决问题吗？

制定一些规则和命令。

对，但具体怎么做呢？

我们知道 A 型角色是使组织有效率，意思是组织可以系统化而无须每次都重新设计流程。对于 A 型的决定，它指的是同样的问题用同样的解决办法，这可以使我们有效率。所以，A 型的解决方案是，让一个孩子先玩 10 分钟木琴，之后另一个孩子再玩 10 分钟，我们用投硬币的方式决定谁先玩。我们可以对类似的事情制定家庭规则。

但是之后会发生什么？当你用这个解决方案，每个孩子玩 10 分钟或者无论什么家庭规则，客户是谁？需求是什么？

一个家庭需要和平与安宁，现在家庭的需求已经优先于任何个人的家庭需求。

家庭是一个客户，这个解决方案忽视了孩子们特定的需求。

这种情况也经常在一些组织中发生。当一个组织还年轻时，寻找的是 P 型解决方案——如何满足客户的需求。客户满意了，销售额越来越高，组织越来越混乱，直到危机到来。之后管理者说话了："我们现在需要一些秩序。"组织也成为需要拯救的客户。这时组织聘请了 A 型职业经理人来运营管理。这个人来了就制定预算制、搭建组织结构图，建立信息系统和奖励机制。结果老员工造反了，因为这个职业经理人并不搞销售，不直接服务于顾客。老员工不能理解也没有认识到 A 型运营管理者的脑海中有不同的客户，组织及其利益相关者才是他的客户而不是顾客。

换句话说，组织发展初期需要满足客户的需求的能力，之后才转换到使利益相关者满意上，再后来整合者也加入到整体工作中。当这些情况都发生时，组织就处在企业生命周期①的鼎盛期。

如果生硬地从客户转换到利益相关者，就会在组织内部制造敌对情绪，因为职业经理人与之前组织聚焦的对象不同。现在，老员工对这一内部导向采取对抗态度，通常情况下，职业经理人会被解雇，因为请他来就是为处理这些事情的。"他只会坐在办公室鼓捣他的电脑，"那些P型老员工经常这样抱怨："他什么也没有卖出去！"

那第三种角色，即E型角色会如何处理孩子间因为木琴而产生的争执呢？

你愿意来尝试回答吗？

让我想想，为了扮演E型角色，我必须站在我的位置上提前预测未来的需求。那我该怎么做呢？我必须找到一个新的需求来替代孩子间的争执，我会说："我们一起去看电影吧！"我敢打赌他们会立刻停止争吵，并准备好去看电影。

那也是企业经常采取的策略。当他们注意到销售额和服务都下降时（客户的需求没有得到满足）、当他们无法扭转颓势时，一个解决办法就是去找有更大需求的新客户并开发新产品和新市场来满足他们。

I型角色的办法呢？

我猜是告诉孩子们可以一起玩。

当你告诉他们解决方案的那一刻，你已经介入其中，你是外部介入的人，这是机械式的还是有机式的？

机械式的。

这就是为什么告诉孩子们一起玩是A型解决方案而不是I型方案。

---

① 请看《企业生命周期》。

您有什么建议？

你不应该介入并命令孩子们一起玩，因为你会强化他们的机械式意识，他们会继续依赖你来解决他们的问题。对于 I 型角色——领导者、管理者、教育者的任务，就像美国奥格登公司的 CEO 拉尔夫·阿布隆所说："要创造一个使最理想的事情发生的环境。"

怎样才能做到呢？

在有关木琴的这个例子里，我想做的是，我会说："你们俩怎么敢发生争执？兄弟间不应该发生争执，我永远不会解决你们俩之间的问题，谁愿意在我走后来解决问题？想要律师还是法官？对你们争执的惩罚是必须把木琴给我并再也无法玩木琴了。现在，回到你们自己的房间里，不解决问题就不要出来。"

但是您忽视了他们的需求。

不，忽视他们并不意味着我没有意识到客户的存在，在上面的例子中，客户指的是父母和孩子们。如果我忽视他们的需求，我可能会大声地叫他们安静，让家里保持和平，然后走开，那才是忽视他们的需求。我关注到他们的需求但没有介入解决他们的问题，我创造了一个需要他们自行解决问题的氛围，而不是依靠我来解决问题。父母不能替代孩子做任何事，一个家长应该创造出一个环境，使孩子们成为最好的自己。

> 父母不能替代孩子做任何事。一个家长应该创造出一个环境，使孩子们成为最好的自己。

我明白了。您要创造一个使最理想的事情发生的环境。诚如您之前所说，下次我的副总们再因为预算超支的事情彼此发生争执时，我应该拒绝介入到冲突中，不给他们想要的，让他们回到自己的"房间"去解决他们之间的冲突。

对，但如果孩子们走出房间，告诉你他们的解决方案是把房子烧掉呢？

我会继续让孩子们回屋，直到拿出可以接受的方案。

你应该在两个副总因为预算超支而发生争执时做同样的处理。让他们回去重做解决方案，直到找到最符合公司利益的方案为止，而不是在两人之间去妥协。他们应该从公司利益的角度出发去处理事情，孩子们也要想想怎么做对家庭更有利。

难道孩子们不会哭喊着抵制并拒绝你解决他们的问题的行为吗？副总们不会因为我没有解决他们的问题而认为我是一个弱势领导者吗？甚至认为我是一个不称职的领导者？

你说得对，人们总是期待得到满足。人们总是宁愿有人可以做决定，然后就开始讨厌和批评这个人做的决定，拒绝执行，抱怨这个决定的结果有多糟糕。比起自己做决定而承担责任，这样做更容易。在这个例子里，没有人抱怨或想抱怨。

别掉进这个陷阱。让他们去承担责任，他们不会喜欢。的确如此，他们也许会讨厌这么做，但是，这也是为了发展彼此间的关系所需付出的代价，之后他们会成长并有收获。

现在，你认为孩子们需要多久可以解决他们的问题并走出房间？

也许30秒。

如果我说："拿着木琴，回自己的房间解决问题。"他们会需要多久才能出来？

需要更久！但为什么这么做？

因为P型与I型角色是彼此不相容的。P型的满足当下的需求与I型的整合需求难以同时进行。我知道这来自我以往的经验，我曾经参加过一些研讨会,教我们团队如何协作、如何相互支持、如何相互尊重、倾听的技巧等等、我决定实践这些概念,但结果怎样呢?当我返回到工作中,只有20分钟的时间。我决定使用足够的整合力来整合,尝试目标导向又兼顾整合。但这么做太难了,特别是当有时间压力时。当我的 P 型角色功能上升时,我的 I 型角色功能就在下降。

哦,我知道这来自我的以往经验,我曾经参加过一些研讨会,教我们如何团队协作,如何相互支持,如何相互尊重,倾听的技巧等等。我决定实践这些概念,但结果怎样呢?当我返回到工作中,遭受了20分钟的时间压力和冲突,我决定使用我足够的整合力来整合,尝试既目标导向又兼顾整合,这么做太难了,特别是当有时间压力时。当我的(P)型角色功能上升时,我的(I)型角色功能就在下降。

P 型与 E 型角色彼此不相容

这四种角色的任何组合都是彼此不相容的,不只是 P 型和 I 型,P 型和 E 型也是彼此不相容的。人们曾经说过多少次:"我工作太忙了,我都没有时间思考了。"这是什么意思?移动石头——满足当下的需求——是必需的,以至于你没有时间来考虑未来的机会。P 型角色确实危害 E 型角色。

> 在某些时候,你必须冻结规划和改变,这样你才能继续做下去。

是的,我就听说这样一句话:"工作过于努力的人没有时间赚大钱。"

相反地,E 型也威胁到 P 型。E 型意味着改变,这就威胁到 P 型的角色功能。生产部门的人经常抱怨研发或设计部门的工程师:"如果你们不停止改变,我们就永远无法完成任务。"在某些时候,你必须冻结规划和改变,这样你才能继续做下去。

有什么具体例子吗?

在有些国家，应对和控制通货膨胀的财政与货币政策变化得太频繁了。在民主制社会，政府可能会频繁地加息或降息，因为不同党派的社会政治取向不同，权力的变更也带来了财政和货币政策的变化。最近，阿根廷更换了新的财政部长，制定了新的财政政策，每六个月就换一次政策，你让老百姓怎么办？人们对此采取套期保值的应对措施，很少有人对此采取行动，结果，生产力下降，储蓄和供应也会减少，人们甚至会将资产转移到国外来保值。结果是通胀压力继续上升，反过来，更多的资本转移，承诺变得更加脆弱。

您的意思是说，控制通货膨胀、保持稳定是必需的。

是的，艾迪兹法曾经在巴西总统卡多索当政时帮助政府阻止了通货膨胀，克洛维斯·卡瓦洛担任部长期间有效地扮演了他的角色，他告诉我，这要得益于艾迪兹法。

这太令人钦佩了。

这种 P 型与 E 型彼此不相容还表现在其他方面。经济的增长离不开政治和经济的稳定，太多的 E 损害 P，太多的 P 也会损害 E。看看那些经济持续发展的国家，他们都有持续、稳定的政治领导人。

> 控制通货膨胀，保持稳定是必需的。

就像土耳其总理埃尔多安。

或者以色列总理内塔尼亚胡。相反，那些处于动荡中的国家领导人则举步维艰。

就像法国？

但是我没有看到太多的 P 会损害 E。

如果面临生存危机，你就必须要有P，你没有多余的能量或兴趣来投入金钱和时间为未来做准备，你只想活在当下。

P型和A型彼此不相容

现在让我们再看看另一种组合：P型和A型。它们也是彼此不相容的。还记得我们之前对网球比赛进行分析的对话吗？当你想有效益时，你会很难有效率，你很渴望击到球，你也许会忽略如何击到它。

这就是为什么在训练时，你的教练会说，"不要去管比分。"训练时你关注如何可以击到球而不必理会球会落在哪里。

因此，有时候如果你非常强调有效率，就会减少有效益。你所有的注意力都放在"如何做"时，你就会错过"做什么"这一目的。

我们之前谈过这些内容，我记得：你击中球是因为球击中球拍而不是球拍击中球。你感到满足是因为按照符合你的标准、流程、政策来进行的，你忽视了客户需求的变化。在网球比赛中你不能跟对手说，把球发到这里，因为只有这里我才能有效地击中球。

是的，有些公司说过，"公司的运营管理太美妙了，只要客户不要改变他们的需求"。他们是官僚。反过来也是如此：太多的P会损害A。

这在企业创立初期经常发生，我打赌，他们太忙于维持生计了，P，而根本没有时间来组织化，A。

完全正确。

A型和E型彼此不相容

A型和E型也彼此不相容，对吗？

是的，我们知道规章、制度、制度化的行为等都是抑制变化的。

因此 A 型危害 E 型，反之亦然，因为变化太多了，太多的 E 型阻碍了系统化和秩序。

是啊，当组织是由 A 来掌控时，去创新、跳出惯性思维、承担风险就变得非常难，你必须照章办事，按照预先的流程和政策执行。

如果在 A 型的领导下，你的组织只有很少的创新就不足为奇了。看一下现在的俄罗斯，他们想创新，人们也很有创造力，但是创新和企业家精神并没有发展起来，为什么？原因就是，出于对历史的恐惧，这种文化从来就没有在这个国家流行过。A 型是通过使你恐惧来执行。我在俄罗斯做讲座时告诉他们，为了有更多的企业家、产生更多的中产阶级，他们要改变这种恐惧的文化。

如何做到呢？他们是怎么做出反应的？

我相信他们的领导力掉入了一个陷阱中。如果他们是因为恐惧而改变管理风格，那么，人们就不清楚在新形势下如何行为是妥当的，他们会认为领导者软弱。所以，领导者必须按人们所期待的行为去行事。

改变文化是不容易的，尤其是从独裁制到民主制的文化转变。如果你不清除独裁制，就不会得到民主制。如果社会基础中不存在民主的文化，就会变成无政府状态。

您的意思是说只有一个强壮、坚定的领导人才能建立民主制？

腐败是颠覆性变革下的产物。

是的。

都是这样吗？

不。另一种 A 型和 E 型彼此不相容的表现就是腐败。告诉我颠覆性变革有多快，我就会告诉你有多少腐败。

就像那些曾经是苏联的一部分的独联体国家？

是的，但不只是那些。在非洲与拉丁美洲的那些发展中国家也是如此，还有印度与中国。请想一想，美国在工业化开始阶段也因为那些铁路大亨而产生了很多的腐败。变革也会带来腐败的产生。

为什么会这样？

发生颠覆性变革会使A型一团糟。实际上，在俄罗斯就有三种不同的计算系统：一种来自共产主义，一种来自沙皇时代，还有一种比较新的来自后共产主义。开展商业行为就被认为有罪，但他们又不知道如何做，法院系统也感到不堪重负。

之后您如何回应的呢？

你会寻求保护，你付钱给政府中的人以避免起诉你、不要伤害你或给予你优惠待遇。

想象一下面前有堵墙，当发生地震（颠覆性变革）时会发生什么？墙会产生裂纹、有洞，希伯来语有一句话：篱笆上的洞会吸引贼。

腐败是颠覆性变革下的产物。E型会摧毁过时的A型，同时也不会创建新的A型。要想在浑水中摸鱼，就要利用环境优势，无论是从共产主义到市场经济，还是从农业经济到工业化，又或者非殖民化。

他们试图判处他们有罪，有时甚至判处死刑，惩罚会阻止腐败，对吗？

杀死蚊子不会解决疟疾流行的问题，一个新问题又产生了，你需要把滋生蚊子的沼泽的水抽干。同样的事情，你需要重新建立A型系统、清理A的混乱、带来系统的透明度、改善法院体系，然后观察腐败的减少。

再举一个A-E不相容的例子，这种不相容导致反犹太主义的灾难。犹太人从文化角度看是E型，他们从很小就接受E型的训练，学习犹太法典，任何时候都鼓励接受各种挑战而无须得到准许。

从社会层面讲，A 型文化占统治地位时，人们对 E 型有偏执的厌恶，如果 P 型陷入危机，A 型就会将其归咎于 E 型。

德国的文化主流是很 A 的，在德国随着纳粹党的崛起多么容易反犹太主义。当今已经是 21 世纪之初，像欧洲当今遇到的经济增长问题——P 型下降——极右翼党得以发展，右翼党就是 A 型多于 E 型（自由党是 E 型），会发生什么？反犹太主义在上升。那些文化中具有强烈的 A 型特征的会是哪个国家？英国的反犹太主义就比意大利要明显，法国的 A 型得到发展就会损害 E 型，你看到反犹太主义在那里也有所抬头。

那么希腊呢？他们也有很高的反犹太主义，但他们也有很强的 E 啊？

P 型的降低是灾难性的。希腊的经济陷入了泥潭，造成他们厌恶一切 E 型，包括犹太人。

E 型对于 A 型的增加和 P 型的下降都是威胁，E 型的脱颖而出是显而易见的，因此，对社会的诟病进行责备是很容易实现的目标。

您会因此而对犹太人感到担心吗？

是的，我有担忧，不只是对反犹太主义的担忧，还有对所有 E 型们的担忧。印尼和马来西亚的华人、南非的意大利人，土耳其的美国人。对所有 E 型而言，典型的 A 在上升和主要的 P 型在下降都是很危险的。

P 型和 I 型 彼此不相容

另一种彼此不相容是 P 型和 I 型，我们已经谈过这个内容了。当 P 型试图达成绩效——满足客户的需求时，可能不得不损害一些利益相关者的需求。或者我们更多地损害员工的利益，破坏了联盟，也损害了 I 型整合，或者因紧急需求而感受到了时间的压力，还要忍受对人际关系的需求的关注。

您说得对，追公交车时不会坠入爱河，度假时才会坠入爱河，一起散步在沙滩看日落。

请注意，当企图调暗灯光、点上蜡烛、放着轻柔的音乐时，这种放松方式才有诱惑力。I型需要你降低P。

这就解释了为什么有人说在大城市里很难发展亲密关系，在大城市寻找爱情要比在小城市或小镇上难。

是的。大一点的城市会更加喧闹和忙碌、更容易疏远和孤独。人越多越有孤独感。

如果去大城市，你就会发现，孤独的人会更渴求爱情并对归属感更敏感。只要告诉我城市中工作强度有多快、压力有多大，我就会告诉你有多少孤独的人。城市越大，孤独的人越多。

> 在大城市寻找爱情要比在小城市或小镇上难。

会有更多人养宠物，他们需要有人可以无条件地爱他们。

当没有来自P、E或A的压力时，I才会上升，你才可能更容易经历爱情。

注意整合和瓦解并不只是由于活人或死人之间造成的，我们还应该看看内在我的瓦解。

内在我？

是的。我经常用这个词来形容一个人的内部整合，因为里面不只有一个"我"。"我"有很多：头脑A、身体P、情感E以及精神I，实际上它们

> 当头脑、身体、情绪都安静下来时，精神才能最好地表现出来。

彼此间有冲突。头脑 A 做出决定但损害了身体 P，人们经常会迫使自己的身体去最大化追逐事业，P 使人们工作努力，但 E 因此而受罪了。

现代社会对头脑投入了太多的关注，头脑可以在学校得到提升并获得学位。如果你想知道一天中头脑会占到百分之多少，你会发现人在大部分的清醒状态下都在使用头脑。幸好我们还会睡觉，才能使我们的身体、情感也许还有精神才会得以获得一些关注。而且，头脑还会经常在晚上睡觉时分享它担忧什么事情。

即使头脑在学校学习并获得学位期间，身体方面也可以享受锻炼、美食、放松，情感方面沉浸在心与心的交流中，而精神方面则继续缺乏足够

> 去经历爱，而不要去尝试理解爱。

的滋养。当头脑、身体、情绪都安静下来时，精神才能最好地表现出来。如果你斋戒了一段时间，你的身体就会变得安静，如果在同一时间你做冥想，头脑和情感会变得安静，之后你会在更深层次找到你是谁。你的精神会自我展示，你内在的自我会整合在一起，世界将围绕在你的周围，这将会是一次精神体验之旅。

你注意到了吗？像摩西、耶稣、佛陀这些精神领袖都是在斋戒和冥想一段时间后才发现上帝的。

在一个小范围内，比如去教堂、犹太教会、清真寺，也可以做到这些，祈祷期间是没有 P、A、E 活动的，所有的活动都是 I。

我还是不太明白 I 的角色以及如何获得它。

I 型角色确实不太好解释，因为要理解一个人的精神本性，就要百分百去体验。你为什么会喜欢诗、音乐、艺术或者身处大自然？体验不需要对头脑说什么，也不需要去理解什么，就是去感受它的存在。去经历爱而不是去尝试理解爱。不像头脑、身体、情感等方面的体验，爱在这种形式中，是精神上的体验，表现在与某人、某事等方面的亲密关系。

那这些在 PAEI 如何运用？

好,头脑、身体、情感、精神等方面在 PAEI 上的一致性。

头脑?

(A。)

身体?

(P。)

情感?

(E。)

和精神 I。

有了这四种角色就有了冲突,某一种角色可能会成为我们主要的行为模式展现出来,我们可能多数时间关注在头脑上、在身体上、在情感上或精神上(无论哪一种最终获胜),都会以牺牲其他角色作为代价。

变化点燃了内部的冲突,在我们的生活中越来越多地你争我夺,四种角色的平衡就越来越难。我们所经历的变化速率越高,在头脑、身体、情感、精神上就越会变得四分五裂。

这取决于个人的偏好,经常表现为个人习惯,可能四种角色中有一种会脱颖而出,另外三种角色就会被忽视。举个例子,有的人不断训练使智力很高,他们是科技达人,但没有情感和精神,就像个机器人。还有些人会对自己的身体情有独钟,锻炼身体和吃健康食品是他们的信仰。

第三种多致力于艺术的形式来滋养情感方面的需求,第四种在精神方面有什么独有的方式吗?

他们会成群结队地去朝拜,变化速率越高的社会,我们越会看到这样的群体。

这会引导我们到哪里呢?

变化速率越高，内部我瓦解越多，也就表示内部彼此间的爱越缺乏。

缺乏内部的爱，什么意思？

侵略，对他人充满敌意。

缺乏内部的爱就会有侵略性并对他人充满敌意吗？

是的。变化速率越高，抑郁症和自杀也越多。

> 你应该像爱自己一样爱你的朋友。

那么我们应该停止变化吗？

从没有人对此尝试成功过。人们放慢变化只是为了随后复仇时充分爆发。不要尝试停止变化，要学会去驾驭变化、与变化共舞。

这也是我们一直以来谈话的内容。开始时，请注意最高形式的整合就是爱，要想爱他人先要爱自己，这并不意味着只爱你的头脑、身体、情感、精神，但需要去爱你的头脑、身体、情感、精神。下一步，就像关注你自己的需求一样关注他人的需求，你应该像爱自己一样爱你的朋友。这是《圣经》强调的本质，犹太圣人说过：像爱自己一样爱邻居（Ve abavta le reeba kamocha）。这也是基督教、佛教等所有宗教的创始人所真正强调的内容。

宗教信仰可以为社会提供 I 型角色的支持。

确实如此，宗教也有生命周期，随着时间的推移成为有组织的宗教，A 型的发展成型会与 I 型下降和精神的迷失交织在一起，这也带给我们 A 型和 I 型彼此不相容的话题。

A 型和 I 型彼此不相容

让我们一起来探索。有一个例子，哪个国家人均拥有的律师最少？

我想是日本。

正确。那意味着他们对于 A 型行政运营管理层的需求很低，因为 I 型的整合力很高。在日本，商业领域的忠诚度和内部的彼此依赖是非常高的。公司提供终生雇员制和家庭环境，他们彼此关照。他们受其文化引领，而不是更多地靠法律体系的约束。

现在看看哪个国家人均拥有的律师最多呢？

美国？

是的！看起来好像每个人都在起诉别人一样。在美国，A 型发展得非常高，我们的法院系统已经超负荷了。我们彼此依赖外部来解决我们内部彼此依赖的问题，我们的 I 非常之低。

几年前，当日本非常有竞争力时，美国企业很嫉妒日本企业。我提过一个建议，虚情假意地向日本输入更多的 A 就可以打败他们，A 会损害他们的 I，因为那才是他们所具有的竞争优势。

> 解决运营管理时遇到的问题，要比整合一个关系所遇到的问题容易。

您怎样输入 A 呢？

在各个级别教他们美国传统管理理论、去控制所有的领域、让 CEO 的角色成为唯一的统治者，等等。

顺便说一下，美国不需要输出 A，日本文化中本身就存在 A。变化越来越快就会造成瓦解，他们可能试图用行政管理来控制一切，像这样的发展趋势他们不会不受影响，因为在他们的 I 型文化优势中并没有明确和系统化的结合点，他们可以去滋养它和让它再生，他们正在享受它，并持续发展它。

为什么他们用 A 去管控瓦解，而不是用 I？

因为解决运营管理时遇到的问题，要比整合一个关系所遇到的问题容易。用 A 你可以制定一套规则，你的任务就是去完成它，而 I 则需要文化与价值观的教育和滋养。

惩罚孩子比教会孩子合作要容易，我能理解这一点。

A 和 I 服务于同样的功能，它们是组织的"黏合剂"，A 是机械化的黏合剂，I 是有机化的黏合剂，我们使用这个或那个时经常会混淆二者，人们不应该用一个去取代另一个。

能给我举一个例子吗？

你会在哪里发现更多的犯罪？没有社区精神的大城市，还是人们彼此都认识的小地方？

在大城市。

在大城市人们彼此疏远而遭受更多犯罪，这是由于缺乏 P、A、E 还是 I？

我推测是 I。

通常采取的补救措施是什么？

更多的 A。

正确！越多的法律和命令，就会产生越多的惩罚和越多的服刑。当一个人只有一次生命时，判处人们三到四个无期徒刑不是很奇怪吗？他们判处罪犯以电椅、绞刑、化学注射等死刑，这些方式降低犯罪了吗？

不，没有起作用。

> 告诉我一个国家的变化速率有多快，我就会告诉你离婚率有多高。

因为犯罪不是 A 问题，它是 I 问题。它不是一个法律问题，而是由于内部集体所造成的，不论它是个体的精神上的瓦解，还是情感上的瓦解，还是社会经济环境上的瓦解，又或者政治次系统方面的瓦解，总之是瓦解了。

I 型和 E 型彼此不相容

那么 I 型和 E 型彼此不相容呢？

变化得越多，我们彼此间需要关注的时间和能量就越少。有一种关于压力的心理测试：对生活中的每一个事件所带来的压力点进行测量，比如失去工作是多少分值、离婚是多少分值、去度假是多少分值。这里面所共有的特性就是变化。

变化越多、压力越大，自我和他人的整合就越少。告诉我一个国家的变化速率有多快，我就会告诉你离婚率有多高。

是啊，在美国东、西海岸的离婚率就比中部高。变化的速率越高，越多的人会成为罪犯，并会产生更加尖锐的犯罪问题。

这些都被证明是因为瓦解。E 带来的变化造成瓦解等等，拒绝 I，人们就试图用更多的 A 来解决问题。

实际上，瓦解的最终解决方案是整合。例如教囚犯们做冥想，然后看看他们有什么变化，让他们养宠物，让他们去体验爱，看看他们有什么反应。

使用 PAEI 代码给组织结构做分析

这些代码如何与商业进行联系？

你能用 PAEI 代码来表示市场的功能吗？

> E 带来的变化造成瓦解等等，拒绝 I，人们就试图用更多的 A 来解决问题。

首先应该有 E。市场要对未来的需求做分析，客户和他们的需求会发生什么变化，当你聚焦在满足需求的时候，代码应该是 P 角色，所以市场部应该是 PaEi。

说对了。请注意在代码中不能有 0，代码中必须有 A，也要确保有 I，以使得所有必备的代码得以平衡。此外，如果是大 I 将会更好，你要花更多的精力在整合公司上而不只是在市场上。

在已故的领导者安妮塔·罗迪克领导下，"The Body Shop"发展成连锁的化妆品店。她们不只是销售香皂和剃须膏，每一个店铺都是参与社会活动的窗口，去关怀受虐儿童和妇女以及被剥削的人们等等。她们不是在销售产品，她们是在推销她们是谁、她们的价值观是什么。她们在整合更大的使命，而不只是在挣钱和销售好的产品。

她们成功了吗？

有一段时间是成功的，但她们忽视了商业中的 E 功能，她们没有市场部，她们认为市场营销是一个不好的词，类似于剥削。她们因此失去了竞争优势，而竞争对手则复制了她们的 I 功能并加入了 E 功能，成为更好的商业公司。①

没有需求意识，没有相互依存和统一的精神意识，没有像照顾我们自己的需求一样来照顾客户的需求，我们只是满足了虚假的需求。我们可能满足了客户的虚假需求，这一过程使我们挣到钱，但我们会破坏整体系统，最终，我们的努力会反过来破坏我们自己。

毒品销售就是这一极端现象的表现。有多少人明知道这些东西有害而还在继续销售？有一点可以证明，他们明知有害而销售，但不会卖给自己的孩子。工厂的主人污染了空气就

> 没有需求意识，没有相互依存和统一的精神意识，我们只是满足了虚假的需求。我们的努力会反过来破坏我们自己。

---

① 请参阅艾迪兹博士的《企业生命周期》。

不会让自己的家人住在附近。但我们彼此都在污染空气，不是吗？我们不应该这样对待彼此，我们不希望他人对我们、对我们所爱的人这样做。

"像爱自己一样爱邻居"，对吗？

是的，"己所不欲，勿施于人"。因此，真正的市场，长期有效益是要有 I 作为基础的。

I 在最核心的位置，I 就是爱，并愿意留在我们的心中。对于商业领导者而言，用心而不是用脑去做事尤为重要，不只是对公司好，对我们居住的这个世界也好。

不幸的是，领导力培训还是关注在头脑上、智力上，只有很少一部分是关注心的。

其他方面呢？你能告诉我销售人员的功能的 PAEI 代码是什么吗？你能想出来吗？

首先，应该是 P，然后是 E。

为什么你觉得第二个是 E？

我们不希望有创新、有远见的销售人员吗？

是的，但那不是我们所谈到过的。我们不是说商人、承包商、开发商，我们谈到的是销售的功能。在个人层面，一个销售人员的个人风格应该是 PaeI：敏感、关注客户 I、始终是销售导向 P。如果 P 和 I 彼此不相容，出色的销售员就会变得少。

现在，对于销售部门的 PAEI 代码是什么？实现什么功能？

P 是最重要的角色，因为要提供产品销售，一个销售部门要展现其如何提供和满足客户的需求。

那么第二个角色是什么？销售功能会是更灵活的 E、敏感的 I，还是有效率的 A？

有效率。这也是为什么销售要分区域，制定时间表、行程、路线图等，我们想要销售最大化。

> 一个出色的市场人员不一定能成为出色的销售人员。

正确！这就是为什么销售功能应该是 PAei，就像生产的功能。

再来想想这个，销售就像生产，市场设计出计划——以什么样的产品价格方式可以销售出去，销售就是去实施完成这个计划。从风格上讲，市场更像是过程设计，销售像是生产。

这个 PAEI 代码展示了市场和销售之间的风格和功能的彼此不相容。市场应该是 PaEi，销售应该是 PAei。市场应该关注长期并提出要求，为应对未来，我们应该做些什么准备。销售应该关注短期，任务导向，实现效益。

市场是变化导向，这会对销售执行短期有效益的需求产生干扰。所以，在一个组织中，销售部门和市场部门之间有冲突就很正常了。

您的意思是，一个出色的市场人员不一定能成为出色的销售人员，反之亦然，对吗？

正确。

之后我敢肯定会出现错误！我们公司通常会提拔一个出色的销售人员去市场部。

为避免冲突，很多公司会把市场部和销售部统归在一个经理下管理，发生这种情况时，你认为哪种角色占统治地位？[1]

---

[1] 请参阅艾迪兹博士的《企业生命周期》。

当市场部也归属于管理销售部的副总经理时，市场部将很难发挥出功能——为领导者提供变化的需要。最终提供的多为支持的功能，比如准备些销售材料，P 将会优先于 E。

为什么会那样？

因为当你做了一个选择（你会让长期工作来影响短期工作吗），短期工作会将长期工作推到一边。

正确。当你有一个副总经理同时管理市场和销售两部门时，多数情况下会失去市场功能，使市场部徒有其名而无其实，此时市场部门发挥的其实是支持销售的功能，但依然称之为市场部。

当生产和工程技术部合并时，同样的现象发生了。P 优先而损失了 E。工程技术部通常是发挥维修、维护功能。因此，既然不能将市场和销售部放在同一个副总经理之下，那么生产和工程技术部也不应该放在同一个人的管理之下。P 型导向会干掉 E 型导向。

还有其他的例子吗？

PAEI 代码对激励也有影响吗？

---I？

为什么只是 ---I？那就是说你不在乎我们做了什么或我们为什么做和如何做，那不是激励，那是放弃。

> 不要让同一个副总经理同时管理市场部和销售部或者生产部和工程部。

那是 P 和 I？

那么 A 和 E 型角色呢？你不能漏掉任何角色，这一点很重要。任何缺陷都会时刻萦绕着你，因为所有四种"维生素"都是必需的，无论何时，缺失任何一个角色，想要的结果都不会发生，一个组织将会在短期或长期既没有效益也没有效率。迟早有一天，如果你想拥有一个健康的组织，你将不得不解决角色缺失的问题。

"游戏"小联盟的教练会在赛前用"耶-耶-耶"的方式鼓舞孩子们说："让我们赢下这场比赛！"这是用的 P--I 方式。没有 A，即没有如何赢得比赛的系统计划，也没有 E，即没有如何赢得未来比赛的计划，只有"让我们团结在一起，尽全力赢下比赛"。很明显，这会对赢得接下来的比赛有效，但不能赢得一个赛季。

好的，所有四种角色都是不可或缺的，我掌握了。那么 pAeI 呢？这种组合是如何激励的呢？

你来告诉我。

那将需要一个激励人们的系统，就像奖金或者其他刺激项目。

正确！paEi 会怎样呢？那将会是哪种激励方式呢？

当人们对未来的使命和愿景有了共识之后，激励会使大家团结在一起。

在西方社会，我们经常采取哪种激励方式？

我认为是 pAeI。

又回答对了。现代社会正变得越来越多的 A 导向。雅克·埃吕尔在他的《技术革新的社会》[①]一书中所阐述的就是这个意思。请想一想，有一本有关一切的手册——如何倾听、如何沟通、如何穿衣打扮、如何饮食甚至如何做爱。几乎没有一个领域不需要制定手册的，甚至我们的这些谈话也可能会改编进手册，教大家如何管理、领导、教育或治国。

最有力的激励并不是 pAeI，而是 paEI，那才是人们为什么参战并愿意为之牺牲的原因，那也是日本生产力强大的一个原因。人们愿意

[①] 雅克·埃吕尔著:《技术革新的社会》，美国纽约克诺夫出版社出版，1964 年。

为了长期而工作,所以他们认识到长期的使命,他们知道一旦实现了目标就会获得收益,所以他们被激励,愿意奉献。

这个代码就像速画像,像任何组织和系统的DNA,我所学到的是,尽管四种角色是必不可少的,但它们彼此是不相容的,正因为如此,您要说什么?

一个角色可能会缺失,被挤出去,面临灭绝的危险,或者从没有得到充分的发展。

> 幸福并不是终点,也不是一段旅程。它是你的旅程的必要条件。

我明白了。之后会发生什么呢?

现在你明白了代码,我们已经准备好去探索一种应用程序了,去理解和预测管理风格,管理与管理不当之间、管理与领导力之间都是有区别的。管理就是所有的PAEI角色都存在,而管理不当则是一种或多种角色的缺失,领导力是其他三种角色都存在,其中一个是I。

我明白了,但是您还是没有告诉我如何有效地预测决策的质量,第四个问题我必须知道答案。

我们会谈到的,当我们谈到时,你会发现这次旅程是值得的。幸福并不是终点,也不是一段旅程,它是你的旅程的必要条件。很准确,这同样适用于学习。

对话 6
管理、领导和管理不当的风格

PAEI 代码有多种用途，今天我们来理解其在管理或领导风格上的应用。首先，还是先回顾一下到目前为止我们谈到过的内容。

好的，管理包含决策和实施。做决策时，我们需要聚焦组织在短期和长期有效益和有效率，为此我们需要 PAEI 四种角色来发挥作用，问题是这四种角色之间彼此不相容。

当一种角色不能发挥作用时会发生什么呢？

为了理解当管理风格中有一种角色缺失时会发生什么，我创造了一些极端例子的模型。在这些模型中，每种模型只有一种角色而缺失另三种角色，即只有一种角色去执行。一旦我们理解了这些极端的模型，就更容易理解那些不极端的模型了。

P---：独行侠

让我们看一下第一个模型，P 型，即执行占主导的角色。就是去做，完成任务，专注在目标实施的过程中，以确保组织存在的意义。在 P--- 角色中 A、E、I 都不存在，我称之为"独行侠"风格。

独行侠是如何管理和领导的？我重点强调"如何"这个词，我们并不感兴趣 P--- 风格为什么会这样，我们不是想了解某人在孩提时代所发生的事情会引起其成年生活中某种行为的心理学家，我们感兴趣的是作为管理者实际上是如何行为的以及我们可以对此做些什么。①

即使没有什么是不可能的，但要改变一个人的风格也是非常困难的。

你说得对，我也不认为可以完全改变一个人的风格，我所能做的是，当与他人进行联结时会变得更加灵活些。

> 独行侠既不是 LIFO（晚来早走），也不是 FIFO（早来早走），而是 FISH：第一个来，并一直留在这儿。

现在，想一想独行侠是如何一步步晋升成为管理者的？

那容易，勤奋努力的实干家常常被提升为管理者。

但是现在有些人要向独行侠汇报工作，会发生什么？

那就会有问题了。运营管理、协调、监督管理等都不是一个 P--- 独行侠的强项。

新的创意、变革、愿景不是独行侠的强项，整合团队 I 也会消失不见。独行侠 P--- 最擅长执行并产生结果。

我想我知道这种人。

让我们来梳理一下独行侠的风格。他（她）工作努力吗？

当然了，非常努力！

独行侠什么时候来上班？

---

① 我怀疑有些生理行为与激素和腺体有关，例如，P 型角色可能是由肾上腺素所驱动、E 型角色可能由甲状腺所驱动，但是这些都远离我的专业知识，现在还是让我们略过它吧。

第一个来，在所有人来之前就到了。

他（她）什么时候离开呢？

最后一个。

在库存控制中，术语 LIFO（Last In, First Out）代表后进先出，FIFO（First In, First Out）代表先入先出。独行侠既不是 LIFO（晚来早走），也不是 FIFO（早来早走），而是 FISH（First In, Still Here）：第一个来，并一直待在这儿。P--- 总是在工作，晚上 11 点钟，P--- 会带什么回家？

装满了工作的公文包。

是的。筋疲力尽的独行侠可能已经没有时间和力气打开公文包就直接爬上床睡了。还有些独行侠旅行时都带着公文包，虽然他们没有时间打开它，但还是愿意带着它旅行。他们就像酒鬼离不开酒瓶一样。这也是为什么有人称 P--- 为工作狂，他们从来没有远离工作，你在工作坊中可以很容易就把他们识别出来。首先，P--- 愿意参加工作坊或研讨会吗？

不会，他们参加是因为有人命令他们参加，他们没有时间开会，他们有太多事情需要去做了。

在工作坊，休息时你在哪里可以找到他们？

在办公室的电话机旁，并且问"有什么问题吗"。

这就像他们在说："我会在这儿待两个小时，上帝保佑，没有问题，请给我一些问题来解决吧。"他们就像酒鬼在说："我有两小时没有饮酒了，请发发慈悲吧，让我喝一口。"

我知道这种类型的人。当他们去参加会议，秘书走过来递给他们一些会议资料时，他们首先会问："有什么要我做的？"他们就像在完成工作。P---是以努力工作的程度来评价他们自己的，他们会因为没有什么可担忧的而感到担忧。

这也是为什么当组织发展到一定规模时，有太多的P---就会变得很危险，他就像失控的制导导弹一样。如果说创始人是P型风格，他出现在办公室是因为他不知道如何用其他方式来填满他的时间。如果他无事可做，他甚至可能会引发一些麻烦，他会打破组织的管理边界、忽视组织结构的存在，你甚至会发现他在卸货码头教人如何装、卸货。更糟糕的是，他可能还会直接给客户打电话，做一笔违反公司政策的生意。为什么？因为他必须做点事情，如果你不能给P---一些事情做，他就会做一些你不想让他做的事情。

他们看起来就像孩子一样。

独行侠工作得非常辛苦。他们经常抱怨时间太少、工作太多，如果有人问他："为什么你不授权给你的下属一些你的工作呢？"回答会是什么？

"他们做不了，他们还没有准备好。"

"他们已经跟你工作多久了？25年了！你为什么不培训他们呢？"

"我哪有时间来培训他们！"

"为什么你没有时间呢？"

"因为没有人可以被授权。"

P---们陷入了一个怪圈而不能授权，这就是为什么我称这种人为独行侠。

下面，看看独行侠的办公桌看起来会是什么样子！整洁吗？

不会，一定是乱糟糟的，如果一张桌子都放不下，一定还会在旁边加一张桌子，但也是乱糟糟的。

如果地方还不够,独行侠就会把各种东西靠着墙摞在地板上,如果你问 P--- 他在干什么,他会如何回答?

"我的天啊,有太多事情要做了,我最近太忙了!"

如果你问他,"最近"是多久?

"25年!"

他们的行为有种强迫性。想象一下你问一个酒鬼,我该怎么处理这瓶芝华士?他会怎么回答?

> 如果你想让一个独行侠抓狂,就在头天晚上把他的桌子收拾干净。

"放到我桌上。"

同样,当你问一个独行侠,这个问题我该怎么办?你会得到什么样的回应?

"放到我桌上。"

当你看一个独行侠的桌子,非工作时间时你会看到什么,"一个酒窖"。如果你想让一个独行侠抓狂,就在头天晚上把他的桌子收拾干净。

我认识一个经理的下属,她工作得非常努力,但总是抱怨工作太多干不过来。她的经理决定帮她走出困境,不收拾好办公桌上的工作就不分配给她新的工作。结果,桌子是清理好了,但是她却感到更加抓狂了,她非但没有感到放松,反而感到被否定。我现在明白为什么她会这样了。

一个很好的例子。现在来看看为独行侠工作的人,他们来到工作单位,大部分时间他们都在做什么?

等着被分配工作。

用组织的语言来说，一个独行侠的下属被称为跟班，他们被要求干这个、干那个，他们得不到培训、得不到指导、没有准备好，只是期待着被安排做这个，然后等着安排做下一个。

独行侠愿意参加内部会议吗？

不，他们没有时间。

假设独行侠被要求必须参加内部会议，因为好的管理者都会这么做，那么这个会议会是什么样的？

非常短。独行侠会告诉参会者需要做什么，然后就打发回去干活。有些问题想要问也不被允许。没有讨论、没有交流，之后独行侠得意扬扬地宣布："我们胜利开完内部会议了！"

独行侠会培训下属吗？

不！一个独行侠会说，"我没时间去培训"，或者"为什么要培训他们？他们只需要看着我做就明白了，努力工作，把活干完"。

独行侠以简单的方式来看世界，问题是简单的，解决方案也很简单。出现问题是因为你工作得还不够努力，解决方案就是继续努力工作，就这样。P---将数量和质量混为一谈。

对独行侠而言，更多就是更好。你只需要多做；如果我们更加努力，我们就不会出现任何问题，我们的问题是这些人工作得还不够努力。

功能就是一切，形式被忽略了。从 P--- 的角度看，如果你工作得足够努力，你就会获得成功。

–A--：官僚

现在让我们来看看下一个有缺陷的风格：–A--。

-A--不像P型那样追求结果或是一个执行者,他不聚焦在需求上,那是P型可以为组织做的,-A--仅仅聚焦在运营管理、系统化、程序化上。独行侠只关注做什么,不关心如何做,而-A--只关注如何做,不关心做什么。

这种人不是E型,转变新方向、接受新挑战、倡导变革;也不是I型,试图整合大家为一体。我称这种类型的人为官僚者。

> 一个官僚有时会结束一段控制良好的灾难。

一个官僚型管理者会照本宣科或者只关注如何使组织有效率,是吗?

是的,说到照本宣科,不一定真有这本书存在,它都存在于-A--的脑子里。他依靠惯例来运营管理组织,建立一个系统并期待着可以照着做就好,任何事都是有章可循的。官僚式员工源于"手册狂"的疾病,所有事情都应该存在于手册中。

官僚者什么时候上班?

准时。

什么时候下班?

准时。

官僚者希望下属什么时候上班?

最好也是准时。

什么时候下班?

准时。

你认为他们上班时间会做什么?

那不重要,重要的是他们上下班都准时,对官僚而言形式大于功能，我遇到很多次这种情况了。

这就是为什么官僚有时候会结束一段控制良好的灾难。公司要破产了，但要准时。任何事都要非常有效并有章可循。那么官僚业余时间做什么？

继续写"那本书"！

正确！官僚总是在寻找和控制违规行为。-A-- 的功能就是制定新规则、新的运营规则标准、新制度。这也是为什么官僚们的那本书中的制度和规章会随着时间的推移越来越长。-A-- 发现越多的违规行为，他们对此制定的制度就越多，而越多的制度也意味着越多的违规行为，需要更多的制度……这本书随着时间的推移却没有带来更好的控制。

官僚愿意开会吗？

当然，也许每周一、周三、周五从九点开到中午。

-A-- 有会议流程吗？

绝对有，关于如何开会的所有细节，而不是如何做、为什么做。

下属在一个 A 型占主导的文化的环境中学会了不要制造麻烦，如果他们按章办事，保持足够长时间的低调，他们最终可能会成为总裁。

传统的官僚就像电影《凯恩号事变》中编剧赫尔曼·沃克所描述的奎克船长，在二战期间，困扰奎克船长的事情是什么？

谁偷了草莓。

一个公司的官僚型管理者在公司即将破产时，还要召开会议以确定"谁偷了草莓"或者谁把表格填写错

> 官僚主义者希望正确地做事，而不关心是否做正确的事。

了。官僚主义者希望正确地做事，而不关心是否做正确的事。他宁愿要准确的错误而不要近似的正确。

我可以看出来官僚主义者也混淆了形式和功能，不过与独行侠恰恰相反，官僚主义者相信形式得到执行，功能自然会实现。-A-- 认为，所有忠实的执行以产生结果是必要的，有时甚至很盲目。

想一下奎克船长，台风会导致船下沉，除非它改变航线，但他说了什么？"我不能因为坏天气就违抗命令"。

这倒使我想起了一个关于官僚的故事。我曾经坐飞机飞过亚马孙河，一个会计坐在我身边，他问我："你知道亚马孙河有多久的历史吗？1亿年零7个月。"这个数字听起来很奇怪，所以我问他："你怎么知道是1亿年零7个月？"他说："7个月前有人告诉我它有1亿年的历史了。"

官僚会给你精确到分的预算平衡表，但是即使方向是错误的，也要是精确的。

你的故事提醒我想起另一个故事。两个人乘坐热气球在空中迷路了，他们开始下降，尝试搞清楚他们在哪儿。当他们看到地上有一个人时就大声对他喊："我们在哪？"地上的人回喊："在气球里。"一个人对另一个人说："那个人一定是A，他的所有信息都是精确和准确的，但就是没有用。"

哦，这个笑话还有续集，地上的那个人A回到家，对他的妻子说："我刚刚遇到两个高管，都是E型，他们上升到云端却不知道自己在哪里、要去哪里以及从哪里来的。"

你正好提到了第三种管理不当或领导不当的类型，那个在吊篮中的人：--E-。

--E-：纵火犯

把你对此风格的理解向我描述一下。

在 --E- 风格中，P 型功能为零，他不会关注提供满足当下的紧急需求的服务。他的 A 型功能也为零，如何做才能完成的细节问题不重要。他的 I 型功能也为零，这就意味着，在人际关系、团队建设、组织氛围等方面都不重要。这个人就是一个典型的大 E，这个风格主要关注未来，去识别他所认为的新机会是什么。

是的，我称这种风格为"纵火犯"，他看起来像四处放火的人。

一个纵火犯通常在周一早晨或刚结束一段超过 3 小时的飞行旅途之后是非常危险的。--E- 总是花时间去设想新战略、新顺序、新方向，他对于向员工倾销他的主意感到兴奋。

纵火犯的下属什么时候上班？如果纵火犯早上 7 点钟就到单位而员工却没有到，会发生什么事情？

纵火犯会很不高兴，他会感到员工不够忠诚。

那么员工什么时候可以下班？

只要纵火犯走了就可以！

是的。他们必须在 --E- 来之前到，在他走后再离开就可以。员工上下班时间是识别管理和领导风格的一个重要特征。独行侠是早来晚走，官僚是准点来准点走，纵火犯是什么时间上班呢？

没人知道！

什么时候下班呢？

也没人知道！

自从大家不知道纵火犯什么时候来去后，他们必须在纵火犯来之前到，走之后才能离开。这会发生什么情况？员工必须全年 365 天、全天 24 小时待命，纵火犯半夜从巴黎打电话过来讨论他突然迸发出的主意是很正常的事情。

我看到很多公司都由大 E 来负责管理，他的副总经理拿着高薪，却只是坐在自己的办公室里一直待到晚上七、八点钟，只是看着自己的指甲一点点生长而无事可做。他们虽然没有什么事情可做，但又害怕回家，因为纵火犯随时可能开会，没有人知道随后会发生什么，但要随时待命。没有人知道时间表，即使纵火犯有一个时间表，他也是第一个去违反时间表的人，员工要对整体情况都了如指掌，他们应该能根据纵火犯的脑海中的时间表来回答所有问题。

让我们来与独行侠的风格比较一下。独行侠是一个工作狂，但是他也被称为救火队员，他会对他人制造的问题做出响应。一旦火突然燃烧起来，他会立即去灭火，然后等待下一场火灾。独行侠还有另一种称呼"危机管理者"，实际上独行侠就是来管理危机的。

现在，如果说 P--- 是救火队员，那么 --E- 就是放火的那个人。如果独行侠的风格是危机管理，那么纵火犯就是管理危机，独行侠得了溃疡就是纵火犯造成的。

> 如果独行侠的风格是危机管理，那么纵火犯就是管理危机，独行侠得了溃疡就是纵火犯造成的。

这就是为什么纵火犯度假回来后，人们窃窃私语，"他又回来了"。他们知道纵火犯会召开会议并开始点火。纵火犯很享受看着别人忙作一团，比平时更加努力地工作，就像组织上下都着火了一样。当一个纵火犯问你最近忙吗，你应该回答："我忙坏了，都快崩溃了，我一个星期都没回家了。"纵火犯也许会回应："很好，很好。"

纵火犯管理下的公司，谁会在会议上一直发言？

纵火犯！

这里有另一个关于这方面的笑话。意大利很擅长美食和音乐，但在军事方面的造诣不高。在第一次世界大战中，有一些士兵在战壕中等待进攻，一个指挥官站在战壕外，穿着漂亮的蓝色制服，佩戴着很漂亮的红色装饰带，有很多装饰物在上面。他拔出他的佩剑指向天空并喊道："冲啊！"士兵们在战壕里仰望着他，边鼓掌边喊："好极了！"但没有人离开战壕。

在纵火犯管理下的组织中同样的事情也会发生。当纵火犯度假回来后，开始召开内部会议，拔出他的佩剑指向天空，兴奋而热情满满地讲述着他最新的主意。他大声地说："我们有机会了，我们可以抓住这个机会！我们可以做这些，可以做那些。"下属们面面相觑，表现出思考后顿悟的样子："好极了！我们可以去做那个。"但没有人真正地离开战壕，为什么？

> 当你的周围都是火鸡时，就很难像鹰一样展翅高飞。

因为下周一纵火犯又会改变主意。纵火犯从不会告诉你停止你正在做的事情，但会不断给你新的事情去做。当人们从战壕中出来后，他们很快就会发现他们在绕圈子，所以会发生什么？他们学会了待在原地不动，就在战壕里，等待下一个"绝对优先考虑"雪崩。他们祈祷并期盼着他们的老板能把他们忘了。也许事实并不是这样，可是 --E- 的真实想法是什么呢？

你说得对。下属花费太多的时间来理解他的纵火犯老板的立场到底是什么，他们消耗了太多的能量去说明方向，并延迟采取行动，因为他们不知道这是真正的方向还是一个想法。

这让纵火犯很有挫败感，他为了改变而创造出一个又一个绝妙的新主意，而员工们只是庆祝"好极了！"而不采取实际行动，什么也不做或做很少一点，直到结束。根据以往的经验，他们相信这只不过是他的另一个主意，而且他很快会在脑海中改变或者忘记这个主意，因为又有一个新主意代替了旧的主意。

不幸的是，在这个例子中还真不是一个主意，确实是一个方向，纵火犯变得不耐烦起来，因为什么都没有改变。他的想法陷入困境，当你的周围都是火鸡时，就很难像鹰一样展翅高飞。组织没有前进，--E- 的结论是，因为员工不支持所以无法实现他想要的，他们因偏执和怀疑而涉嫌破坏行为，他看着这些"罪犯们"。通常 --E- 要找一个替罪羊，指责他没有达到预期的要求，也必须有一个人来顶罪，就像领头的公牛，脖子上系着铃铛，他就是那个没有完成纵火犯预期的原因，如果那个人抵赖，E 几乎会立刻选出另一个新人来成为新的替罪羊。

> 你这时不认同我的想法已经太迟了，我已经改变主意了。

纵火犯发现人们没有跟上来，因为他们不理解他到底要做什么，其实纵火犯们自己也不知道要做什么，他们甚至可能说："你这时不认同我的想法已经太迟了，我已经改变我的主意了。"

有时下属们觉得这个主意不会变了，所以就采取了行动，之后纵火犯却感到很沮丧："你为什么要做这个？我只是说出我的想法而已。"在另一个例子里，当人们不去追随他的方向，纵火犯又会变得很愤怒："你们为什么不执行我的决定？那可是最终的决定！"

这很有趣，但也很让人难过，人们真的很难搞懂纵火犯到底想要干什么。无论是继续完成任务还是不做工作，他们都是失败的，没有简单易行的方式，即使最终追上了最后的主意，他们依然会不断地感到是一个失败者。

> 纵火犯没有认识到，他们自己才是最大的敌人。

纵火犯要忍受太多失败的感受，他的想法比组织中的大多数人都太快、太超前了，使得他没有成就感。随着时间的推移，他感到梦想破灭了，极度失望，他觉得人们都在往下拽他。纵火犯没有认识到，他们自己才是最大的敌人。

一个组织就像许多齿轮，大的齿轮要依靠很多小齿轮的转动才转动。当大齿轮转动一圈，小齿轮要转动很多圈。

如果"大齿轮"是一个纵火犯，他经常突然改变方向，它转动一整圈，之后反向转半圈，之后又向前半圈，然后回到两个完整的圈，那么那些小齿轮会怎么样呢？大齿轮每转动一点，小齿轮就会转动一整圈，当小齿轮只转动半圈时就要反方向转动，即使它们在接受最后的指令之前，它们又不得不改变方向，最终齿轮散架了，只做到一点或什么也没有做成。当这种情况发生时，纵火犯再次证明，他怀疑员工不可信任是对的，他们不会去做那些支持他的事情。

但是纵火犯又是一个非常有魅力的人，他们是梦想家，他们有能力使人们相信他们的梦想可以成真。

但是，幻想很快就会破灭，因为人们无法满足纵火犯不断变化的梦想。

下属们会怎样呢？

每一种极端风格的管理者的下属都非常典型。就像我说过的，独行侠的下属就是跟班，他们未受过培训，却要随时准备承担任务。官僚的下属我称为"是－是先生"，他们遵循规章，不能引起风波。纵火犯的下属我称为"喝彩者"，就像歌剧首演之夜歌剧院经理专门雇来喝彩鼓掌的人一样。一个纵火犯的下属是因其鼓掌喝彩而领到工资的。

当一个纵火犯召开会议畅谈自己的想法时，你可以表示反对吗？

那可太危险了，因为纵火犯会认为这是个人恩怨，所以会持续对你攻击。纵火犯聘请员工是让他们来喝彩

> 当你与一个--E--一起参加一个敏感的会议时，永远不要只有一个听众。

的，而不是在他唱高音 C 时喝倒彩。当你不认同纵火犯的意见时尤其要小心翼翼，因为大 E 也是自大狂。

在那一刻，你千万别表达出对 --E- 的主意的怀疑，他会认为你的反应是表达不认同，最好在发表你的评论前有一个前缀"我同意你的想法……"小心使用"但是"这个词，它可能会让纵火犯大为恼火。尝试避免使用"我不同意"这样的话——它会彻底激怒纵火犯，换成"我对你的方案有些另外的想法"，始终保持开放的讨论气氛。如果有第三个人在场，--E- 会捍卫他的立场，并且说话开始不那么有逻辑了，他会向你开战，他必须赢得争论。当你与一个 --E- 一起参加一个敏感的会议时，永远不要只有一个听众。

您绝对是正确的，我就在我曾经工作的地方看到过这种情况。每一个人都有不同的风格，如果我不知道如何与其风格相处，会使他们感到不悦。

我推荐我的另一本书《引领领导者》，书中更加详细地描述了不同风格的特点，应该可以更好地帮到你。

现在，让我们来看看最后一种管理不当的类型吧。

---I：追随者

当你只有 ---I 时，你认为会发生什么？

这种类型的管理者们只关注人，不关注做什么、如何做、为什么做。他们观察其他人，看看他们彼此之间是如何达成一致的。

让我给你举一个例子，四个人同时看往窗外，但看到四种不同的东西。他们中的一个人看到了小鸟儿、高山、湖泊、点点舟帆。这个人是谁？谁只看大的画面？

是 E。

第二个人从同样的窗子看出去，没有看到鸟儿，没有云彩，更没有帆船，他只看到窗框是脏的，这个人是谁？

是 A。

正确。这种风格的人对细节着迷，例如，假定你写了一份关于公司进入纽约市场的原因及方法的重要报告，A 却会因为对一些细枝末节的修正而把它打回去，这时你便会怀疑 A 没领会你的报告的整体要点。你看到的是大的画面，A 却聚焦在细节上而忽略了整个图像。

第三个人既没有看到细节也未看到大的画面，取而代之的是，这个人正忙着搞清楚这扇窗户是怎么开和怎么关的，能让足够的空气进入到房间吗？它的朝向是合适的吗？这个人最感兴趣的是窗户的使用功能。

那是 P。

是的。最后，第四个人甚至都没有看窗户，这个人看着其他三个人，然后思考着这三个人都看什么呢。I 主要关心的是人们如何彼此依赖的，他感兴趣的是某人和某人之间是怎样的，我把这种人———I 称之为追随者。

为什么是"追随者"？

想象一下，有追随者主持的管理会议，谁会发言？

除他以外的每个人。

那么追随者在干些什么呢？

倾听每一个人都说了什么、谁没有说什么以及他们为什么不说他们可能要说的话。

他关注的是人及彼此间的关系。I 们知道组织中的每一个人需要什么样的政治环境。他们有很好的政治嗅觉，不会轻易亮出底牌，因为他们想在犯错误之前知道各方的立场。他们不会明确沟通，因为他们想先知道其他人是怎么想的，他们可能会先放出一个探测气球，然后说："我有一个主意，但我不那么确定。"他们还可能会说："我建议我们宣布分红，但我不能非常确定这个想法。"

他们想知道达成什么共识他们才能参与其中。---I们不是在领导，他们在随大流。

这种风格还有另一个名字。当我的《如何解决管理不当的危机》这本书翻译成西班牙文时，翻译者称这种风格为 Pez Enjabonado，意思是"滑鱼"，有时候因为这种鱼太滑了，你无法抓住它。

为了让滑鱼就范，你可能会说："你说过这话。"而他的反应可能是："你没有理解我真正要说的。"滑鱼为什么总是左右逢源呢？因为他比其他人都更像一个狡猾的政客，他可以比组织中的其他人都更早地感受到组织内暗流涌动以及潜在的政治潮流。他的关注点在组织动力学和政治权力上。

滑鱼的下属被称为告密者，他们知道发生了什么、谁在说、他们为什么要说、具体说了什么、当他们这么说时到底是什么意思等等。通过这些告密者，---I听到并能了解组织里的各种声音。

但我们不是在画一幅极端的图像吗？

每一种极端的风格，说它极端是因为只有一种角色执行而其他三种都不存在，这也是一种夸张的说法。我所以如此夸张的目的是，为了能对这种行为的轮廓了解得更加清晰，真实生活中没有人会这么极端，他们有些风格特征会少，但不会没有。

管理者 & 管理不当者

当你有一个大 P 和小 aei 时，就意味着这个人的主要任务是实现结果，但也有一些其他角色的能力，他的这些能力并不比其他人更强，但也不是一无所知。一个 Paei 并不是独行侠，而是一个生产者，通常是一线主管、经理。

用同样的推理，一个 pAei 并不是官僚，而是一个运营管理者，一个 paEi 并不是纵火犯，而是一个创新贡献者。（为了成为一个企业家，他还需要 PaEi）。

在生活中有很多种 PAEI 的角色组合。结合前面描述的生产者风格原型，会呈现出不同程度的优势和劣势。

每一种风格都有自己的优势和劣势，我们不能说 E 本身就是不好的风格，只有当其他三种角色都为零时才是不好的。我们总是要问自己代码是否完整，一个特定的人是单向思维风格还是全面思维风格呢？

如果一种风格中有空白的代码，那么这个人就是管理不当者。如果一个人具有所有字母的代码，每个角色代码应该是大写还是小写取决于这个人的责任和完成什么样的任务。如果一个风格中没有空白代码，那么这个人就是管理者；如果这个人有两个大写的代码，其中一个还是 I，那么这个人就是领导者。①

我们可以用下表来概括一下我们关于管理者与管理不当者的谈话内容：

管理不当者	管理者	领导者
P−−−= 独行侠	Paei= 生产者	PaeI= 主管
−A−−= 官僚	pAei= 运营管理者	pAeI= 运营管理型领导者
−−E−= 纵火犯	paEi= 创新贡献者	paEi= 政治家
−−−I = 追随者	paeI= 整合者	PaEI= 富有成效的政治家
PA−−= 苛刻的上司	PAEI= 指挥官	PAeI= 指示型领导者

如果你把每一种角色从零到一百进行不同强度的组合，你得到的组合数字可能比地球上的总人数还要多。所以，我们每个人都是不同

---

① 对这一主题的深入讨论，请参阅我的管理三部曲：《管理与管理不当的风格——如何识别一种风格及如何应对》、《管理与管理不当的风格》、《引领领导者》。

的，同时我们又是那么相似。

总结一下，我们已经学习了当PAEI角色有任何缺失时，就会造成管理不当，并且对管理不当的结果可以做出一些预测。相反，当有两种主要的角色中有一个是I时，就会产生一种领导者风格。

> 我们每个人都是不同的，同时我们又是那么相似。

这就意味着有很多不同的领导风格：PaeI、pAeI、paEI 或者更好的 PAei 和 PaEI?

绝对如此。一个领导者不只是要考虑风格问题，还要同时考虑组织的需求是什么。公司的创始人需要成为一个 PaEi 或者一个 PaEI 领导者会更好。如果他的风格是 PAeI，对于初创的公司而言是没有效果的，他会使这个"婴儿"感到窒息，但这恰恰是生命周期中老化期组织所需要的领导风格。[①] 我们只要具有 I 就可能成为领导者，但具体是什么风格的领导者，则取决于组织在那一刻有什么样的需求。

接下来，我们会讨论当 PAEI 四种角色都缺失时以及当 PAEI 四种角色程度很平均时，会发生什么情况。

那应该很容易理解。

不见得，你会知道为什么我这样说的！

[①] 请参阅艾迪兹博士的《企业生命周期》。

对话 7

如何应对变化

你愿意先回顾一下我们上次谈话的内容吗?

当然可以。

变化是永恒的。

因为有变化所以产生问题。

解决因变化产生的问题,我们需要去决策并去实施决策。

您说为了做出好的决策,我们需要所有PAEI代码的角色。

如果在PAEI中有一种或更多角色缺失,就会出现预料中的管理不当的风格。

我们已经讨论了四种极端的管理不当风格:(P---)(-A--)(--E-)(---I)。我们还接触了管理和领导的风格。

现在,如果一个人的PAEI都是零,会出现什么情况?四种角色都是空白代表了什么风格?

————：死木

我把不具备这些角色中的任何一个的管理者称为"死木"。死木是一种管理不当的类型，对于做什么、如何做、为什么做、谁来做都不感兴趣，只关心如何生存下去。管理的新陈代谢和能量都很低，这是他们的明显标志。他们总是说"嗯嗯"或者"好的，好的"，但从来没有采取什么实际行动。

> 死木面对变化不会采取抗拒行为。

> 官僚抗拒变化，因为他们知道任何事情都是有成本的，并认为没有价值。

死木也不会对变化采取对抗行为。还记得其他管理不当的类型面对变化时采取的对抗行为吗？独行侠面对变化时会说，"我怎么可能做到呢？我已经够忙的了"，或者"我有时间时会去做的"。

官僚会抗拒变化，因为他们知道任何事情都是有成本的，但对价值一无所知，他们面对变化时凝思苦想，最终他们认为不能干，"这太冒险了"，或者"这样做成本太高了"。他们从实施的角度考虑问题，视机会为问题。

当主意不是纵火犯想出来的时，他也会抗拒变化。追随者也反对新想法，因为这些想法可能会产生政治风险："大家对此还没有做好准备，现在时机不合适。"而对他们而言"合适的时机"并不是来自市场需求，而是当内部政治环境允许时。

死木对变化的态度则有所不同。如果你对死木型管理者说，"让我们把巴黎搬到撒哈拉沙漠去吧"，他会说"好的"。没有任何前期阻力。可是一年后当你问他："把巴黎搬到撒哈拉沙漠的计划执行得怎么样了？"他会说："我们一直在讨论研究，这是初步的计划，我们会继续完成这个计划。"你看，他连一个石头子儿都没有搬到撒哈拉，而且死木花费了大量的时间就是为了保持自己不把一个石头子儿搬到任何地方去。

去除死木是非常困难的，因为他们从来都赞同你且愿意接受任何任务，他们经常说"一切正常！"无论你说什么，回答都是"好的"，但就是什么也不做，并因此而感觉良好。当有人被解雇时，死木也许会说，"我实在不明白为什么要解雇丽莎，她什么也没做啊"。

区分不当类型的管理者的另一个特征是他们典型的抱怨方式。比如，独行侠会如何抱怨？

"太多工作要做了，我实在干不完。"

对，那么官僚呢？

"没按应该完成的方式干这件事嘛。这件事组织得不好，没有进行有效控制。"他们强调的是"应该"。

你掌握了，那么纵火犯呢？

"大家干事情没有优先次序（重点），干的工作都是错误的。"尽管是他们自己多次不断地改变优先次序（重点）以致没人知道最终的优先次序（重点）是什么，然而纵火犯仍然会为此而抱怨。

好极了！还有追随者呢？

"我们还没有商量过呢。你一定误解我了。我真正想说的是……"

与此相反，死木不会抱怨。当你问他："事情进行得怎么样了？"他总说："很好。""有什么问题吗？""没有，一切正常。"

再回顾一下死木的特征：不抗拒变化、不抱怨，死木就像一个完美的下属。他从来都不会说"不"，他没有任何问题，所有事情都是好的，我们爱死这种人了。请注意，死木最危险的是什么，就是死木现象的蔓延。繁殖出更多的死木。

您这话是什么意思？

每一种管理不当的类型都有典型的下属，死木的下属会是怎样的？

更多的死木。

是的。当我诊断组织时最使我害怕的是当我问到情况怎样时，每一个人的回答都是"一切正常，没有问题"。请记住，城市中只有墓地才是最安静的；在那里什么都不会发生；因为没有变化所以那里没有任何问题。这就是死亡。活着就意味着有变化，变化意味着产生问题，成长也就意味着去面对更大的问题。

但是死木为什么会繁殖呢？

死木不想提升管理的技能，他不想进步或授权，这使得在死木管理下的人也得不到成长。当死木的管理失败后，其手下的员工最终也会像他一样失败。有效益和有效率都不关注了，也没有人知道为什么，因为没有人抱怨。当管理者告诉你一切良好时，当没有人愿意尝试改变或改进什么时，这个组织中就有太多的死木了。

但是为什么会产生死木？我们将如何应对呢？

如果你看一下之前提到的四种管理不当的类型——独行侠、官僚、纵火犯和追随者——你会发现这四种类型与死木之间的差别在于他们的 PAEI 代码中的空白数。前面四种是三个代码空白，而死木是四个代码都空白，因此，前四种类型已经是四分之三的死木了。

当独行侠失去其产生结果这一唯一的能力时就会变成死木。

怎么会发生这样的情况呢？

独行侠工作得非常努力，声称他们没有时间来培训下属，那么还有谁是他们没时间培训的？

是他们自己。

所以，20年以后会发生什么情况？他们不是具有20年的工作经验，而是有一年的工作经验重复做了 20 年。他们也会非常努力地工作，但他们已经落伍了，世界在变化，他们无法适应了。

官僚又是如何成为死木的？

他们靠"书"进行管理。如果你想"破坏"他们的管理，把"书"换了就行了，比如，以前手动完成的事情改由计算机系统来完成，或者更换新的预算系统——换句话说，发生改变。如果官僚不能去适应，一个重要的变化就会把官僚变成死木，他们学不会这本新"书"。

那么纵火犯呢？

他们四处点火，当火太大无法控制时，他们很快会失去为他们工作的人的信任和尊重。组织最终不再听取纵火犯的意见了，他还是有很多主意，但已经没有跟随者了。最终，纵火犯对自己失去了信心，也就不再尝试了。

还有追随者呢？

当出现一个紧急的危机并需要立即处理，而他们又不能用 I 型的方式去解决的时候，因为整合大家需要时间，但现在却没有足够的时间。常见的情况是从下面爆发的一场小小的革命，把他们推到一边。局势要求采取行动而不是谈判。他们可能还想整合，但没有人会继续愿意听他们说什么。他们也变成了死木。

在上述四种例子中，你看出什么共同点没有？

让我想一想。当有了变化而不能适应时，独行侠变成了死木。当执行行动发生变化而不能掌控时，官僚变成了死木。当纵火犯激发了过多的变革而失控时，纵火犯也变成了死木。当危机发生并立即采取行动，而追随者失去了对政治进程的控制时，追随者也变成了死木。

共同的特征是变化！

正确。告诉我一个组织变化的速率有多快，我就会告诉你有多少死木。当情况发生改变时，他们不会去跟着改变，外部环境变化越快，内部环境产生的死木就越多。

但那不是一个官僚机构的典型特征吗？在那里变化是缓慢的，我认为只有在多数官僚机构中才会找到死木。

官僚们就是潜在的死木。当组织过去的经验需要改变时，在这种情况下会产生死木。在常规情况下一切都是可控的，而当管理需要升级或变化加速时，表面下的死木就会迸发。

当一个相当年轻的组织经历了巨大的变化时，这种情况下的组织会产生最高级别的死木，比如一个高科技公司。除非投入大量的培训，结果是要么营业额提升，要么发展出死木。变化如此之快，有些人就无法跟上队伍，他们被管理淘汰了。

在宏观层面也会发生同样的现象。告诉我一个社会的变化速率有多快，我就会告诉你社会上有多少无家可归的人。他们的困境并非源于无法就业，而是因为当一个社会的变化太快时，很多人都无法跟上，他们在这种环境下不能产生工作效益和获得收入。他们就简单地放弃了。

为什么在美国这样一个世界上最富有的国家会有那么多无家可归的人？因为美国也在经历如此巨大的变化。发展中国家也是如此，那些工业化发展迅速的国家满街都是乞丐。

但美国已经是工业化的国家了。

美国正在步入后工业时代，正发生着一场由制造业和服务业向以知识为基础的行业转化的变革。这些领域要求更多的脑力工作而不是体力工作，有些人不能与这些变化连接上而被淘汰。

您的意思是建议停止变化？

没有人可以阻挡变化，尽管许多个人、政党及宗教运动都尝试过，并且还在尝试。解决办法是把握变化而不是放慢变化的速度，并从快速变化中学会如何更好地解决问题。

有什么建议吗？

那正是写这本书的目的，请再看一下书的序言。[①]

我发现变化遵从一种可预见的模式，这意味着问题的解决也有可预见的模式。变化是有生命周期的，一些问题是生命周期的每一个阶段所固有的。

这些固有的问题有些是正常的，还有一些是不正常的。管理的作用就是消除组织所处的生命周期阶段的固有的问题，并且使组织做好准备去面对下一阶段将要出现的问题。[②] 通过讨论我们已经搞清楚了一点，制定决策是为了解决伴随着变化而出现的问题。这些决定提供的解决方案必须能使组织在短期和长期既有效益又有效率。这就意味着我们需要一个 PAEI 式的决策。

我们已经讨论过管理不当的各种类型，这些管理不当的类型有一种或更多 PAEI 角色的缺失，为了使组织可以在短期和长期既有效益又有效率，我们如何才能制定好的决策呢？

要想得到 PAEI 式决策，我们需要 PAEI 的执行角色，意思是我们需要 PAEI 风格。

我们需要有人既要是任务导向的，那是 P 型角色，又要使组织系统化和流程化，A 型角色可以彻底执行这一工作，他还必须有全球化视野、有创新和有意愿承担风险，表现出 E 型角色特点，而且他必须对他人的需求敏感，是一个团队建设者，使自己并非是不可或缺的人，

[①] 为真正成为引领这一特殊变化并保持持久结果的专业人士，我建议你到艾迪兹研究生院或提供艾迪兹项目的大学来学习这一关于变革与协同领导力的理论方法。艾迪兹研究生院授权学校教授艾迪兹法。
[②] 为学习更多有关企业生命周期的内容，请参阅艾迪兹博士的《管理企业生命周期》。

表现出 I 型角色。换句话说，一个 PAEI 的人同时具备所有的角色功能，在同一个时间做出完美的决策、解决所有的问题。

但是这样的人是不存在的。

确实如此！这种 PAEI 风格的人只会存在于教科书中。同样的道理，没有完美的父母、管理者和领导者，以此类推也没有完美的下属。当有可能发生变化时，没有什么是完美的，只有当与时间无关时才可能有完美。这也是为什么说艺术是永恒的，但商业和生活是随时可能发生变化的，没有人是完美的。[①] 现在我们完全可以松一口气，你、我、我们所有人都是不完美的。所以，这一发现有什么新意吗？

> 任何一个个体单独去执行管理过程都是很复杂的事情。

多少年来，人们都在通过涨工资、增加股票份额、给 CEO（企业的最高执行官）们各种各样的特权来探寻这一完美管理者之谜。这一切都是为了找到这么一个令人难以置信的毫无瑕疵的天才。

这种乌托邦式的期望使得美国的大多数管理教育误入了歧途，现今的课程规划都在描述管理者应该做什么，但实际上他们是做不到的。打开任何一本管理理论教科书，用得最多的词是"应该"，管理者应该做计划、应该组织起来、应该去沟通、应该训练下属、应该去领导。而实际上没有人擅长所有事情，任何一个个人都不可能单独去承担，因为管理过程都是很复杂的事情。

因为 PAEI 各角色间是彼此不相容的，甚至没有人可以在一段时间内同时具有 PAEI，更别说永远，这是说不通的。

如果 PAEI 式执行官只存在于教科书中，那就意味着每一个组织都

[①] 请参阅艾迪兹博士的《完美管理者——为什么你不能成为完美管理者以及如何应对》。

会是管理不当的吗？

不，虽然没有个人是完美的管理者、领导者、执行官，但我们可以有团队。

但请小心，不是任何团队。

必须是互补型团队。

正确。什么才是必需的，不是一个无所不能的天才，而是互补型团队。我要重点强调一下"互补型"这个词。通常，当我使用团队这个词时，人们都会说，"是的，我需要一个和我一样的团队"。那不是团队建设，那是克隆。

再看一下你的手，一只手有五根手指，这才是一只手，如果所有手指都有相似的作用，你不会拥有一只手。

在管理中，我们需要一个彼此有统一的差异性的互补团队。如果所有的组件都是一样的，那么组织将会变得脆弱。如果组件是不同的，组织同样会变得脆弱，因为差异性发挥的作用有所交叉。优势来自彼此有差异的一致性，不同的手指有不同的独特能力，这样才能一起工作。

> 在管理中，我们需要一个彼此有差异性的互补型团队。优势来自差异的一致性。

同理也适用于社会层面。社会可以更好地应对变化的最好办法是具有互补型文化。我不是在谈论互补型能力和知识，而是互补型风格和判断力。就是这些才使得美国成功：不是指资源（其他国家并不少，甚至更多。），不是指规模（其他国家规模也很大，甚至更大。），是指可以滋养多样化的文化、多样化的人口、很多方面的多样化。

可是这些不同也制造了沟通不畅和冲突啊？

沟通不畅会有很多原因，这只是其中之一，当人们的风格不同时，沟通不畅就会很容易发生。

那么如何才能使彼此差异的一致性产生优势呢？差异性将引发冲突，而冲突是劣势啊。

恰恰相反，差异性可以产生优势。

请您解释一下吧。

如果差异性是一个优势，当组成联盟时，他们可以对彼此间的劣势进行抵消。

我的理解是：我可以用我的优势来抵消了你的劣势，反之亦然。现在，通过互补关系我们都有了优势，但你如何可以化解因多样性而产生的冲突呢？

让我们把这个重要的问题慢一点搞清楚，因为你说得对，多样性既可能是优势也可能是劣势。它可能是一场疾病，产生破坏性冲突，毁掉一个民族、一段婚姻、一个合作关系。

尽管大家总是说没有人是完美的，但大家却没有按说的去做，他们还会尝试做到完美，期待别人可以提升并克服自己的缺点和不足，当其他人自身的劣势不能有所改变时，人们会为此而感到垂头丧气。我们生来就有风格，当其他人对你的劣势进行批评时，你会感到难过和痛心，这是因为你有一个隐藏的前提假设，即如果你可以克服你的劣势你就会做到完美。

这是一个常见的错误。你是谁就是谁，你有自己的优势和劣势，这很正常。因此，聚焦在你的优势上，针对你的劣势找到某个可以信任的人与你形成互补型团队来一起工作。

但是如果一个人可以对我的劣势进行互补，也就意味着我在和一个比我强的人一起工作啊。

在有的风格特点中，是这样的。

假设我是一个 A 型，我雇用一个有创造力、敢想、愿意承担风险的人与我形成互补型团队，这个人会把我吓坏的；因此我不能雇他。或者情况正好相反，我是一个 E 型风格，我需要雇用一个 A 型来与我互补，他也会让我倍感挫败。

是的。大家都觉得我应该比与我在一起工作的人强，这个管理者的管理行为特质要比下属强的前提假设来源于精英层级主义。这是不同的思维方式。

怎么会这样？

你必须接受这样一个态度，即他们不是为你工作，而是与你一起工作。

我怎样才能与一位制造了冲突并使我睡不着觉和感到沮丧的同事一起工作呢？这也是处在婚姻中的人们同样随时都要面对的事情，婚姻是组成一个互补型家庭，但这对于男人而言太困难了，您又是如何预防发生破坏性冲突的呢？

让我们来考虑一下什么使得冲突具有建设性。

这种模式转换，我倒是很愿意学习一下。

建设性冲突 & 破坏性冲突

当有变化时，意味着瓦解，瓦解又意味着出现问题。

到目前为止，我都可以理解。

有了问题就需要去解决。

为了解决问题我们需要做决策，不做决定也是一个决定。

一个好的决策需要具备所有 PAEI 角色来执行。

没有一个人可以永远地同时地执行所有的 PAEI 角色功能来解决所有问题。

因此我们需要……

我们需要互补型团队。一个互补型团队也就意味着引发必然的冲突，因为这是风格的不同所造成的。

所以，在管理变化的过程中，冲突是必然和不可避免的，而变化也是持续和不可避免的。

> 在管理变化的过程中，冲突是必然和不可避免的。

任何时候我们试图消除冲突，我们都无法做到良好的管理。我们就像水手们经常说的，"我非常想跨越海洋去探索新大陆，但是我不喜欢大风大浪"。这个"冒险家"就待在房中，坐在浴缸里，阅读旅行杂志。

同样的现象也发生在管理者或政治领袖中，他们说"我热爱管理和领导，我所不能忍受的是人"。他们坐在管理的浴缸中，避免真正的管理和领导风险，是哪一个？

治理冲突。

> 怕热，就别进厨房。
> ——杜鲁门

变化的速率有多快，冲突的速率就有多快。

如果我们想尝试停止冲突，我们就要停止变化。明白了。

当苏联在科技、经济、社会甚至艺术上开始落后，米哈伊尔·戈尔巴乔夫在他领导变化过程的时候，又发生了什么？

冲突。

正确。没有冲突就没有变化，如果你尝试停止二者其一，另一个也会停止。

这很有意思。

如果你不喜欢管理冲突，就别总想着当领导者。如果你不喜欢管人和处理大家不同的意见，那就离开管理者的"宝座"。就像二战期间的美国总统亨利·杜鲁门说的，"怕热，就别进厨房"。

领导工作的很大一部分内容就是与不同风格的人打交道，因为大家有不同的想法和不同的利益需要去统一，所以会产生冲突。

我们可以把这部分加入到路线总图中。

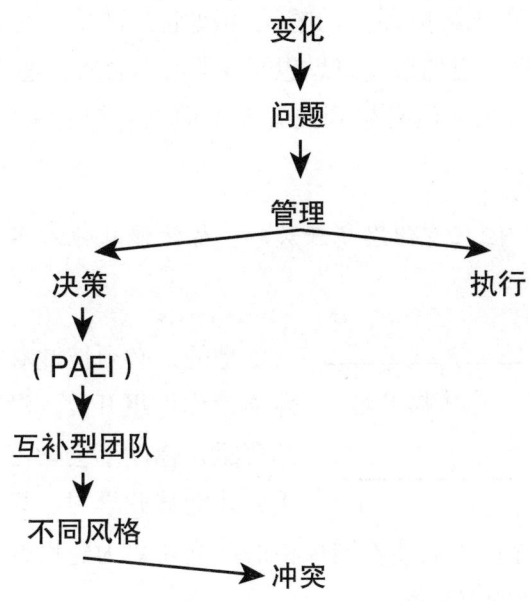

我理解了，冲突是必然的，但我依然想学习如何才能转换成建设性的呢！

"建设性"这个词你是怎么理解的呢？

建设性的意思是创建一个新的之前没有过的东西。

当我们学习一些新东西时确实会这样。什么时候我们会学习？当我们看到与我们不同的想法时，我们会从不同想法中学习。

想象一下，你去找某人告诉她你的决定，也想知道她的想法，她百分之一百地同意你的想法，你会从中学到什么？没有学到任何东西。也许你学到了某人同意你的想法，但没有学到任何已经创建的新知识、新概念。

现在我们假设你去找某人，告诉他你的想法并想知道他的意见，只是这个人的风格与你不同。让我们假设你是一个 E 型，他是一个 A 型，你看到了大的图像，而他，从另一个角度注意到了你没有注意到的细节，他开始批评你的想法和决定。这是一个冲突，而且通常是令人不快的，但如果你以思想开放的心态去听，愿意开放地倾听，你会学到一些你之前没有想到或者知道但没有想起来的事情。因此，冲突是……

建设性的。但只有你思想开放时，你才能从他人不同的意见中学到东西。

> 有了尊重才能使你思想开放。

是的，必须彼此尊重。有了尊重才能使你思想开放，没有对不同意见的尊重，你就不会学习。需要彼此尊重，才能彼此学习。只有参与的各方之间都能彼此尊重才能使不同风格的冲突转化为建设性的，意味着参与各方珍惜彼此的差异性。

您的意思是要容忍多样性？

容忍，不！你愿意在你的婚姻中容忍彼此的不同吗？那可是遭受痛苦的方式，不是吗？你必须对彼此的不同心存感激，因为你们彼此学习，你会从彼此的不同中获得思想的富足。

"尊重"这个词不应该被解释成你说话有多么的和蔼可亲,看别人时点头致意。"尊重"意味着他人的价值,感谢他人使你学习,并使你思想富足。

回顾上面的例子,你是一个 E 型,雇用一个 A 型和你一起工作,这个 A 帮你节省了很多钱,是吧?他可以告诉你在实施你的梦想的过程中遇到的障碍是什么,帮你避免在晚上睡觉时出现相反的梦魇。或者你是一个 A,与 E 形成互补,这个 E 可以帮你挣很多钱而不用你亲自上阵。

现在我理解了同事是什么意思了。同事这个词来自拉丁文 colegum,意思是共同到达。他们开始时有不同的视角,通过尊重的相互作用,彼此学习,得出共同的结论。

这也是为什么真正的同事在一起讨论时,一人可能会说:"我可以用恭敬的方式对我博学的同事表达不同意吗?"请注意"尊重"这个词,思想开放,有意愿去学习。

您的意思是说,每一个管理者、领导者、执行官在组建他的团队时,需要的成员是那些风格不同,但彼此尊重的人,因为那样才可以从反对声音中学习。

说得漂亮。请注意我们得到的这个结论,在一个彼此尊重的氛围中,这是一种资产并可以重复使用。这个结论和解决方案也会随着时间的推移而发生改变,就像艾森豪威尔总统曾经说过的,"计划毫无用处,规划才是无价之宝"。

彼此尊重是一个基石,主题可以变、结论可以变、解决方案可以变,但是基石必须完整地保留。

在希伯来语中,"同事"和"对抗"一词有相同的根辅音:amit 和 imut,因此,"同事"的意思就是某人必须与你有不同的想法。同事间尊重彼此的不同而相互学习。相互协同的关系,共同成长,学习只会发生在这种情况下，即当你可以从他人的反对意见中学习时，这就是建设性。

这种情况只会在我尊重那个人时说话，才会发生吗？

是的。你必须有意愿从反对声音中倾听和学习。任何时候你努力克服复杂的问题（比如你的事业、工作和个人生活）时，你向某人征求意见，你当然不可能从每一个人那里都学到东西。是一个和你一样的人，他总是同意你的想法，还是说某个你所尊重的人，这个人有不同的想法，哪种情况可以让你学到东西呢？

当然是后者。

如果你找到某人却又不尊重他，即使他与你有不同意见，你也不会从他那里学到东西。当寻求建议时，你应该找那些与你持不同见解的人，同时还要尊重他，因为你知道你可以从他那里学到很多不同的东西。

我们遇到了一个鸡和蛋的问题：您说我应该找到一个我尊重的人，因为我可以向他学习；但为了向他学习，我首先要尊重他。那么哪一个为先呢？

你应该从尊重开始。先给他们一个机会，如果你一次又一次地不能从他们那里学到什么，或者他们的判断是错误的，那你可以切断这种连接。我并没有说尊重每一个人，仔细选择你的同事。

同样的道理也适用于选择你的伴侣，要非常小心地选择以组成互补型婚姻。选择一个与你不同的人，是那种受你尊重并可以教你的人。

有意思。犹太人有个传统，每周五晚上的安息日晚餐开始时，丈夫都要唱赞美妻子的歌，这种活动被称为"勇敢的女人"（Eshet Hayil）。在这首歌中，有一句话总是使我很烦，那就是一个勇敢的女人是 Ezerke neged，字面的意思是"有益的对抗"。

我总是想知道如果她持对抗的态度，如何才能使之变成有益的呢？现在我明白了，这取决于她是如何对抗的。

如果她开始批评和贬低她的丈夫做的决定，她这么做就不是有益的，不是吗？但是如果她说，"亲爱的，你想过这样或那样会如何吗？"等等，指向他的论点的漏洞，并以尊重的方式互补了他的风格，那就是有益的。

这个丈夫从共事的妻子身上学习了。

通常 E 型们会与 A 型们结婚；虽然不同但彼此吸引，他们彼此是互补的。这个婚姻得以成长只会在下面的情况下发生，即如果他们之间存在彼此尊重，他们对彼此的观点持思想开放的态度，所以他们可以彼此学习。也因此，他们会共同做出更佳的决定。

你想和一个搭档、一个伴侣，或者一个同事一起共事，但他们要知道如何不以令人讨厌的方式来表达反对意见。

当他们是成长的，当他们是建设性的，冲突就能发挥协同作用。他们彼此学习而成长，而这只会发生在彼此尊重的前提下。

尊重并不是你对他人表现得很有礼貌或关注他人，批评是需要的，但只能是以不令人讨厌的方式进行。尊重是有关态度和价值观的问题，套用伏尔泰的话说，"我可以不同意你的观点，但我誓死捍卫你说话的权利"。对我而言，这才是尊重。

让我们再说一次。当你遇到一个问题又不能独自解决，你应该去找一个决策风格与你不同的人寻求建议。但你会随便找一个不同意你的意见的人吗？

当然不会，我会找我尊重的人来寻求建议，我相信可以从他们的反对意见中受益，因为对我而言可以从他们的不同中学习。我记得读到过一句话，如果两个人对所有事情的观点都一致，那么其中一人就是可有可无的。

禅宗有一句类似的话，"如果参加会议的每一个人同意所有的事情，他们中没有人在深度思考"。

很有意思。现在我理解了为什么犹太人考虑事情的方式很聪明，因为他们从来不彼此盲从。犹太教法典教导说永远不要认为什么都是理所应当的，要去挑战任何事情。

作为犹太人就意味着总是要去争论和捍卫你的立场。"三个犹太人，五个想法"是你会经常听到的话。

这也是为什么与犹太人打交道总会感到很痛苦，就因为他们从来不同意你的意见吗？他们总是挑战你，并像你的上级领导一样质询你。说实话，这让我很生气。

不只是你一个人有这种感觉。（我认为，这也是反犹太主义的一个理由。）

> 作为一个领导者，不是你知道或者你知道多少，而是知道你是谁。

虽然如此，你还是会从反对声音中学习。如果你找到一个有不同想法的人，但是却发现你不能从改变自己的立场中学到任何东西，那么你就会感到这是在浪费时间。

有些人有话要说，找到他们；还有些人不得不说些什么，远离他们。

这个讨论给我带来了管理培训的话题，一个当下很时髦的话题，领导力培训和管理培训应该教导人们如何处理因防止冲突而带来的痛苦。

我注意到您并没有说"解决冲突"，但那也好过您说"防止冲突"。

是的，我并不想取消冲突的合法地位，我想使之变成建设性的。想要成为更好的领导者你就要学会与冲突共舞，并使冲突变成建设性的。作为一个领导者不是你知道或者你知道多少，而是知道你是谁。

它是你的风格、你的态度、你与他人的关系的处理方式。

明白了。

现在,我要通过审视现代社会中尊重的重要性来拓宽这次讨论的话题。

我认为当今世界处在历史道路上的一个重要的路口。因为变化的发生,人类和社会所面临的问题越来越复杂,文化和风格之间的差异性,意味着在解决社会问题上的观念差异,它造成人的内心以及社会团体与国家之间的冲突。

人类或者社会(我们全球社会)会因为变化而变得更强还是更弱,这取决于变化下我们如何处理彼此间的差异。如果我们与参与者一起通过民主、尊重的方式处理彼此的分歧,并建立一个同志式的社会,我们将会变得更强。

没有民主,就没有相互尊重。民主制下所制定的决策并不比制定决策的方法重要。如果一项决策被证明是错误的,鼓励批评与争论的民主体制是能对其进行修正的。这一体制使变化成为可能,也就是说,要成为一个民主社会就必须进行民主化的变革。变革率越高,在每一层次上体制的民主化也必须越高。

不幸的是,公司不会民主,他们越是发展壮大,官僚主义越多,越来越多的个人力量被剥夺,在宏观层面我看到民主变得危险了。

> 没有民主,就没有相互尊重。

为什么?

因为如果人们对他们的工作环境无能为力,他们清醒时更愿意去哪里呢?为什么他们感到对其政治领导人制定决策的影响微乎其微呢?民主必须覆盖所有方面。

这是一个非常有野心的目标。

我同意，那么替代方案是什么呢？越来越多的官僚化、人们越来越无力。民主是脆弱的，它面临着来自监管加强的威胁，政府干预增加了——A 的增加。这就使民主变得徒有虚名，经常会进行公民投票，但又没有什么办法来改变当前的常规方式。美国和法国的公民们总是认为用占领华尔街或燃烧轮胎的替代方式会产生效果。

这太令人沮丧了，那么尊重在个人层面是如何应用的呢？您提到过内部冲突会因为一个人而发生改变，那是什么意思？

个人应该对他们自己所持的不同意见抱有一种自我尊重的态度。他们必须认识和接受一个事实，即没有哪一项个人决策是永久不变的。对自己和他人保持思想开放是制定好的决策的基础，成为自己的"同事"也是个人成功的基础，要做到一点你必须先自我尊重。我们应该在自己的头脑中有一个"议会"，包括保守思想和自由思想，在制定决策时我们应该尊重这些不同的反对声音，我们还应该尊重自己的优柔寡断，并看是否可以从中有所学习。

> 成为自己的"同事"也是个人成功的基础。

能允许我问个问题吗？我理解的是我们需要互补型团队，团队的成员要对不同声音保持尊重，做决策时也是以彼此尊重为基础的。但是需要四个人分别代表 PAEI 角色来组成团队吗？

不必如此，你可以只需要两个人。举例来说，一个人是 PaEi，另一个人是 pAeI，他们在一起就可以组成有效益的互补型团队。顺便说一下，这种组合被称之为"妈妈爸爸商店"。传统上，"爸爸"在小型家族生意中扮演 PaEi 角色，他会去开新店、引进新产品、给商品定价等。"妈妈"角色在传统上是记账，A 型角色，执行 I 型功能，她会提醒顾客爸爸会带来新产品，"明天来吧，他会给你一个小惊喜"。

然而有些时候，妈妈和爸爸的角色会重叠，甚至会互换角色。记住，P 型和 E 型角色并不一定是男人，而 A 型和 I 型角色也不一定是女人。妈妈也可以成为 PaEi，爸爸也可以是 pAeI。

运用互补性原则可以组建家庭，也可以组建商店。给我看一个成功的公司，我就能给你指出一个互补型团队；给我看一个成功的社会，我就会让你看到不同的文化在一种彼此尊重的气氛中和平相处。

我从美国的成功中得到启发，美国之所以成功并非仅因为其富饶的物质资源——很多国家也拥有丰富的资源——而是因为从彼此尊重和信任的社会政治文化中受益，它承认并尊重文化的差异。你曾经见过作为美国文化遗迹而举行的街头庆典活动吗？人员构成包括了美国人口的每一个民族的代表，也包括那些与美国曾经交战过的国家。

法律规定机会均等。来自全球的受压制的人为了寻求成功的机会而来到美国，基于种族、信仰或性别的歧视是被法律所禁止的。如果在美国这种歧视上升，美国的力量就消失了。

我们必须使差异合法化，并通过相互尊重的制度把它们统一起来。因为他们之间的差异性使我们更加富足而不是拖后腿。学习力是可以培养的，因为相互尊重可以鼓励思想的彼此融合。

差异性在什么时候是相互协同和建设性的？什么时候它们可以构建出学习型环境？只有在彼此尊重的时候。没有这些就不会学习，没有了学习就会产生不正常的冲突。

没有彼此的尊重，分歧就是痛苦且没有收获的。

让我们一起再回顾一下整个内容，以确保你完全理解我的意思。重述概要：冲突是不可避免的，因为在一个互补型团队中需要由 PAEI 来做决策。

PAEI 决策方式是使任何组织在短期和长期既有效益又有效率所必需的，无论是一个组织还是一个社会。

教科书中的管理者，在执行时同时具备 PAEI 四种角色功能在现实中是不存在的，就像没有完美的政党、宗教或文化。一个互补型团队，或者社会，一个政党，按照定义，包含个人或文化以不同的方式思考和行动。这就产生了冲突,当它是建设性的就是令人满意的,当以彼此尊重为基础时它就是建设性的。

好的决策,是一个互补型 PAEI 团队有了彼此尊重才能发挥的功能。

$$高质量的决策 = f \begin{cases} 1.\ PAEI\ 角色去执行 \\ 2.\ 彼此尊重 \end{cases}$$

我想我理解了。在我以前的练习中,我曾想象有一个小组可以写下问题和解决方案,放到一个信封里。练习要求在打开信封前我应该问两个问题:谁来解决这些问题,以及他们是如何来解决问题的?

正确。如果你没有 PAEI 互补型团队,或者在他们没有彼此尊重的前提下,他们会如何做呢?

不要拆开信封。你有错误的问题和错误的解决方案。

如果这个团队是由四个 A 型组成,你能预测到他们看到的问题是系统控制力的不足,他们的解决方案是制定更多的运营标准和程序。

如果他们是四个 I 型组成,他们可能决定成立一个委员会来处理问题,他们会等待并观察风到底吹向哪里。

或者他们会根据组织赋予的权力而做出决定,但不一定是正确的决策,他们会妥协。

如果他们是四个 P 型组成,会议会是短暂的,解决方案也会简单:开干,卖吧,或类似的决定。

那么如果四个都是 E 型呢?

根本不去看信封!

对。他们的解决方案可能会再产生 12 个新问题,纵火犯的解决方案会产生副作用。

但是如果你有由两个人或更多人组成的互补型团队，具备四种角色去实施，下面又会出现什么问题？

团队如何才能一起工作？

好，如果他们说他们有很多不同意见，但因为最后期限到了而不得不妥协……

别打开信封，因为不存在彼此尊重。

如果他们说他们意见相左但又能够相互学习，以便最后得出一个大家都支持的解决方法……

之后，那么打开信封吧。可是他们会投票或一定会达成一致吗？

我们会随后讨论这些。当下重要的是记住，我们可以根据决策者的风格和他们之间的相互作用的质量，来预测决策的质量，要做出好的决策，我们需要一个彼此尊重的互补型 PAEI 团队在一起工作。

对话 8

责任及职权、权力和影响力

自从我们讨论过 PAEI 角色后,我现在看到人们时都会情不自禁地说,这个女士是一个 P 型,那个男士是一个 A 型。

等等,这么做并不好,你把人当牲口一样打上烙印。

这么做有什么错吗?您不是有各种测量 PAEI 的测试吗?

我们有这方面的测试。①

如果存在这样的测试,那么您要测试的对象是谁?是像您刚说的那样,给人"打烙印"吗?

我相信人的行为多数情况下是受环境影响的。如果你指派某人一项 A 型任务,那么这个人就会表现出 A 型行为,即使他或她的内心是一个 E 型。知道一个人的内心是怎样的有什么好处吗?我感兴趣的是某人的行为会对其他人产生什么影响,最好的办法不是去

---

① 有关管理风格指标测试(简称 MSI)的信息,请与美国艾迪兹学院中国公司:迈沃思(北京)咨询有限公司联系,网址是:www.mivos-life.com。

测试，而是对一个人的行为或其风格的觉察，以及对其他人产生的影响。

难道您不想在招聘面试时就知道某人的人格类型吗？一个面试恐怕得不到关于其风格的足够信息。

绝对如此。当要做人员安置的决定时应该应用各种测试，但测试的目的并不在此。我尝试通过改变人们工作的环境来改变行为，而不是改变人格。例如，不要说某人是一个 P 型，而是说这个人的行为像一个 P 型。你不应该只是进行测试，你要观察一个人是如何行为的。

给人贴标签有什么错误吗？

如果你给人贴标签，你就会倾向于改变人而不是去改变他们受环境影响的行为。

好吧。现在，我们可以继续讨论下一个话题吗，我一直想知道如何预测执行的结果呢？

> 如果你给人贴标签，你就会倾向于改变人而不是去改变他们受环境影响的行为。

为了预测一项决策是否会被执行，必须对几个特定的因素加以分析。首先，你不能去执行一个不明确的决策，如果一个决策是模糊的，那就不会按你想要的方式去执行。

您怎么知道一个决策是否是"明确"的呢？

你不能有一个**几乎**明确的决策，它要么是明确的要么就不是。一个清晰、明确的决策要符合制定决策的四个必要条件。

这些条件对应的就是 PAEI 角色，你会得到令人满意的 PAEI 决策。P 角色满足了第一个条件：做什么。你能猜出 A 角色满足了什么条件吗?

如何做。

那么E角色呢?

为什么做。

是的,E角色们还满足了何时做的条件。决策的时机来自第一时间就做出这一决策。

那么I角色就是满足了谁来做的条件吗?

正确,大E是所有方式的驱动:为什么做。

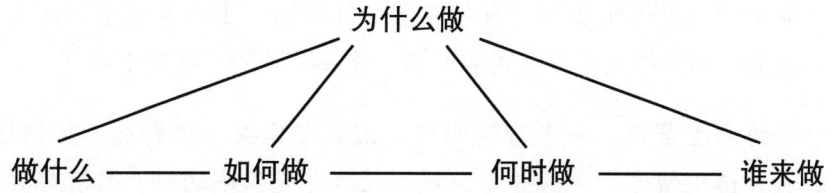

我明白了。为什么做驱动着做什么、如何做、何时做,以及谁来做。

是的,一旦我们做出决策,我们就需要决定:
做什么,由P角色实现;
如何做,由A角色实现;
何时做,由E角色实现;
谁来做,由I角色实现。

如果我们希望有一个清晰、明确的决策,我们就必须满足PAEI四种角色。

人们常常认为他们做了一个决策,但现实是他们的决策只满足了一个条件。通常他们决定了做什么却忽略了如何做,之后他们可能发现如何实施这一决策损害了做什么的决定。如何做摧毁了做什么。

能举个例子吗？

在与自己的孩子相处的经历中你有可能了解到这一点。孩子们询问你是否可以做些事情，你说可以，然后你就发现他们做了你所批准的事情，但是他们做的方式，使你觉得当初如果没有批准他们去做该有多好啊。

确实如此。有时我的伴侣不告诉我做什么，只说如何做，但等到她停止告诉我所有如何做的细节后，她已经告诉我实际上要做什么。做什么和如何做是相互联系的。

何时做也是非常重要的。如果决策不能及时地实施，那么决策将不再有效。

谁来做也是很重要的。有时你指派任务给一个人并确定如何实施这一决定，不同的人会有不同的风格，诠释决策的方式也不同。

您的意思是说，一个清晰明确的决策是需要在**做什么**、**如何做**、**何时做**和**谁来做**进行沟通并完全理解之后才是清晰的吗？只有那样决策才是清晰的？

如果你的决策只满足了 PAEI 四种角色中的一种条件，这个被指派执行决策的人不得不自己对另外三种条件进行解释，之后他（她）会依据自己的风格来执行，结果就是，你很有可能不会喜欢这种执行决策的方式。举例来说，你是一个 P 型为主的人，并想现在就做，但你并没有进行足够的沟通，你授权一个 A 型来执行，而这个 A 却自认为只要一年内干完就可以，这就制造了很多沟通不畅、不健康的冲突，在你们二人之间开始彼此指责。

所以，如果我要预测一个决策是否会被正确地执行，我就应该去检查四种条件是否处于明确和理解的状态。这听起来合乎逻辑，并且易于操作。

但为什么人们做决策时不遵循这样的步骤呢？

因为人们具有不同的 PAEI 风格。独行侠或 P--- 们通常看到的都是**做什么**，而不会花时间去把**如何做**表达清楚。对于他们而言**何时做**通常就是指"马上"，**谁来做**也许就是此时此刻谁可以做就去做。

官僚或 -A-- 们通常看到的是**如何做**，他们是用这件事**如何做**驱动着**做什么**和**何时**完成。

纵火犯或 --E- 们感兴趣的是**为何做**（或者**为何不做**）以及**何时做**。他们通常给你一个大概的想法，而这个想法他昨天就想让你去完成了。问他们你应该**做什么**，他们却会回答你，为什么他们想这样做。

追随者或 ---I 们更感兴趣**谁来做**而不是**为何做**。对他们而言，**谁来做**驱动着**做什么**、**如何做**以及**何时做**，他们是"政客"。

因为没有人是一个 PAEI 型，这就是一项决策为什么通常只满足了一个条件就决策完毕了，而另外的条件要么被忽略不计，要么就一点都没有体现出来的原因。条件的采纳取决于哪种风格在决策过程中占主导地位。

为了实施一项好的决策，所有的四种条件都必须进行沟通并确定，这就要求一个真正的互补型团队在彼此尊重下工作。（这也是一门有关制定决策的学科，是另一本书所涉及的内容。）①

所以我在做一个决定时必须要 PAEI 四种条件进行充分的沟通和理解。这是不是就包含了制定一个明确的决策的所有内容？

还不完全，它还必须有一个界限。

这是什么意思？

想象一下制定一个决策就像一个正方形，在正方形的四个角对应着 PAEI 明确的决策的四种条件。

---

① 请参阅肖汉姆·艾迪兹与尼尔·本·拉维博士的《有效召开会议——一个如何基于艾迪兹法引导任何组织的技巧》，美国加州艾迪兹学院出版公司出版，2014 年。

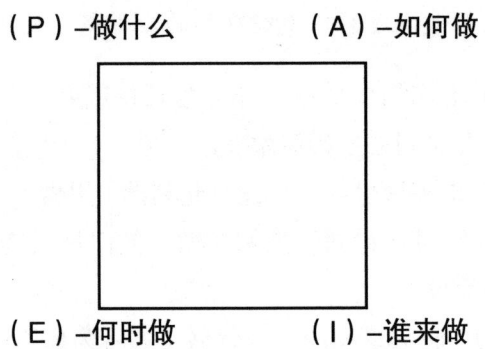

但是一个正方形不只是有四个角,它还有另一个物理特征:限定空间。

正方形的内部表示我们可以做什么、我们可以如何做、我们应该何时做,以及应该谁去做。而正方形的外部则表示我们不可以做什么、我们不可以如何做、我们不应该何时做,以及不应该谁去做。

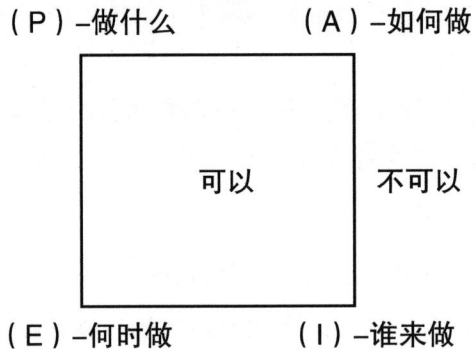

您说的是什么意思?

我的意思是在不知道不能做什么之前,你并不知道自己能做什么。

你思考一下诺贝尔奖经济学得主赫伯特·西蒙教授举的这个例子。詹妮弗正在教汤姆如何系鞋带,他们之间用窗帘隔开,彼此可以听见声音。汤姆完全按照詹妮弗的指导来做,但是他却曲解了她说的每一步。詹妮弗说,"把鞋带插进第一个洞,然后从下面通过第二个洞"。汤姆正是这么做的,只是他第一步就将鞋带绕鞋一圈。詹妮弗不能正确地告诉汤姆如何正确地系鞋带,除非她意识到汤姆正在做的步骤,那样也就可以告诉他什么是不能做的。

任何时候想尝试一些新的东西,人们尝试正确地去做这件事之前,必须知道不能做什么。一个人只有在同时了解什么是不能做的时候,才能真正知道什么是能做的,而这方面的知识来自经验。

同样的道理也适用于**谁来做**这部分。当我们犯下了指派一个错误的人去执行的错误之后,我们得到经验,了解了谁不应该去做。在我们搞清楚了谁不该承担这项工作时,我们就更好地了解了谁该承担这项工作。

那就是为什么对于有些人而言,第二次婚姻会比第一次婚姻更好的原因?

就是这样,如果他们可以从上次经验中得到学习。它同时也告诉你不要聘请外部的咨询顾问来只告诉你做什么,你不会从中真正得到学习。当他们离开时,你依然不知道该做什么,因为环境可能又变化了,之前告诉你的方案在这时已经不适用了。一个咨询顾问应该一直保持在执行期间,这样她就可以告诉你不能做什么,你也就可以从中学习了。

好的经验得益于好的决策,好的决策得益于好的判断,好的判断则得益于坏的经验。

我所表达的意思是,你不会从期待中学习,但可以从检查中学习。通过检查你得到反馈,你就是这样从错误中学习的。

我知道哪一类管理者只依据期待来管理:纵火犯。他们做了一个决策并期待着任务得以完成。他们痛恨检查、跟进和改正。

是的。管理者应该对他们的决策的结果进行分析,检查并从这段经验中学习。分析它们直到知道做什么和不能做什么、如何做和不能如何做、何时做和何时不能做，以及谁来做和谁不能做。只有那时他们做出的决策才是完全清晰和被理解的。

可是到了那时，多数情况下这个决策已经过时了，他们不得不一切从头开始。

没错，生活就是活着并且学习，永远如此！实际上从来没有所谓"好决策"这种事情，有的只是"暂时的"好决策。

> 没有所谓的"好决策"，有的只是"暂时的"好决策。

对于一项决策而言，在它发挥作用之前要花时间去试验。但即便到了那时，也别过于迷恋它，它的生命周期是很短暂的。变化的速率越高，决策有效的时间周期就越短。

一个决策可以用正方形进行形象、生动的描述，它必须有范围限制，而且必须有四种条件。正方形代表着打算执行的决策：确定的责任。在给一个人布置了清楚的 PAEI 任务（责任用正方形代表）之前，他（她）是不能真正负起责任的。

但是很多时候，即使我知道了四种条件，决策仍然不会被执行，为什么？

PAEI 四种条件是预测执行的首要因素，但并不是唯一因素。我们还需要领导的能量来进行决策。

我们经常知道需要去完成什么，但没有职权、权力、影响力或这三者的任一种组合，我们就不能使之得以执行。

请您解释一下这些概念。

有很多关于职权的定义，我引用社会学家马克斯·韦伯的定义：做出某些决策的合法权利。这与这个人知道什么事、了解什么人没有关系，它与其个性也没有关系。它是由组织中的职位所决定的，任何人做这份工作时,就具有与该职位相对应的正式的权利,并做出决策。它是正式的职权。

但是如果我们去掉"有权利做出某些决定"这样的话,而代替之"有权利说'是'……"

或者"不"!

你犯了一个常规错误。"或者"这个词把人引向歧途。

为什么?

在很多组织中,引领变化时人们有可以说"不"的建议权,但是不能说"是"。

那又怎样?

在一个官僚组织中,你会发现很多管理者拥有职权去说"不",但还是这些管理者却很少拥有职权,那些法定的职权,当面对变化的决策时去说"是"。只有在高层的那个人才拥有在引发变化时既可以说"是"也可以说"不"的权利。

> 在艾迪兹法中,职权的定义是:具有说"是"和"不"的权利。

我明白了。当组织还年轻时,创始人有权利说"是"和"不"。他们拥有完全的职权:当需要去批准一个涉及变化的决策时没有任何问题。

当组织成长壮大后,创始人再独立去管理就会变得太复杂了,他们不得不对职权授权。通常他们会对授权说"是"的权利显得犹豫不决,因为害怕失去控制,结果就是,他们只授权说"不"的权利。

当组织再成长壮大后,有权利说"是"就只能交给总裁了,面对重大决策时,越来越多的说"不"的层级与说"是"的层级分离开了。

那是非常危险的,因为只能说"不"的职权禁止变化,这会使一个组织官僚化。如果职权是制定有关变革的权利，那么，职权就应该有权利说"是"和"不"。

在艾迪兹法中，职权的定义是：具有说"是"和"不"的权利。如果管理者不能说"是"，那他们也不应该说"不"。

那意味着我应该和组织管理层级中可以说"是"的人提出变化的想法。如果我的老板不被准许说"是"，那么他也就没有说"不"的权利，他必须把建议上报给可以说"是"的那个人。一个组织只有这样，才可以始终保持年轻，并有能力及时处理变化。

不过要小心，当你试着实施这种方法时将有很多的阻力，因为在通往总裁的路上有很多问题需要解决。这是因为职权被集中在CEO或公司创始人手中，尤其是在一个老化的组织或一个学步期的公司。[1]

我不太理解这点。难道需要批准的问题或解决方案不应该交给负责处理这些事的人吗？

不在这种方法中，我们把问题指派给一个有职权去解决的人，而不是指派给有职责的人去解决。

为什么？

随着组织发展的生命周期，特别是学步期之后，职权和职责被分成两部分。职责是被授权的，除非可以说"是"的职权发生改变，结果就是，很多人都有职责，但缺乏职权做出改变以解决问题。

所以，我们把问题指派到职权所在，在那个位置上的人可以对解决方案说"是"。当你真这么做时，总裁就有事可干了，他要么必须承担职责来解决问题，要么必须将职权授权给有责任感的人。

您在进行整合，我明白了，您将职权和职责整合了。您治愈了组

---

[1] 请参阅艾迪兹博士的《管理企业生命周期》。

织，因为他们的官僚化会造成瓦解。

正是这样，如果决策被描述成正方形，下一步我要将职权描述成一个圆圈。

我懂了。圆也被围在一个空间中，我所具有的职权被定义在圆圈内，或者换句话说，我在圈内具有被合法授予做出决策的权利，圆圈外部表示我没有职权的区域。

现在把表示职权的圆圈加到表示职责的 PAEI 的正方形上去，你看到什么？

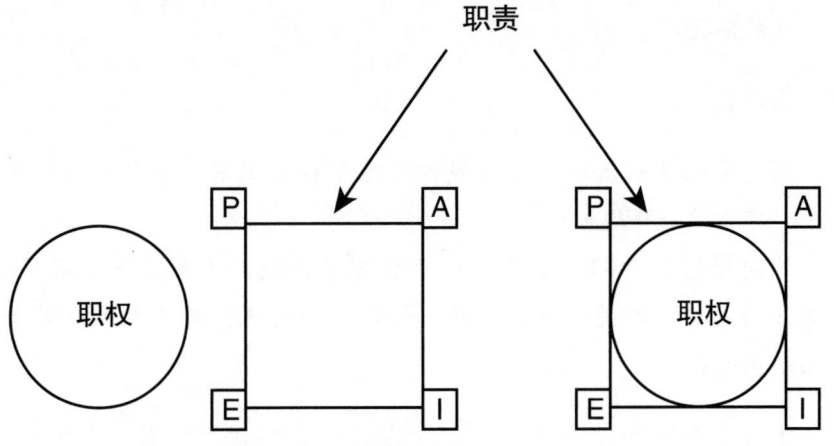

但是正方形与圆圈永远不会完全重合，这意味着职权和职责永远不会相等，怎么会这样呢？我们刚刚讨论过职权和职责的整合啊。

它们应该整合或在一起，但不会相等。

我刻意将职权描述成圆圈，职责描述成正方形，所以它们彼此永远不会相等。你可能有时职权大于你定义的职责，也可能其他时候职责大于你的职权。

多数人会认为这是不当的管理。一个人怎么能够对自己不具备必要的职权的事情负起责任呢？所有的管理教科书都说职权与职责应该相等，我认为很有道理，因为这符合逻辑。

我有不同的思考。我认为最糟的情况就是二者相等，它们应该是大致相等，但绝不会相等。

如果我在完成任务时有的地方有职责而没有职权，我将如何执行和进行公正的评估呢？我现在糊涂了。

目前为止我给了你一个视觉错觉。你真的能清楚地把职责画成一个正方形，并明确地定义哪些是你的职责、哪些不是吗？在现实中你能这样做吗？

显然不行。

为什么不行？

因为变化是永恒的。无论我昨天做了什么决定，今天也许就不适用了，职责是一个近似值。

这同样适用于职权。这是一个变化的话题，你无法完美描述它，因为随着人员（有关时间、人员、情况）的变化，其边界也会随着时间而发生变化。

正方形和圆形是永远无法完全重合的。那就意味着，在现实中，职权绝不会与职责相等。职责和职权最好被描述的样子如下图。

什么时候您才确切地知道您的职责是什么和您的职权是什么？什么时候您能使二者稳定并使它们彼此相等呢？

只有在没有变化时。可是这种情况什么时候才能发生呢？

当我们去世后。

是的。有时你能控制的大于你所需要的；有时你又没有那么多，这就是生活。在一个不断变化的世界中职权和职责不够清晰是很正常的，甚至是有益的。

有益的？您是怎样得出这样的结论的？

因为这意味着你只要还活着，你就越有活力，你就会涉入你所不具有职权和控制力的领域。

那么，我可以怎样应对呢？

因为职权与职责总是不能相等，有时你有职责但没有相等的职权，那么你可以做什么来执行你的职责呢？

要求获得职权，并得到它。

在你有职权而没有职责时怎么办呢？

获得更多的职责？

正确。在年轻的公司，40%的职责和职权是上级给予的，60%是争取的。在年长一些的企业，60%的职责和职权是上级给予的，40%是争取的。（不要只从字面上去理解这些数字，就像A型一样。）

当有一天100%的职权和职责都是给予的而不是争取的，组织就死亡了。这也是为什么不知道精确的职权和职责是有益的原因所在。那意味着组织还是年轻的、有活力的和富有变革精神的。

但是管理人员如何利用这种不确定性来发挥功能呢？

如果你认为它是你的职责，那么它就是你的职责。

但是我可能会侵犯别人的地盘，如果我的职责与别人的职责重叠了呢？

拿起电话和他说："我们遇到一个问题，是你的还是我的问题？"这样做，错在什么地方？

你会怎么打网球的双打？你会在球场的中间用粉笔画条线，然后说这是你负责的地方，这是我负责的地方吗？当球被高速地击过来后，你会一直等到可以确定球会落在之前画线的哪个区域才决定谁来回击吗？当然不会，你们俩会一起看着球。场地一部分是你负责，另一部分是你的搭档负责，中间那部分呢？

我们共同负责！

如果球落在中间，你们俩都开始移动接球，因此，你应该既看球又要看着搭档。

但是如果我们两个都移动去接球，那不是很有效率，对吗？

是的，但为了有效益地回击球，我们将不得不牺牲一些效率。我们俩都不得不移动去接球，即使是用眼睛来移动。

你曾经看过官僚们是如何管理的吗？为了效率最大化他们会说，"这是你的区域，别踏入别人的地盘"。每一个人都明确地定义了自己的职责区，所以没有人会耗费能量去管别人的工作。这样做非常有效率，但是有变化发生时会发生什么？你看，一个地方发生了问题但却不能明确是谁的职责，球落到了两个选手的中间，也不能确定是谁来接球。通常这种情况下官僚会做什么？

任命一个第三人站在二者之间。

是的。现在又有两个新的潜在的不明确的区域出现了，并且还不能确定是谁的职责。一年后，官僚又会做什么？

再任命两个人来负责这些新的不能确定的区域，很快就会有一百个区域彼此交叉重叠，大家都不能明确到底是谁的职责。球场里站满了比赛者。

到了那时没有人去打网球了，大家就是看着彼此，"别越界，你过线了，这是我的地方。""不！这是我的地方！"这被称为地盘之争。没有人会关注球，除非球打中了他的眼睛。每一个人都忙着保护自己的地盘。

> 官僚们是无效益的，因为他们太关注有效率了。

您的意思是一个官僚聚焦在如何做和谁来做，多于聚焦在做什么和为什么做？换成 PAEI 代码，一个官僚聚焦在 A 和 I 多于 P 和 E，对吗？

在你的经历中有没有遇到过上述情况呢？官僚是无效益的，因为他们太关注有效率了。指定职责是为了最大化控制，非常明确和具体，以消除不确定性。你看过官僚组织的职位描述吗？需要一打律师来解释它们。你看过那些手册吗？它们一页一页的内容都是有关如何做什么事情而不是为什么做事情。

结果就是，因为变化使官僚们发展到一定规模。变化制造了更多的不确定性，更多的不确定性又制造了更多的需要，需要更多的人来处理，由此产生了更多的制度和规则，最终又因为变化再次制造了更多的不确定性。

官僚们具有职责但没有职权以进行变化，这些当选的政客们具有职权通过立法来做决策。

这样会非常死板，面对变化反应非常慢，因此，官僚这个词是个贬义词。

有时候在处理职责的重叠部分时，他们会指派一个委员会，官僚们有很多委员会，这样一个解决方案就能够解决重叠的问题吗？

不一定，因为委员会通常也不会有职责来解决问题。委员会里没有人具有职权去说"是"，他们只有建议权。

一个官僚创建了 A 型文化，在这种文化下人们宁愿要准确的错误也不要大概的正确。A 们要求准许，E 们要求宽松。对于 A 们而言任何事都是禁止的，除非明确地得到准许；对于 E 们而言任何事都是准许的，除非明确地禁止。

在政府机关，正是注意力都放在精确度和避免风险的态度助长了官僚化。一些社会由于担心政府机关可能越权而加强了这种风险规避机制，通过限制职权，社会阻止政府机构所进行的创新。

但这可能完全无可厚非。你当然不想政府官员越过他们的正当职权，那有可能使社会希望施加给其公仆的控制陷入危险状态。政府公务人员是提供服务的，不应超出权限——我的意思是管理，为人民决策。

说得好。你知道行政管理这个词的来源吗？意思是**去**服务。这也是为什么我们说是公共行政管理而不是公共管理。我们把它用于艺术行政管理、教育行政管理，以及健康行政管理等。公务员们，正如其名称所示，就是应该去服务于艺术家们、教师们、医务人员和人民，他们在那里是为了提供方便而不是去管理的。

我们希望公务员们是 pAeI 型的人，认为这是他们明确的职责范围。而艺术家们、教师们、医务人员是 PaEi 型的人。

那么，如何防止公务员成为官僚和官僚化组织呢？

他们必须与艺术家、科学家或他们所服务的人分享职权和责任。他们是一个互补型管理团队。

那么，谁来在政府中扮演 E 型角色呢？

政治家们。

我知道为什么在政府机构和政治团体间缺乏爱了。这显然是典型的 E 和 A 之间的冲突。

将政治结构整合到政府结构是一个困难的过程，它可以做到，我就这么做了。① 不过咱们别再偏离主题了，还是回到我们之前关于职权不能完全匹配职责这个话题吧。我说过职责应该与职权大约相等。

但是所有的管理教科书中说的正好相反，职权应该与职责相等，那是错的，是不是？

是这样的。他们所认定的相等在现实世界中并不存在。你遇见过一个管理者声称他（或她）具有其职责所需的所有职权吗？我经历过的所有管理者、领导者甚至行政管理者们都在抱怨他们没有足够的职权来承担他们的职责。

在年轻的企业中职权是很清楚的、职责是模糊不清的。在老化的企业中职责是清楚的、职权是模糊不清的。只有当组织处在鼎盛期时职权和职责是相等的，但即使在那时也是大致相等的。二者在功能上是模糊的，这就是现实。

---

① 请参阅我的手稿《组织转化专家的告白》（即将出版），美国加州艾迪兹学院出版公司。

因为有变化，对吗？（职责）代表的正方形和（职权）代表的圆形都会发生变化，它们总是变化，并且因此很少发生完全重叠的情况。

是的，职权和职责之间的关系一定是"或多或少"，而不是完全相等，因为现实不断地变化。它们只有在没有变化时才可能相等，而那意味着你已经死去。

您的意思是说只有当我们死去时才能完全控制生活，这真有意思。

但是您如何处理或多与或少的问题呢？您如何处理这些不确定性的区域呢？变化的速率越高，不确定性就越高，对吗？

团队合作和影响力是能量的另一种来源，必须用这种能量完成事情。

由于变化引起职责与职权之间的差别，应该包含着大量的影响力。变化的速率越快，不确定性就越多，这反过来要求更多的影响力。

> 不确定性越多，就越需要有好的团队合作，否则在长期变化的情况下，官僚主义会迅速增长。

变化的速率越快，在各个层级中职责和职权所具有的不确定性就越多。不确定性越多，就越需要有好的团队合作，否则在长期变化的情况下，官僚主义会迅速增长。

您的意思是说，我的成功在一定程度上取决于他人？

当你与现实作斗争并试图否定相互依赖时，你是最脆弱的。请记住，组织因相互依赖而诞生。当有一块石头挡住了你的路，这块石头你是无法独自一个人移动它的，这就对相互依赖进行考验。组织诞生时相互依存的需求是被公认的，没有相互依存就没有组织，就没有管理、如果你不接受这一点，你就不能管理、不能领导。

还有什么是我们超越职权并通过实施可以做到的事情吗？

权力。它是一种能力，不是权利，是去惩罚和奖励的能力。如果我可以伤害你或使你快乐，我就对你拥有权力。

什么时候会发生这种情况？

如果你对我有所需要那么我就对你有权力，因为我既能给你也可能不给你。

有道理。

现在，你是否认同我关于拒绝所期望的奖励就是一种惩罚的观点？

认同。

如果你期待从我这里得到什么而我却拒绝给你，我就是在惩罚你。我也许会声称，我没有惩罚你，我只是没有给你你想要的，但是那确实是一个惩罚，不是吗？

我曾经在一些糟糕的婚姻中看到这种情况发生。

你想惩罚别人吗？承诺给他们但之后并不给他们，他们会大失所望而受到伤害，你让他们建立了不能实现的期望。同样，对自己期待太多是惩罚自己的一种方式。当你做不到时，你会对自己备感失望，幸福之路穿不过欲望谷。

您是在告诉我，要像植物一样什么也不要想吗？

我没有说什么也不要想，尽管想要太多有它的负面影响。当你想要什么时，也就意味着你因为没有什么而感到不高兴，这对你有负面影响。你越是雄心勃勃，你就越会变得沮丧，而且你对自己和他人也会越苛刻。

> 同样，你也因为对自己期待太多而惩罚自己。幸福之路穿不过欲望谷。

正确的态度应该是什么呢，没有期待和希望？

做你需要完成的，就这样。做形势需要做的，尽你最大的努力，剩下的交给上帝吧。如果你不相信上帝，那就让生活中的概率去决定会发生什么吧。

理解到你不能控制结果这一点是很重要的，你能做的就是尽你最大的努力。

没有期待和希望的这一特定的结果，就是顺其自然，是这样吗？

期待和希望是假设你可以控制为前提的，从过往的经验中我们知道，随着年龄的增长，我们会逐渐失去控制力。我们越是试图控制就越是会以牺牲我们的幸福为代价。

如果你只做你需要做的，你就会在生活中更加快乐，做最好的自己，这就是一切所能做的。

就组织而言，您之前说过权力是一种惩罚或奖励的能力，停止给予期待的奖励等同于惩罚。

正确。由于你无法一个人独自移动石头，你需要与他人一起合作。由于在你实现目标的路上都有很多石头，所以任何一个你（你的责任）需要一起移动石头的人对你都拥有权力。权力是一种需要给予或拒绝所需的合作的能力。

让我看看是否理解了。假定我能独自完成一项工作，就不存在组织，因为我不需要他人的协助。由于我不能独自履行我的职责，任何我需要的人都对我拥有权力。

权力是一种给予或拒绝所需的合作的能力。

对他们的权力的衡量取决于你需要他们发挥什么功能，以及他们对你所需要的东西有多大的垄断地位。这就是为什么坠入爱河中的人或者痴情

于某人时都有过这种经验,我们说,"我是那么需要你。没有你我无法活。你是我的唯一"。这种情况既可以是极其痛苦的,也可以是令人满足的,这要看对方的反应。

那么什么时候我们可以完全自由?

当你能说"我不再需要从别人那里得到任何东西"的时候。

但是您会告诉我,这只有当我去世后才会发生!

在之前的谈话中,我们谈过《希腊人左巴》的作者尼科斯·卡赞扎基斯在他的墓志铭上所说,"再无恐惧,希望亦无,终将自由"。

只要你还对什么事存有希望或恐惧,这些事就对你有权力。作为文明社会的一个成员,生活在一个高度相互依赖的环境中,就意味着要依靠别人。因此,社会越是文明(发展),生活在其中的个人就越会觉得没有权力。无论出于什么原因,凡是你需要的人就对你有权力。其权力的大小取决于附着在他们那里的你所需要的东西的重要性。

现在让我问您一个问题,作为一个管理者、一个领导者,权力在哪里?

好问题。是在上面?在下面?在你旁边?多数情况下你最需要谁?

权力在我的上面,我的老板具有最大的权力。

你把权力和职权搞混淆了。组织的上层所拥有的是更多的职权而不是权力。也许有一些职权化权力,但是没有职权的原始权力是在那些你最需要他们完成你的职责的人手中,他们是谁呢?

> 正是那些参与其中可以使组织兴旺或破产的人。

员工。

他们可以在不具有职权的情况下采取不配合的行为，如果他们这么做，你就无法完成你的职责。在没有他们的情况下，使用你管理的职责去移动石头是很困难的。

有一次我为一家鞋业公司提供咨询服务。我们正在做战略规划，什么类的鞋、什么价格、什么风格、质量等等，高层规划。休息时我走进公司的发货部门，他们负责把鞋放进鞋盒里，我想知道如果一个工人，也就是最低工资的工人，当他们对公司产生不满时会做什么破坏行为？他们会把不同号码的两只鞋放到一个号的盒子里，然后发货。谁会知道呢？谁会当场抓住他们呢？我仿佛看到组织战略规划者、顾问们、高管们在挥汗如雨地制定市场营销产品多样化的决策，而这边的这个赚取最低工资的家伙通过不合作的方式把整个战略给毁了。

如果员工采取破坏行为那么管理决策的价值又是什么呢？不合作的乘务员粗鲁地对待顾客就可以毁掉一个航空公司投入数百万美元的广告效果。什么时候军队会输掉战争？当将军们不再长时间待在战壕时，也就是他们忽略了前线士兵们的时候。

正是那些参与其中的人可以使组织兴旺或破产的人。很多人认为获得权力的方式就是爬到组织的高层。往上爬的时候，为了打开一条路而常常把自己弄得遍体鳞伤。当他们最终爬到了顶点，精疲力竭之时，发现上面一块牌子写着，"权力在此以下"。

很多优秀的领导者知道他们的地位越高，就越要尊重那些"在下面"的人，因为他们才是实现或破灭领导者的梦想和计划的人。

影响力又是关于什么的呢？

影响力

影响力是一种能力，而非权利，在没有职权和权力的情况下让他人可以做事情的能力。

请给我举个例子。

我希望，我现在所做的事情正在影响你。如果你不愿去做我正在教你的这些内容，我没有职权告诉你去做什么，我没有权力使你相信这些信息或者给予合作，我甚至不知道我们将来是否还会再见面。因此，如果你根据这些谈话在下周一早晨开始做一些不同的管理，那是因为你接受了劝告。你相信这些是因为你觉得有道理。

当大家接受我们的输入并根据这个输入**自己**做决策，那么我们就影响了他们，当大家可以自由地按照自己的意愿行事，他们就被影响了。任何其他的东西都不是影响力，影响力是权力、职权和/或影响力的结合。

这里可以对你是否对他人有没有影响力做一个测试：假设你和一个焦点人物待在一个房间里，你要尝试影响这个人。假设没有人知道你让他做什么，没有录音机、没有记录、没有几分钟时间。现在假设当你向他交代完事情后就突发心脏病，当场去世了。

除了这个人以外没有人知道你给他什么指令，只有他知道，他会去实现还是忽略指令？没有记录你说过什么，所以他可以自由选择。如果他会去做就意味着他现在"拥有"这一决定，他被影响了，如果他忽略你的指令，你就对他没有影响力。

每当你试图影响某人去想象这个场景，这个人接受观点并自主决定采取行动，那么即使你改变了你的想法，他依然会去做，不是吗？

当重新设计的结构图完成后，我坐在地板上发现了新问题并开始批评这个结构图。（这并不困难，因为没有人是完美的。这个结构图我已经尽最大努力了，就这样。）大家因此对我很生气，"我们喜欢这个结构图，并准备去实施它，不管你是否喜欢，这是我们的公司，所以请您别管了。"

当他们说一些这样的话时，我知道这个决策是基于影响力而不是因为一个语速很快的咨询顾问。我知道他们已经拥有这个结构图并愿意去实施它，无论我是否还会回来。

但是权力，职权，以及影响力是不能分开的，它们是内部相关联的。

绝对如此。让我们来看看职权，权力，影响力组合在一起的重叠图情况。

权威（Authorance）①

下图是一个韦氏图表，这个模型用来表示彼此之间的关系。当职权与权力相重叠时，你得到了什么？职权化权力（ap）。就是有权力去惩罚和/或奖励。实际上，当某人有权利去提升、加薪和批准假期时，他就拥有职权化权力（Authorized Power）。

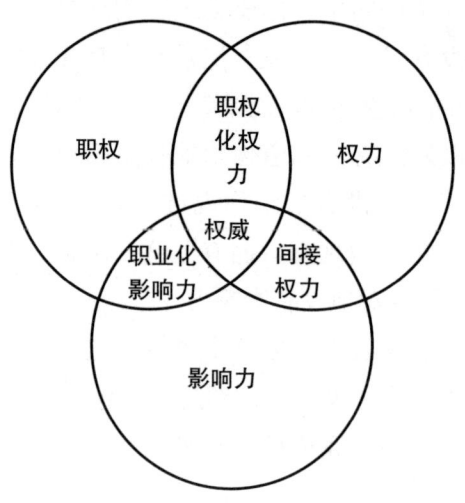

当它们没有重叠时，就是没有权力的职权，那是什么意思？

它的意思是你有权力让某人做事，但是如果他不做，你实际上对

---

① 此词系艾迪兹博士自己所造的单词，可以做"权威"用，用数学符号Σ表示，即职权、权力、影响力、职权化权力、职权影响力、间接权力以及职权力的总和——译注。

此无能为力，你不想捅马蜂窝。这可能是这样一种情况，例如公司里一个才华横溢的研究员执意要按与其他科学家不同的工作方式开展工作。因为他对你很有价值，所以你让他独立工作，即使你有职权对其发号施令要求服从。使用你的职权的成本可能会高于长期价值，那就是没有权力效力的职权。

没有职权的权力是什么样呢？

没有职权的权力会在你能够拒绝合作并且不被逮住的情况下发生。考虑一下要试图抓住把错码的鞋放进鞋盒的工人是很困难的。如果你能抓住并惩罚这样的工人，之后他们就没有权力了，然而，如果你不能抓住他们，他们确实是有权力的。另一个例子来自邮递员，他可以轻易地将邮件送错地址，你不能监控每一个邮递员。对于销售路线上的销售员，你不可能陪着他们并控制他们做什么和如何做。如果他们想的话，他们具有有效的能力来拒绝合作，那也是为什么多数情况下我们用结果来控制销售员。如果你试图控制过程，通常付出的成本会大于价值，所以你最好是激励他们去使用权利，这就是影响力。

权力和影响力相重叠之处会发生什么情况？

我称这部分为间接权力 ip。如果某人试图对你施加影响，但你感到自己没有自由决策权，那么这个人就对你拥有间接权力。你看出这种影响对你是一种威胁，是一种权力，从他的话里你认识到你最好照他说的做，他没有威胁你，他看起来相当和蔼，但你对此却很担忧。

给我举个例子吧。

从公司总部来了一个副总裁参观工厂，对生产线提了一些建议，这个人并没有职权来下达命令，但生产部经理知道这个人离总裁很近，她是总裁的眼线，如果她想她就会对生产部经理造成负面影响。

副总裁的"建议"会被执行，即使生产部经理并不认可这些建议，但出于对总部的高层的恐吓甚至可能出现对其的伤害，还是遵从这些建议吧。如果这个结果造成一个灾难，生产部经理会说，"总部让我这么做的。"

副总裁会回应，"那不是真的，我只是给了一些建议而已。"

生产部觉得没有责任，自从感受到这种威胁就投降了。副总裁也觉得没有责任，因为她没有职权对生产部做些什么，毕竟她没有职权做决策，只是提了些"建议"，结果怎样？没有人对发生的事情感到有责任。

您刚刚用了一个词"有责任"，那么问责（accountability）和责任（responsibility）有什么区别呢？

在我的《企业生命周期》一书第一版中，我用了整个一章来阐述这个内容。现在可以先这样理解彼此的区别：责任（responsibility）是组织对你有什么期望；问责（accountability）是你感觉真正对你有什么期望，那样你感觉到对什么负有责任。为此你需要清楚地知道你的职责，通过拥有什么样的职权，权力和/或影响力来明确，并且做完了获得奖励。否则，尽管你有职责，但你不会感到有责任。

当影响力与职权有重叠会怎样？

我称之为职权影响力 ia。这也是后来被商业作家和政治家切斯特·巴纳德称之为"被接受的职权"或"职业化的职权"的内容。这种人有权力让别人干事情，而且能让人确信其说话的竞争力。这便是我们说，"我的老板特有职权（权威），我认为她说的就是对，我会照她说的做"。这就是被接受的职权。

当职权、权力、影响力三者重叠时，你会得到新的组合。

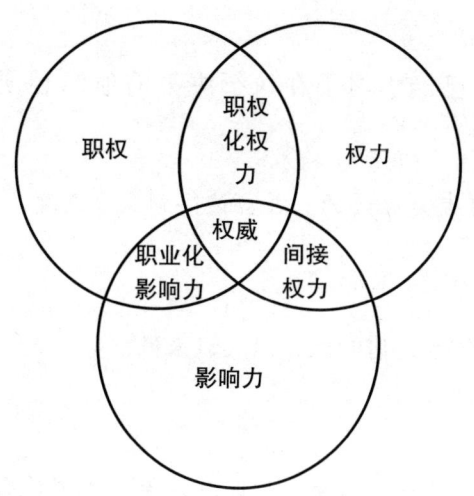

我称之为职权力（capi），是职权、权力、影响力首字母组合的一个新词。你有职权告诉大家做什么，你可以影响他们按你想要的结果有效执行，如果他们存在怀疑或者不听话，你拥有权力惩罚或奖励他们，那样就确保他们会听话并遵从。

当你拥有 capi 时，大家没有理由不遵从你的决策。你拥有合法权利做决策，他们知道你有权力惩罚和奖励，他们也被你的决策内容所影响，并相信这是正确的决策。你拥有了控制力。

但愿我能如此。

耐心一点。在我们下一次谈话中，你会发现那一点也不是最好的情况，梦想可能会变成梦魇。

汇总管理的能量——也就是职权、权力、影响力的总和，加上职权和权力 ap，加上职权和影响力 ai，加上 capi——我称之为"职权力"，象征着一个 σ。

$\sum$ 代表求和的数学符号，在数学符号中可以写成这样：

$\sum = a + p + I + ap + ai + ip + api$。

Capi 是一个韦氏表格的代码，指职权、权力、影响力彼此重叠之处。

Capi = σ api。

现在，我们已经学习了在执行决策前他们必须先清晰、明确，意思是……

所有的 PAEI 都是必要的，并应该得到充分表现。

在决策的术语中，意思是？

做什么、如何做、何时做，以及谁来做。

还有呢？

不能做什么、不能如何做、何时不能做、谁不能做。

更进一步，为了清晰、明确地执行决策，我们需要职权、权力和影响力，或者一些三者的组合。

下一次我们将讨论如何预测哪种决策会被有效益和有效率地执行。

对话 9

预测决策执行的有效性

现在我理解了职权、权力、影响力及其组合。我已经有了一个清晰、明确的 PAEI 决策和一个职责四方形，现在，您可以告诉我如何有效预测执行吗？

让我们来看看下图中职权、权力、影响力彼此叠加的情况，在职责的方框里会发生什么。我们会得到三种情况。

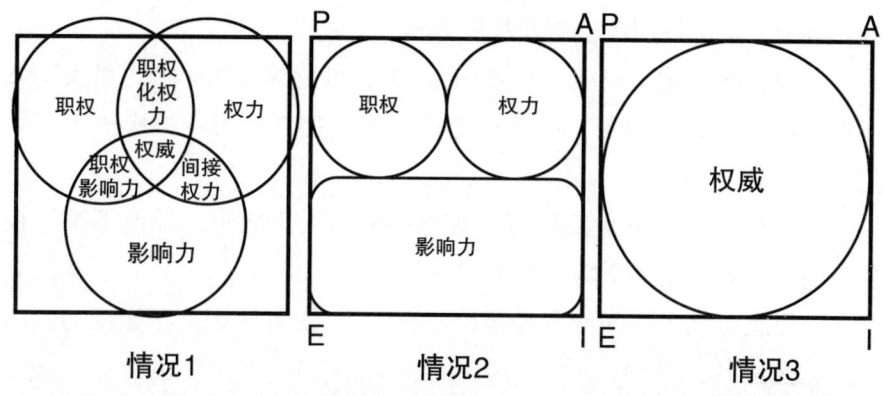

第一种情况，管理者有职权、权力、影响力或者它们中的任一种

组合；他们具有权威（Authoramce）①，大致（或多或少地）相当于职责并履行该职责。但是在图中的核心三者交汇之处是 capi，未能覆盖其职责，它太小了，这是什么意思呢？

这些管理者具有足够的（或多或少）职权、权力和/或影响力去履行他们的职责，但都不具备能覆盖其所有职责的 capi 控制力。

他们是那种耍戏法的管理者。有些区域超出了他们的职责，他们只具备职权，他们做出决策后就只能希望决策得到完成。在另外一些区域，他们没有职权但是有权力，他们对那些他们需要其帮助的人说："帮我摆脱困境，我就帮你，否则……"在他们的第三个职责区域，他们只有影响力，他们不得不使他人信服以帮助自己。

在其职责中他们只有很小的地方有控制力：他们在那里拥有 capi。在那个区域，他们做出决策并完成而不会受到质疑，因为他们拥有职权、权力和影响力。

但是圆形与方形是无法完全重合的，在职责的某些区域，这些管理者没有任何职权、权力和影响力。

那很正常，因为有变化，记得吗？方形和圆形是"运动"的，它们很少能够相等。当职责大于职权时，这个人就不得不尝试使用更多的影响力，这比使用更多的职权更容易。

因为存在变化，权威（Authorance）的组成部分如影响力是大于方形的，影响力大于职责，那就意味着这个人拥有的影响力应该大于他的职责。

职权应该与职责大致相等，既然影响力大于职责，任何不被职权覆盖的地方都会受到影响力的影响。

这里还应该有一些地方是职权化权力②。权力应该是在职权的圆圈

---

① Authorance，这是作者的自造词，相当于中文的"权威"——译者注。
② 被授权的权力——译者注。

内，这个权力就在圆圈的中心，是保留给违反价值观、品质、政策用的。顺便说一下，这个标志也是艾迪兹学院出版物徽标的标志。

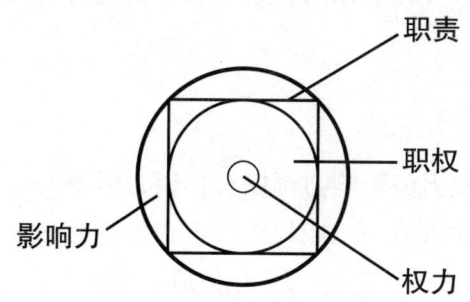

那么，当职权大于职责时会怎样呢？也能发生同样的事情吗？

在这个区域，职权大于职责，领导者应该承担更多的职责，并且不会与其他人交叉。稍后我们会讨论如何做到这些。

现在，让我们继续看一下第二种情况。在这种情况中，职权、权力、影响力并没有重叠，尽管它们差不多覆盖了四方形，但不存在capi。在图表中看起来是怎样的呢？

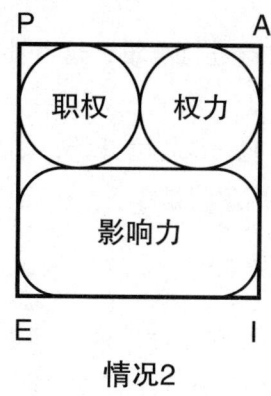

情况2

管理者在这种情况下如何实施他们的决策呢？他们能负责吗？

这次遇到大麻烦了。因为没有权力的职权一文不值，一个人没有权力只有职权能做什么？没有职权的权力又会怎样？没有职权的权力是非常危险的。它只在短期内有效，但很快就会引火上身，因为它不是合法的。

那只有影响力呢？

没有职权和权力的影响力可以有作用，但需要长时间才能建立影响力。每一个组成部分——职权、权力、影响力——都有不同程度的效益等等，即，他们如何影响那些他们所指导的人。

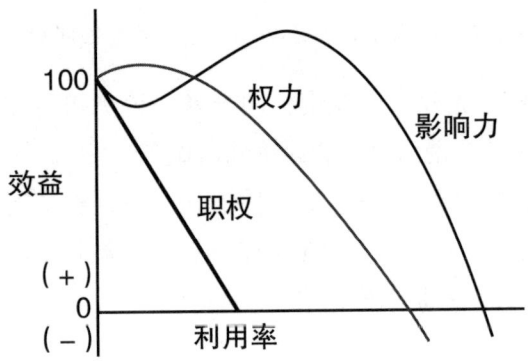

假设你用垂直线对效益进行测量，这些能量的使用会对线的方向产生什么影响呢？

将利用率放在水平线上，从权力开始，如果你从来没有受到惩罚，也没有获得奖励，那么利用率就是零。

那么，为什么效益高于零？

这被称为假定权力。大家在你采取行动之前就假设你会对他们进行惩罚或拒绝奖励，这对他们是一个损害。

当你首次使用权力的时候会发生什么？效益会上升，因为通常第一次惩罚会很疼的，这不是什么假设，而是真实发生的。它会大致与假设的效力相等，但是，如果你继续频繁地使用权力，效力会产生什么效果？无论谁使用权力，要想得到同样的效力，就不得不一次比一次增加权力的力度。按绝对值计算，越是失去效力，就越会使用权力。

您是对的。第一次去惩罚孩子是非常令人不快的，如果你经常这样对待孩子，惩罚的效力就会越来越差。

是的，我以前给监狱提供过服务，惩罚并没有什么效果。这些坐监者已经在他们的生活中受到太多的伤痛了，这种惩罚只不过是另一种结果罢了，而爱则产生了巨大的影响。这也是为什么一些监狱会给犯人们一只狗来负责养育。这时，如果拿走那只狗，就等同于拿走爱，你会看到成年男子会哭泣。

如果你过多地使用权力，就会引火烧身，你使用权力时，大家就会反对你，并会将权力反作用给你，这时权力具有负向效力。

影响力又怎样呢？

从零开始利用，效益依然是积极的，为什么？

我猜它是假设的影响力，假设的效力。

是的。当你开始使用影响力时就会认识到，一开始时效力可能会有所下降，为什么？因为听众在测试你，以观察他是否可以信任你的影响力，如果你证明影响力是可信赖的和建设性的，效力自然会上升。但就像大家说的那样，你必然会在某一领域没有那么深的影响力。例如，你也许懂经济，但是对于心理学和婚姻咨询你又知道多少呢？

职权又是怎样的呢？

那是管理能量最薄弱的部分。人们错误地相信它是最有权力的，为此而谋求越来越多的职权,但是如果职权背后没有权力或影响力就会很无力。想象一下你告诉你的一个下属干这个,因为我是你的老板,如果你使用的职权背后没有权力或影响力的支持,你还能使用多少次这种能量呢?

我认为不会有很多次。

所以,当管理者有职责和职权力但又没有 capi 时,可以做什么呢?

他们能够取得成效,但我打赌他们会睡不安稳,他们将度过无数个不眠之夜,去思考加强其决策的办法。他们在如何使用他们的能量上是无效率的。

现在让我们再看看第三种情况:领导者拥有大于职责的职权力,或多或少,这种职权力完全由 capi 组成,这样的图看起来是怎样的?

三个圆完全重合,这样你就拥有全部的 capi,它几乎覆盖了整个方框。

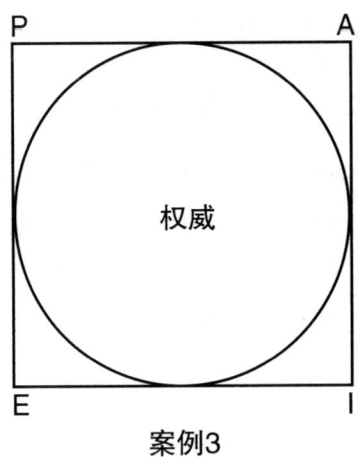

案例3

AΣcapi ≌ 职责

几乎职责的每一部分，领导者都具备彼此加强的职权、权力和影响力。

他们现在可以实施他们的决策吗？

当然！他们有权利做决策，也可以通过影响力和权力支持这一权利，所有这些都成了他们合法的资产。管理者在这种情况下做出的决策是可以实现的，他们可以控制他们的职责。

好极了。让我们再看一遍这三种情况的图示。

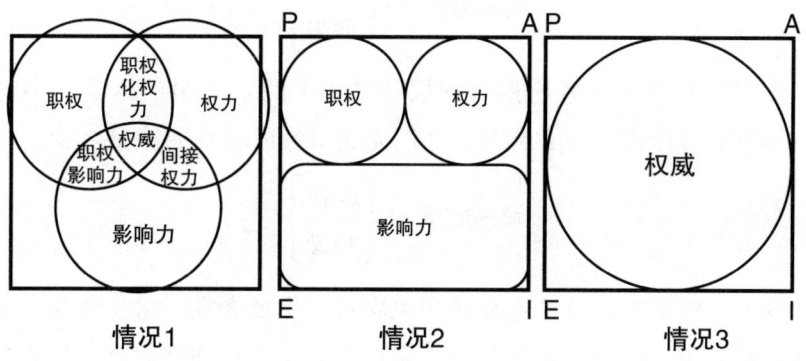

管理者在上述三种情况下能实现他们的职责吗？

是的，只要他们拥有职权、权力和影响力，只要差不多覆盖了四方形，他们就能完成他们的管理工作。

这意味着在每一种情况下，他们在效益上是相同的。但它们在效率上是相等的吗？效率是按他们有多少能量可以用来履行职责并实现结果来评估的。谁能在晚上睡个好觉？

第三种情况的管理者！

正是。他们都需要做决策并实现结果，他们有完全的 capi，完全的职权、权力和影响力覆盖着职责。

谁的效率最低？谁晚上睡不着觉？

那个 capi 为零的管理者。

你已经发现了一个非常重要的概念：管理的效益和效率。效益是对完成某项职责的工作能力的评估，而对效率的衡量是看领导者耗费多少能量来实施他们的决策以及履行他们的职责。

管理效益是权威与职责的关系的函数。当管理者们拥有足够的职权或权力或影响力时他们是有效益的。你可以有效益，作为一个管理者只要你拥有足够的职权力就可以来履行你的职责。

$$管理效益 = f\left\{\frac{权威}{职责}\right\}$$

管理效率是管理者所拥有的权威总和中的 capi 量的函数，不包括他们拥有的总授权。capi 越多，他们完成事情所耗费的能量越少。

$$管理效率 = f\left\{\frac{capi}{权威}\right\}$$

我想我理解了：为了有效地实施决策，管理者唯一需要的就是拥有足够的职权力，这意味着他们为了完成决策就应该拥有职权、权力和影响力。为了有效率，他们需要耗费能量来履行他们的职责，他们需要 capi。

那么，上面这三种情况，你更愿意是哪一种呢？

毫无疑问，是第三种情况。我拥有全部的 capi 来完成我的工作，这很容易。

那也是每一个领导者、管理者、执行官、男子汉的梦想，但是，我要告诉你，梦想的开始就是梦魇的结束。

什么？

你多久才能找到那些完全拥有 capi 和控制力来覆盖他们的职责的人呢？即使存在也很少见，这是有原因的。这种情况也许会出现在独裁者那里，但即使那样，存在的时间也很短。

为什么？

想象一下拥有全部的职权、权力和影响力，你更倾向于使用哪种管理能量来源呢？哪种最有效率？你使用它会产生反响，且几乎立刻产生反响。

权力！我能在孩子身上看到作用。当我没有时间说服他们做什么事情时，我威胁要惩罚他们。

这就是为什么"权力导致腐败，绝对的权力绝对导致腐败"，权力立刻产生结果。但是随着时间的推移，达到同样的效益所需要的权力的剂量会越来越大，它就像毒品一样。

权力之所以导致腐败，是因为它有成效而且易于应用。当你拥有所有的 capi 来行使你的职责时，为了满足你的职责需要，你会倾向于使用权力，因为它可以得到并且产生效益。这种机会实在太好了，你会情不自禁地只想使用它。这是真实的，它背后有职权和影响力的支持。自从权力成为 capi 组合的一部分后，当你使用权力时，就不只是产生了权力的效力，也是衰弱的开始，影响力也会变得衰退，它还损害你的影响力，职权缩小了。当人们受到惩罚后，他们开始质疑影响力甚至质疑职权，结果，capi 开始减少，直到有一天发生革命，一场起义，独裁者被刺杀了。①

完全的 capi 是非常罕见的，即使这样，如果一直在使用，它就不

---

① 据传伏尔泰曾经说过："最好的政府是一个在仁慈和专政中保持平衡并偶尔被刺杀的政府。"

是一个稳定的状况。独裁者花了多年的时间来建立 capi，随着时间的推移只会失去它，这种失去来自刺杀或革命。

我们必须学会在正常条件下提高我们做事的效率。别梦想成为一个拥有完整的 capi 的独裁者。太多的领导者（管理者）在夜深人静的时候自言自语："哎，如果只有我才拥有所有的权力，如果只有我能够摧毁反对我的声音，那么之后发生的事情我就不会有任何问题了。"

我有一个建议送给这些领导者们，长期来看，独裁式的权力不会提供控制力，他们不得不停止梦想获得全部的权力和独裁的管理。实际上，他们要学会如何在正常的环境下工作，在这种情况下，他们并不具备所需要的所有权力、职权和影响力。

但是，如果没有任何一个单独的人拥有覆盖其职责的 capi，那是否意味着实施所有的决策都将是无效率的？

等等，我想我知道答案，这和我们谈论过的 PAEI 的结论相同，我们需要完全的 capi，但没有一个人可以单独拥有它，如果要拥有完全的 capi，我们又一次需要一个团队。

正确！让我们回到团队合作，但是这一次，我们不需要一个团队去制定决策，而是去实施决策。

如果管理者对其职责没有完全的 capi，他们就需要寻求他人的合作，他们必须考虑寻求其（他）合作人的利益，也就是拥有权力及影响力的那些人的利益。

这很有道理，但是人不能在所有的时候都靠团队管理。管理者每次想改变什么时都会召开一个会议吗？真要那样的话会使一个公司瘫痪的。

让我们来看看如何解决这一状况。之前的那三种情况中哪一种是最经常遇到的？

我想是第一种，在这种情况下，管理者对某些职责具备 capi，对某些职责具备职权、权力或影响力，对其余的则具备三者的组合或者什么都不具备。

我们假设第一种情况是一个飞镖靶（我的助理称之为艾迪兹克），让我们来玩这个飞镖游戏，瞄准靶子中的圆形和方框，看看会发生什么情况。

现在你碰到了一个问题，这个问题通常是通过邮件、电话或者直接上门到你这儿的。你怎么解决呢？请将飞镖投向靶子中对应的地方。

让我们假设飞镖脱靶了，没有投中靶子，我把飞镖画在边上。这种情况你应该做什么？

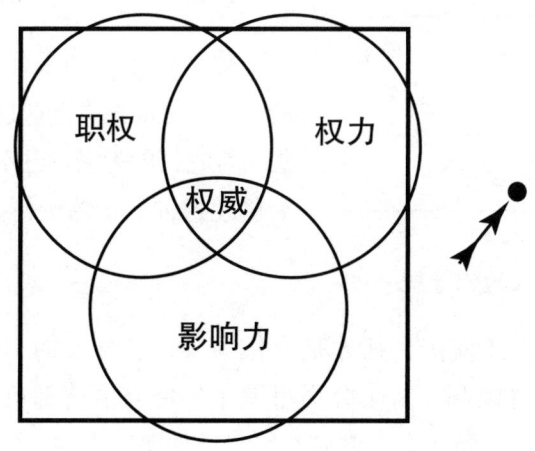

显然，这个问题不在我的职责范围内。

假设你来到一个餐厅，坐在一个桌子旁，等了很长时间没有人来服务，没有人理你。最终你注意到一个侍者并叫他过来，他说："对不起，我不负责这片区域。"然后走开了。你还会回到这样的餐厅吗？

不可能。

你希望侍者这样说:"让我把负责这里的侍者马上叫过来。"这还不算完,直到他把那个侍者叫来给你提供服务。同理,无论什么原因,当你遇到一件事情,即便超出了你的职责范围,但它还是在你的职责中——不是由你来做什么,而是找到应该负责的人来处理这件事。

在公司的走廊徘徊并试图找到一个应该来照顾他的人,这不是客户的职责。

无论什么原因,如果这个问题就是让你遇到了,它就是你的问题,不是让你去解决这个问题,而是确保这个问题得到解决,你同意吗?

同意,这是组织文化的问题。

> 每一个员工都应该像领导者一样思考,就像在军队中,每一个士兵都将保家卫国视为自己的责任。

你猜中了,如果你是领导者,你的工作就是应该去创造这样一种文化并去培育它,因为它自己不能发生。你认为创建这种文化的最佳方式是什么?

能举个个人的例子吗?

当然可以。事实上,那才是你作为公司领导者的工作。如果你是领导者,你不受限制,对于公司里发生的所有事情都负有职责,尽管你自己并没有亲自做什么,你在看组织是如何运作的。

你应该对所有事情负责,尽管你不需要亲自处理它。如果它们都是你的职责,你就应该去照看所有的事情。

美国总统亨利·杜鲁门曾经在他的桌子上写着一句话"责任到此为止",意思是没有人可以超越你来承担职责,说到底就是你负责。你可以授权,但是授权并不意味着你不再有责任。

对于那些具有社会意识并且为其信仰而奋斗的社会政治活动家们而言,这也是千真万确的真理。尽管他们不是总统,但他们会像总统一样行事。

好想法。这也是为什么在民主社会中,每一个公民不仅是总统的可能的候选人,而且每一个公民都应该像总统一样思考,每一个公民都应该参与到对整体的讨论中。

同样的道理也适用于管理良好的组织。每一个员工都应该像领导者一样思考。就像在军队中,每一个士兵都将保家卫国视为自己的责任。

问题

现在让我们来投下一个飞镖。这一次飞镖投到方框中的核心 capi 那里,那个问题是你的职责吗?

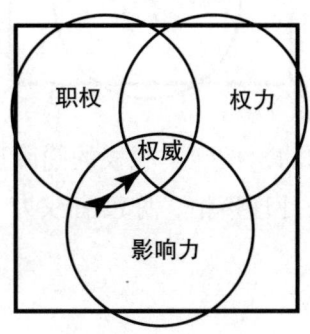

是的,它在我的职责范围内。

你有职权、权力和影响力吗?你拥有 capi 吗?

是的。

面对这个问题,你应该做什么呢?它是你的职责,你拥有所有必需的职权、权力和影响力,你应该做什么呢?

做决策!做出决策,去实施。

正确。它是你的问题！不用召开会议，不需要。即使你召开会议，那也是向其他人宣布你的决策是什么，如果其他人不喜欢这个决策，可以选择辞职。在这里，我们不需要其他人参与管理，那是你的职责，在你掌控之中。就去做！

事实上你拥有影响力，意思是你知道什么是正确的决策，并有能力说服他人去执行。

现在，来投下一支飞镖。

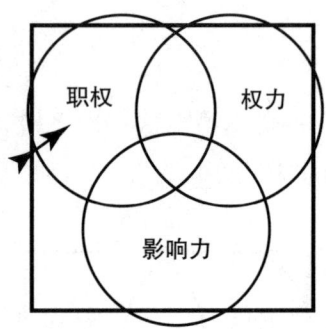

这一次就像你看到的，投到了职权的圆圈里，意味着它是你的职责，但是你只有职权来处理事情，你没有权力、没有影响力，你能负责吗？

可以。

但是，你没有权力或影响力，只有职权，你应该做什么呢？

现在是召开会议的时候了。

是的，但为什么呢？

因为没有权力和影响力的职权是走不了多远的。

实际上，如果你只有职权，你就处在"管理透支"的状况。

那是什么意思？

让我向你展示一下，它很重要，但容易忽略。

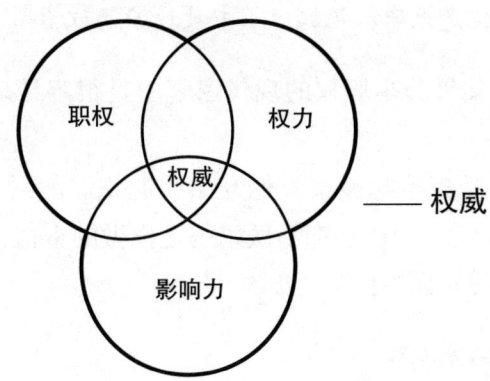
—— 权威

让我们看一下这个管理的任务。一个妈妈试图说服她的孩子去吃菠菜，首先，她说："吃吧，它对你是有益的，大力水手都吃菠菜，你看他多强壮啊，如果你吃菠菜，你也会像大力水手一样强壮。"权威图表中她在哪里？她使用的是权威中的哪一部分？

影响力。

是的。但那个孩子说："不！我讨厌菠菜。"妈妈想再尝试一下，说道："当爸爸回到家时，我会告诉他你是一个好孩子，如果你吃菠菜，他会带你去动物园。"她已经从影响力中转移出来。她现在使用的是哪一部分？

有影响的权力。

是的，她通过提及潜在的奖励或惩罚来使用有影响的权力。但是孩子还是拒绝吃菠菜，如果妈妈感到很心烦并惩罚孩子，她在使用哪一部分？

职权化权力（被授予的权力）。

但如果丈夫回家后说："你都做

> 某些事实是不应该说出来的，当你大声地说出来，你就什么都没有了。

了什么？你为什么要惩罚孩子？如果他不想吃菠菜，就别勉强他了。"

那她使用的就是无职权化权力（未被授予的权力）。

这种情况在父母分享职权的现代家庭中是很容易碰到的，没有人可以独享职权。

这个孩子还是拒绝吃菠菜，他开始哭起来。然后妈妈也开始哭："你从来都不听我的，你从来都不做妈妈让你做的事情，你到底哪里不对劲？听我说，我是你妈！"

现在，她用的是职权。

正确。这正是关键之处！难道这个孩子不是已经知道她是他的妈妈了吗？如果你不得不提醒大家你的职权，说明你处于管理透支的状态。

当你告诉你的员工"去做这个，因为我是你的老板"，你在提醒他们什么？难道他们不知道你是老板？如果你不得不提醒他们那些显而易见的事情，你就陷入泥潭中。

当某人说"我是你的丈夫"或"我是你的妻子"时，他或她正在表达同样显而易见的事情，即所有能用到的资源如权威、管理能量等都消耗殆尽了，这个人奄奄一息。这是非常危险的，因为某些事实是不应该说出来的，当你大声地说出来，你就什么都没有了。

职权本身是非常脆弱的，除非背后有权力和影响力的支持。你可不能单独使用职权超过一次或两次。如果你多次要求孩子："可我是你的爸爸！"孩子们甚至会说："那又怎样？"在这个例子中，作为父母，你真的做不了什么了。

如果你只有职权，之后你应该做什么？

召开会议。为什么？

去联合权力和影响力。

谁应该参加会议？

那些有权力又妨害你执行的人，我需要与这些人合作，这些人有知识并有影响力，他们会运用自身的知识来说服其他人。

我不会称这种情况为一个问题，我称之为超前问题，因为你只有在解决了超前问题之后，你才能解决问题本身。

超前问题

当你召开会议时，你不能确保每个人都会来。也许你召开一个会议，大家都不会来，因为他们不为你工作。也许他们为你工作，但工会并不想让大家去，因为工会害怕你们彼此会联合起来。又或者他们不信任你，或不尊重你，或认为那并不是他们的问题。即使他们来了，你也不能指望他们会合作。

那我能做什么呢？

你必须首先解决超前问题。超前问题就是去说服他们来合作，你必须创造一个合作的环境，在解决问题前，你需要他们的合作。[1]

我如何做到呢？

有一个笑话说明了这一点：一只母鸡和一头猪是非常好的朋友。一天，母鸡对猪说："我们相处得很好，为什么不一起做些生意呢？"

猪回答道："好主意，你有什么想法？"

母鸡说："嗯，我研究了当前的市场情况，并寻找我们携手合作的机会。你有我所没有的，我有你所没有的，我们一起可以为市场提供有价值的东西，我们应该开一家餐厅，提供鸡蛋和火腿的美式

---

[1] 有关我对适用于中东问题的想法，请参阅我在《赫芬顿邮报》发表的文章"以色列应该做什么：一个愿景"，http://www.huffingtonpost.com/dr-ichak-kalderon-adizes/the-israeli-palestinian-c_2_b_747196.html。

早餐。"

猪看着母鸡,深吸了一口气说:"这真是一个好主意,但是这主意对你而言只是贡献,对我却完全是牺牲自己啊。"

许多决策对企业而言是不错,但它们却不符合实施决策所必需的那些人的利益。

每一个组成部分——职权、权力、影响力——反映了不同的人有不同的自身利益。职权通常反映了管理者的自身利益,他们拥有来自董事会管理的职权,管理者所拥有的是合法的职权。

谁拥有权力?

下属,劳方(工人)。

啊哈!如果他们组成工会,就是职权化权力(被授予的权力)。

员工拥有权力,他们的视野与管理层是不同的。管理层希望公司成长,获得的回报要多于投资,他们希望组织长期强壮,管理层通过股票期权和奖金来获得奖励。劳方的利益是什么?短期内赚钱养家、福利、工作条件等等。

这看起来不够忠诚。

但这是司空见惯且意料之中的事。雇员们不知道,如果他们留在组织内的时间足够久,是否可以从组织的长期规划中受益,他们没有参与制定规划,更为普遍的是,他们甚至不知道规划里到底有什么。通常,这些长期规划把他们排除在外,他们可能随时遭到解雇,他们没有任何控制权、没有股票期权。换句话讲,管理层能从长期规划中受益,获得利润分享和奖金计划。

每一个团体自然只对自己能够获利的事情感兴趣。对此有什么大惊小怪的呢!美国就是建立在自我利益和追求幸福的概念之上的。

现在我理解了为什么雇员更愿意承诺和支持变革了。公司通过分红的方式对他们的将来负责，雇员也会因其采取合作态度而受益。

是的，但要小心。有一些国家如瑞典或德国，他们虽然实行了长期雇佣政策，参与管理也被要求写进法律中，但它产生的却是不同的结果，这取决于你如何实行这种管理。在日本，也要求雇员参与管理，日本的员工终身制是其I型文化的特征。你依据法律去做的时候，就像在瑞典或德国，它不会成为I型文化而是……

A型。

是的。依照法律，你不能解雇员工，依照法律，你还必须允许雇员参与管理，法律要求员工代表坐在董事会的对面。

这会对E型角色产生影响吗？

有影响但也不一定如此。在德国，共同决策模型是其经济成功的部分原因，工人们专注于工作，对抗关系比较少。在前南斯拉夫，政府也被迫制定了员工参与管理的法律，但经济几近崩溃。先是E型，之后是P型也瓦解了。[1]

当P下降，经济形势恶化后，I型也下降了。他们不只在经济上，在政治上也是混乱的，前南斯拉夫瓦解了，它结束了。

它取决于文化中有多少A，或有多少A被迫与外来部分进行组合。

我想我们已经离题了。我们讨论的是人们如何在职权和权力下拥有不同的利益，谁在组织中有影响力？

影响力通常来自以技术专家为代表的群体、工作人员以及专业人士，他们对什么感兴趣呢？最大化的研究与开发预算、最专业的发展方向以及最自由的研究能力。

---

[1] 请参阅我的专著《产业民主：南斯拉夫方式》，美国纽约自由新闻出版社出版，1971年。美国加州艾迪兹学院出版公司再版。

我已经注意到，比如计算机专业人员，如果他们在其他地方可以使用更先进的电脑，就会毫不迟疑地跳槽到另一家公司。同样的情况在学术领域也在真实地发生，他们对他们的专业知识领域保持忠诚，而不是忠诚于雇用他们的公司。

> 如果人们分享了一个问题，那也应该分享一个解决方案。

确实如此。Capi 的每一个组成部分都折射出不同的自身利益。如果你想解决超前问题，你应该做什么呢？想一想共同利益以及如何创造一个双赢的环境，想一想你需要的这些人为什么到这里来、为什么要一起解决问题。

也许你会在召开会议时犯一种错误，也就是开会时说："女士们、先生们，我们遇到一个问题，我的解决方案是……"他们会想："如果这是你的解决方案，那么也应该是你的问题，那你还需要我们做什么呢？"如果人们分享一个问题，那也应该分享一个解决方案。

你应该做的是为讨论奠定基础，接近团队中的每一个成员，每一个你需要合作的个体，并说服他们，他们的问题同时也是你的问题。之后召开会议说："我们有一个问题，我们有共同的利益需要去解决这个问题。我们在一条船上，同意吗？"让每一个人表达自己的意见，直到形成一个共同解决问题并获得共同利益的氛围。再之后开始寻找一个共同的解决办法，你也许会说："我对解决方案有一个建议，但我愿意听取你的想法，这样可以完善我们的方案。"[1]这不是妥协，这是一种共识。

多年以前，当米格尔·马德里[2]主政墨西哥期间，他有一句口号"La solution somos todos"，意思是"这是我们大家的解决方案"。根据

---

[1] 艾迪兹学院提供一个 7 天的 E2 培训课程，该课程详细教授如何通过讨论，引导达成共同的解决方案并获得所有支持的具体方法。
[2] 墨西哥第 52 任总统，1982-1988 年——译注。

您的理论，如果解决方案掌握在所有墨西哥人的手中，那么，问题也就是所有墨西哥人的问题。

这也包括米格尔·德拉·马德里先生及其政府，他们也是问题的一部分。（我打赌他不这样认为。）人本身不是问题，政府本身也不是解决方案，两者都必须承担作为问题及寻求解决方案的责任。

管理者有时会问他们的员工："你是成为解决方案的一部分还是问题的一部分？"这是人为做区分。一个人如果不是问题的一部分，也不应该是解决方案的一部分；如果他是问题的一部分，他最好也是解决方案的一部分。

请给我一个商业领域的例子。

一个生产力低下的公司，这是不是一个可以解决的问题？

当然是。

好，提高生产率是不是在管理责任四方形之内？

当然！

现在让我来问你：它是问题还是超前问题？

如果管理层拥有提高生产率所需的所有职权、权力和影响力，那它对管理层而言就是一个问题。但是，管理层不会拥有解决这一问题所需要的全部管理能量，工会和非工会的工人们可以行使权力和影响力。管理层拥有的是职权和部分被授权的权力，但还不足以解决问题，那么它就是超前问题。

正确，如果它是超前问题，职权需要与权力和影响力联合起

> 一个人如果不是问题的一部分，也不应该是解决方案的一部分；如果他是问题的一部分，他最好也是解决方案的一部分。

> 如果管理层和员工层不能学会一起工作，生产力是不会提高的。

来，那意味着，如果管理层和员工层不能学会一起工作，生产力是不会提高的。

生产力不只是一个技术问题，它是一个涉及社会政治问题的价值观问题。美国拥有最先进的技术，因此，缺乏技术并不会导致生产力低下。美国的工人作为个体并不见得比日本人的敬业精神更差，他们在日本人的管理下工作的出色程度足以证明这一点。生产力是一个处于两个权力中间的政治问题：管理层与员工层。你知道日本和德国在经济上闪耀的原因吗？一个原因是他们从美国买技术，之后他们的管理层和员工层一起合作，使用这些技术并超越美国的业绩。美国制造业还停留在企业之间以及企业内部之间的敌对关系概念上，而多元化则分解到商业领域甚至家庭领域。我们的个人主义已经太离谱了。我们宁愿相互斗争，也不愿团结起来反对国外竞争。在市场上竞争是有意义的，但我们也把它带进了公司内部。

> 在外部市场实行资本主义，在公司内部实行社会主义。

> 生产力低下是一个超前问题，而不是一个问题。

您是说在外部市场实行资本主义，在公司内部实行社会主义吗？

美国否认劳动者的管理权利合法化，这是一个主要的错误。俄罗斯使私有制合法化，这在俄罗斯是一场思想革命。我们也需要一场类似的革命，我们需要将员工参与管理的权利合法化，使之接受参与而不是对抗管理的责任。

生产力低下是一个超前问题，而不是一个问题。我们否定它并且说管理层应该去解决它，管理层是无法独自解决它的！当你有一个超前问题时，你需要召开一个会议，你需要问自己如何与员工层一起将其归纳成一个共同的问题，创建一个我们可以得到共同的解决方案的氛围。

要是你能够除掉某些人而掌握权力会怎么样呢？这会不会把一个超前问题转化成一个问题？

这个问题可能不需要做如此大的牺牲。解雇和更换人都是一种昂贵的行动，它将花费你差不多一年的薪水来调换组织中的每一个人，还需要花费六个月的时间培训新员工，而这个新人可能在未来六个月的工作中因为生产力低而可能被解雇。而且，换人并不总是有效，也许你会选错人。解雇人非常具有破坏性而且代价昂贵，最好是去发展团队。

超前的超前问题

当飞镖投中了影响力这个圈会发生什么？它是我的职责，但我既没有职权也没有权力，只有影响力。

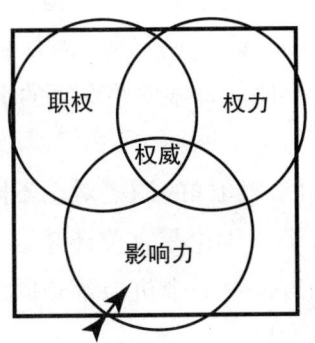

这种情况在很多组织中都曾发生。位置比你高的人拥有职权，位置比你低的人拥有权力，你夹在中间，你只有影响力来履行你的职责。

感谢上帝，至少我还有影响力，这听起来像是导致紧张和高血压的原因。

有些人放松下来说："去他的吧，那不是我的职责。如果我没有职权或权力，我就不能负责。"所以，他们缩小了他们认为有责任的范围。如果你没有影响力，那也许是一种策略。这也是许多企业存在不少无人负责的区域的原因。因此，如果组织无效益，客户就开始遭罪了，但是，如果你拥有影响力，你不能也不应该逃避职责，你应该使用它。

假设我想要完成这个工作，我需要做什么呢？

你必须使用你的影响力，我称这种情况为超前的超前问题。在这种情况下，你必须说服拥有职权和权力的人来参加会议，所有人联合在一起就拥有 capi 来解决你负有责任的那些问题。

这看起来很困难。

这确实不是一次就可以学会的必备技能。① 你还必须用他能理解的语言与你的老板进行沟通，你与 P 型沟通的方式跟你与 A 型、E 型、I 型沟通的方式是很不同的。其中的每一种类型都使用不同的语言。

我通过观察我的孩子发现了这一点。他们大概五六岁的时候，我偷听到他们在厨房进行的对话。一个孩子对他哥哥说："他们说不行。"因为我们作为父母拒绝了他们要做一些事情的请求，他哥哥问："谁说不行，妈妈还是爸爸？"

那样的意思是不同的。同样的词语对于不同风格的人会产生不同的意思。实际上，大 A 们，无论是官僚还是运营管理者，通常不愿意去讨论机会，对他们而言，每一个机会都是问题，他们经常考虑的是建议或主意所带来的副作用。

> 机会和问题这两个词实际上是指同一事物。

纵火犯或企业家通常讨厌讨论问题。"我付钱给你就是来解决问题的"，他们说。他们宁愿讨论机会，对 E 型而言是机会，对 A 型而言就是问题。这就难怪他们通常情况下无法更好地理解彼此。

就像我们之前谈过的，在中文里，机会和危险这两个词是一个词：**危机**。如果你解决了问题，你就会变得更好、更强，你能从中学到东

---

① 艾迪兹学院有一个课程教授这些技能，你也可以阅读我的《引领领导者》。

西，此时它就是一个机会。换句话讲，如果你什么也不做而错失机会，你的竞争对手就会利用它，那就会变成你的问题。

这也是为什么我把中文里危机这个词翻译成英文的（oppor-threat）（机会－威胁），它描述了一种既可能是一个机会，也可能是一个威胁的情况。这是你所能做的一切，是你来决定它到底是一个机会还是一个问题。机会－威胁是一个中性词，而问题和机会则都带有感情色彩。

好的。我对此负责，这取决于我是如何想的。

对于不同的风格，我这里还有另外的例子。当 E 型不同意那些想法时，他们通常会直言不讳地说出来，他们不停地说、不停地想，原因是他们并不喜欢独自一人。他们很健谈，也很有创造力，你很难完整地对他们讲完一个笑话，如果你刚讲一个，就会引发他们想到另外一个。

他们甚至会打断你的妙语，他们特有表现欲，如果他们不同意，他们会四处宣扬。对他们来说，沉默意味着同意。犹太人很清楚自己的 E 型特质，希伯来语有一句话 Shtika ke hodaya，意思是"沉默即赞同"。

对于 A 型来说，沉默则表示反对。当他们不同意时，他们会很安静。看一下斯堪的纳维亚人和英国人，当他们不同意时，他们只是看着你，好像冻住了一样。

这有可能造成很大的沟通问题。一个 E 型试着说服 A 型接受一些新想法，E 型说啊，说啊，说啊，A 型不说一个字。当 E 型离开后，他会想："太棒了！他接受了。"同一时刻，A 型也在想："他简直疯了，他会把公司搞垮的，这个主意绝不会得逞。"

过了一段时间，E 型会问 A 型："上次我们都同意的主意现在进展如何了？" A 型大吃一惊："我同意了？我觉得你那个想法会导致一场灾难。"

"但是你一个字也没有说啊"。E 型说道，现在又有一个理由可以不相信 A 了。

我给你举第三个例子，是关于 PAEI 风格的不同，也许说的是同样的话，但是其表达的意思却不同。

当你建议一个 A 型去批准一些需要改变的决策时，这些变化以前从来没有尝试过，他倾向于说"不"，因为在执行过程中他看到发生了太多的问题。当你再次尝试做更多的解释后，他依然说"不"，你持续地做解释，最终，当他确定他已经完全理解它了——这只有在当他发现这里面确实没有风险时才会发生——他才会说"是"。

什么意思？

对于 A 型来说，这里的意思是，"不"并不意味着不，它意味着也许。你需要继续解释，因为"不"的意思是"也许"，直到他们认识到确实没有风险，至少对他们是这样。对于 A 型"是"的意思就是：是，对他们而言，说"是"就像生孩子一样难，他们为说"是"而受苦，但是，一旦他们说"是"，那就是靠得住的。

E 型又是怎样的呢？

对于创造力贡献者或纵火犯而言，正好相反，"是"的意思是"也许"。如果你问 E 型是否他能做一些事情，而且要做的事看起来比较有意思，他会说："为什么不呢？"但这不是最后的态度，他也许会改变他的想法，特别是如果那不是他的主意。当你准备行动时，他可能会说："不！我不同意。"

对于 E 型们来说，"是"意味着也许，"不"则是确定的。如果他说"不"，而你假设这事仍然处于开放的讨论状态，当你再谈论这事时，你就真的会有麻烦了。

A 型们很难去说"是"，E 型们很难去说"不"。

A 型说的"不"，意思是"也许，告诉我更多内容吧"，而"是"就是确定的和限定范围的。对于 E 型则正好相反，"是"的意思是"为什么不呢？"，"不"则是确定的和限定范围的。

这也是 A 型和 E 型彼此间不能沟通的原因。A 型听到 E 型说 "是"，然后就去行动了，然后 E 型改变了他们的想法，这让 A 型抓狂："你已经说是了。" E 型回复道："是吗？那只是我的想法而已。"

当我在澳大利亚和一个 CEO 工作时就遇到过这种情况，他是我见过的最典型的 E 型之一。当他和工厂的副总裁在一起时，他问："我们为什么不能把工厂设备放在布里斯班？"

他的副总裁问："哦，我们应该这么做吗？"这个 CEO 说："对，我们为什么不能这么做？"

于是工厂的副总裁，正如我们预料的那样，他是一个 PAei 风格，开始做计划构建设施。两个月后，CEO 心烦意乱地说："为什么我们把工厂建在布里斯班那个像地狱一样的地方？"

"你说我们需要这么做啊"，副总裁说。

"我只是问你为什么我们不能在那里建工厂，我可没有告诉你开始在那里建厂啊。"

是的，大家经常不知道 E 型说的到底是一个想法还是决定。有时当下属相信这是 E 型的决定后，很快就会发现这不是一个决定，并因执行这一决定的行动而遭到指责。下一次 E 型再用同样的语气发声时，员工会记得这一段插曲且不会再去行动，E 型之后会感到心烦，因为他的员工不去执行他期待要做的事情。员工们感到左右为难，怎么做都不对，无论他们做什么，最终都会挨批。E 型总是表现得失望和沮丧。

反过来也是一样的。听到 A 型说 "不" 也会使 E 型恼怒："你怎么能说不呢？我还没说完呢，你就已经说不了。" 但 A 型的意思并不是 "不"，他的意思是 "也许，告诉我更多内容吧。"

现在，谁说 "是" 是真正的是，说 "不" 是真正的不？不会混淆吧。

P 型。

当人们问他们"是"和"不"的问题时,他们不理解发生了什么,对他们而言这是很简单和显而易见的事情。他们是那种黑白分明的人,对他们而言没有中间的灰色地带,他们痛恨"也许","为什么人们彼此就不能沟通呢?"他们问道。

最后,谁说"是"和"不"的意思都是"也许"?

I型。所以I型和P型彼此不喜欢就不奇怪了。

上述内容看起来就像下面这个表所表现的。

说＼表示	P	A	E	I
是	是	是	也许	也许
不	不	也许	不	也许

如果你想解决问题时只有影响力,你需要知道人们说同样的词时其背后不同的含义,如果你不知道,就会沟通不畅。原则是:别把他人当成你一样对待。

> 原则是:别把他人当成你一样对待。

通常我们和他人说话就像与我们自己说话一样,所以,例如一个E型与他人说话就像他们在和E型说话一样,不被理解时会感到心烦。窍门是用他们理解的语言进行沟通。

这是一段长时间的对话,您能帮我总结一下吗?

为了实施一个决策,决策必须是清晰、明确的。为什么做、做什么、如何做、何时做以及谁来做必须是明确的,之后你必须拥有职权、权力和影响力来执行。

取决于你是否拥有capi,只有职权、影响力或权力,或者具备权威成分的某一组合,你需要为了实施决策而发展策略。开始时你遇到的是一个问题，还是超前问题，还是超前的超前问题？如果是一个超前的超前问题，你需要使用影响力去说服各种风格的听众。如果你只有职权，那它就是一个超前问题，你需要知道如何创建一个双赢的氛围，并找到共同利益。之后你会得到所有人都支持的结论。如果你拥有capi，那就是你的问题，你需要学会如何使用capi，而不是滥用它；如果你只使用capi中的权力部分，它最终会使你引火上身。

如果你拥有capi，你就能成为一个技术专家，按此推测，你就拥有能力去实施决策。你拥有职权去决策、有学识去发挥影响力、有权力去执行，你无须去说服任何人，只要下达指令进行检查。如果你只拥有职权，你需要成为一名政治家，你需要去创建一个双赢的氛围，可以将大家联合在一起。如果你只拥有影响力，你需要像一个洞悉世故的心理学家，对他人敏感，熟悉他们的语言体系的不同，你还需要用他们可以理解的语言进行沟通。

您的意思是一个好的管理者、领导者或家长应该成为技术专家、政治家、心理学家，对吗？

是的，你需要所有这三种类型。太多人说过，"我热爱管理，只是我无法忍受这些人"，或者"我讨厌政治"。他们所有人希望的是做一个好的决策，但是他们不想因"销售"他们的决策而操心。他们不指望可以处理好人们的独特利益和沟通风格，当他们不得不寻求别人的合作时便觉得不自在。有关他们的消息我听得多了，不过都是些坏消息。只有少数情况下，管理者拥有capi，奢侈地负担起作为专家的代价，大多数情况下，一个人不会拥有所有的capi来覆盖其职责，因此，需要去联合所有人。

实施的效力取决于针对任务你可以联合多少capi、有多少合作可以保证来完成职责以及人们实施所需的必要条件。要做到这一点，一个人必须成为技术专家、政治家和心理学家。

在继续谈话前，我们将所谈的内容加入到下图中。

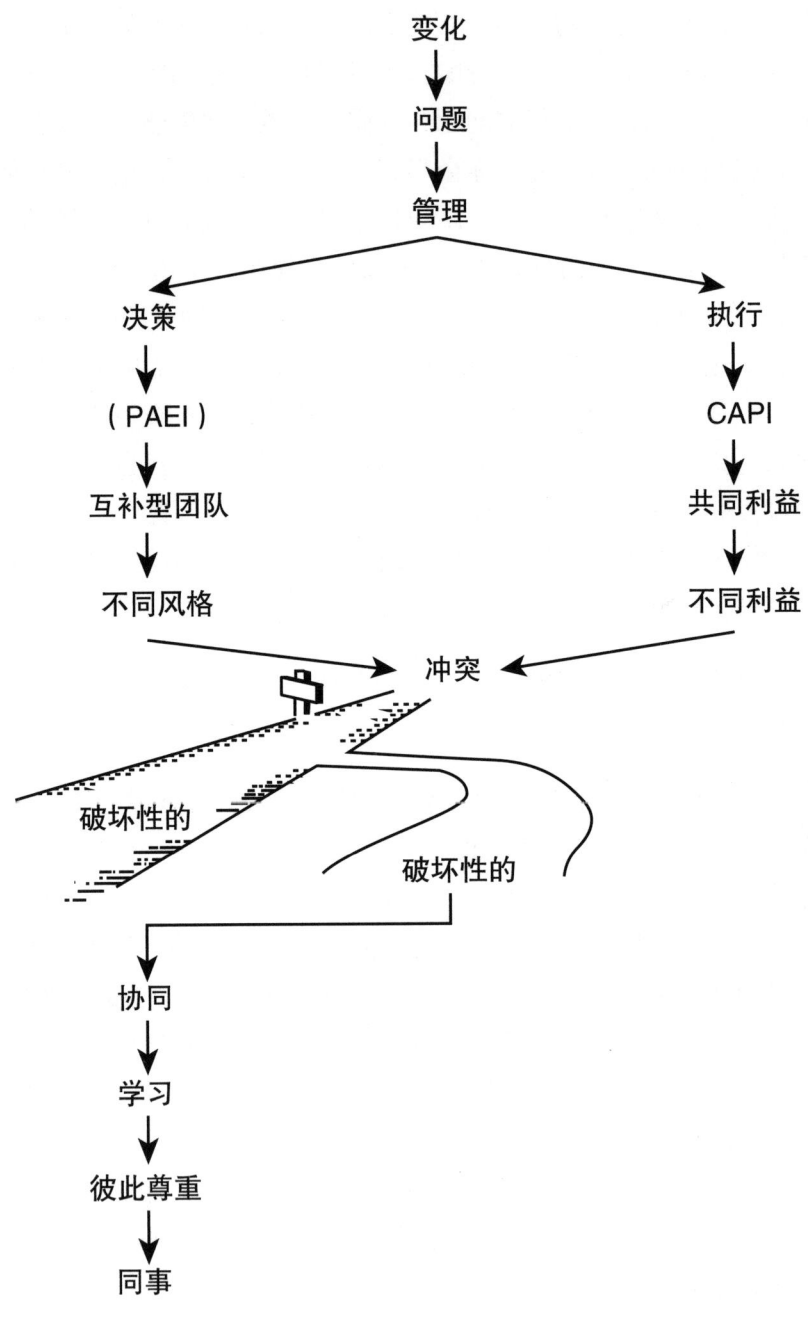

对话 *10*

如何驱动正常运转

我想先确定一下你的理解是否准确,你愿意总结一下我们之前的讨论内容吗?

之前我们讨论过:

生活中存在着变化。

所有的一切都存在于一个系统中,并由子系统组成。

当有变化发生时,子系统的变化是不同步的,由此制造的差距被证明就是我们说的"问题"。我们需要决定面对问题可以做什么以及不做决定也是一个决定。

必须实施决策,否则就好像没有做出决策一样。

决策和实施决策都是管理所涉及的内容,无论我们作为管理者、领导、家长还是政府,都是一理相通的。我们需要管理变化。

做管理,我们必须制定出好的决策并使用最少的能量和资源来实施。

我们在管理、领导、政府管理等领域管理的好与坏取决于我们决策制定的好与坏以及实行决策的效率如何。

好的决策需要满足四要素或者需要四种角色：P型，提供满足需求的服务；A型，去运营管理有效率的服务；E型，企业家角色，为应对未来的变化而对当下进行定位；I型，去整合组织。

这些必要的角色使组织在短期和长期既有效益又有效率。

一个组织如果在短期和长期既有效益又有效率，那么这个组织就是健康的。但是这还不够，组织系统还需要基于共同的利益在内部相互支持。

经营管理、领导、政府管理、家庭教育等的目的是需要PAEI四种角色去执行。有了共同的利益，这个系统就是健康的。如果是一个商业系统，健康的组织的副产品就是在短期和长期都是盈利的。如果是一个国家系统，它的社会和经济将是可持续发展的。如果我们谈论的是一个家庭系统，健康的结果是整合成良好的正常家庭。

> 一个组织如果在短期和长期既有效益又有效率，那么这个组织就是健康的。

因为没有人是完美的PAEI，所以，我们需要一个互补型团队。

在一个互补型团队中，冲突是必然的，因为它是由不同的风格造成的。

为了使冲突具有建设性，我们需要从彼此不同的观点中学习，要做到这一点，我们必须彼此尊重。

如果我们知道PAEI团队的运作中拥有彼此尊重，我们就能够预测这是否是好的决策。

在实施决策时，我们需要capi：将职权、权力、影响力联合起来，我们需要建立一个联盟，这个联盟由实施这项决策所必需却有不同利益的人员组成。如果自我利益得到整合，那么受利益驱动，执行起来总是很快的。

实施会更快，如果推动的是……

自我利益的整合？

再猜。

难道是共同利益？但是它们之间有什么区别？共同利益与自我利益的整合不是一回事吗？

是的。自我利益的整合是短期导向，共同利益则拥有一个更大的愿景、一个更高的目标。如果没有更高的目标，要获得共同利益是很困难的。

很有道理。

在制定决策的过程中，应该邀请谁进来？

首先，他们是有职权来批准决策的人。第二，他们是在该领域执行决策的人；他们拥有权力。第三，是那些拥有技术和专业知识的人，他们有影响力。如果我们想在实施决策时有效力，我们需要让上述人员加入其中来创造共同利益。

精彩的总结。

这样的结果固然很好，但自从我们上次讨论完之后，有些事情困扰着我。在管理理论中，完美管理者PAEI的神话是如何产生的呢？这看起来像是一个根本性的错误。

错误在于管理理论研究的方式。通过研究不同的人所具有的最好的特质而创建的一个模型，但这样一个模型就是一个想象出来的拼图，不会也不可能存在。我们作为人类都有优势和劣势，没有人是完美的。我将此归为以错误的方式进行研究，而且管理理论首先是在美国发展起来的，它是依托于美国的个人主义文化基础上的。他们自然而然地把整个管理过程人格化到某个个体身上，这个个体被称为"领导者"。

好吧，完美的领导者是不存在的，但是，我们不是正在试图培养一位这样的人物吗？

你是指那些认为自己无所不知的商学院的毕业生吗？我曾经在国际管理学会对这种错误提出批评。①问题是我们训练的人，他们没有接受过从他人那里寻求支持以帮助他们做出正确决策的训练，也没有接受过如何团结不同利益的人的训练，尽管他们需要这些人的合作以实施决策。实施过程也是一个冲突之源，我们也需要对此进行检验。

让我们现在就讲清楚吧。

> 当彼此尊重创造出一个学习环境时，风格上的差异是可以协同的。

我们已经说过，为了有效地实施决策，无论是通过整合自身的利益，还是从更高层次上确定共同利益，我们需要在实施过程中建立一个涉及各方利益的共同体、一个共赢的环境。

我们可以从婚姻中看到这一点。建立一个家庭的共同利益或许才是伴侣的真正开始，但是随着时间的推移，他们产生了不同的需求，并开始使用自己的方式行事。

同样的情况也发生在商业领域。经过一段时间后，不同的合伙人有不同的利益：一个希望自己的孩子加入到业务中，而另一个想退休并出售他的股份。在这种情况下，变化意味着利益的改变。

那我们该怎么办？对你而言仅仅是做点贡献的事，对我而言则可能是做出整体牺牲，我不可能去做主要符合你的利益的事，这就像您之前的那个笑话中讲到的猪。

冲突就是这样产生破坏性的。那些具有决策职权的人很可能被那

---

① 2013年9月27日在亚特兰大国际管理学术会议上的演讲："当代管理教育：批判性"，http://www.ichakadizes.com/contemporary-general-management-education-a-critique/。

些拥有权力的人所中伤。他们只要不去正确地实施决策,就能把一项决策搞得一塌糊涂,他们可以声称自己当初未能理解。同样的方式,那些具有决策职权的人也会以牺牲拥有权力的人的利益为代价,制定明显符合自身利益的决策。

无论何时,只要在制定决策和实施决策的人之间存在不同的利益,确保实施的过程就可能是漫长且昂贵的,它需要太多的管理能量。

所以,确实存在两种冲突的来源:其一是沟通不畅,因为我们用不同的语言来解释相同的词或肢体语言,我们处理信息和做决策的方式不同;其二是不同的利益,这会导致缺乏合作。

是的,因为我们有不同的风格或彼此冲突的利益,所以我们既不能互相理解,又不能共享利益。

我们解决冲突的问题,这种冲突来源于制定决策的不同风格:当以彼此尊重为基础创建了一个学习环境时,风格的不同就可以协同合作。但是,当我们与利益分歧者一起工作时,如何才能使冲突是建设性的呢?

首先,接受现实。只有当你承认存在冲突时,你才能驾驭它。请注意我说的是,你必须利用冲突而不是解决冲突。不要尝试对抗或消除冲突,而是发挥它的功能,使其为你工作。

但您自己已经说了,要有一个让大家都赢的环境从来都是不现实的。

是的。人们在参与实施的过程中都会认识到,共赢的环境不会在短期内发生,但是他们会在长期中看到这一环境的存在。这种长期的信念是很多幸福婚姻的基础。当彼此有一个长期的承诺,夫妻中的一方就会在今天让步,而另一方则会在下一次让步,过了一段时间后,他们自会达成平衡。

您的意思是必须从承诺开始?它听起来仍然不太现实。如果我为了克服短期的利益冲突而采取默许的态度，我必须相信另一方会在未来有所回报，我必须相信我短期的牺牲从长期来看会对我有利，如果我不相信那些与我有利益冲突的人，我为什么要相信他们会长期给予合作？如果我相信以后他们会合作，为什么我应该现在与他们合作？

很显然，你不会做出任何让步，除非你相信将来会得到返还。因此，为实施决策，仅有彼此尊重还不够，我们还必须彼此信任，我们必须信任彼此以便在未来我们都会受益。只有那样，我们才会有意愿在短期给予合作，尽管依然有短期的利益冲突。

我们需要同事来一起制定决策，这些人不一定认同我们的想法，但是我们可以从分歧中学习。就像我们之前说的，一个同事就是指那些总是与你有对抗和不同意见的人，但你依然保持开放的态度，因为你可以从中学习。

对于实施决策，换句话讲，我们需要朋友们。朋友就是那种可以与你分享利益的人。他不会在你背后伤害你，因为伤害你有多深也会伤害他有多深。你分享利益，因为你分享了利益，实施才会迅速地开始。

在希伯来语中，朋友这个词是"haver"，意思是连接：HVR。自从你被连接了，你发生了什么，你的朋友也会发生什么。弗兰西斯·培根说过，朋友是那种通过同情和共享利益，使你悲伤减半、快乐加倍的人。

你应该在工作中让那些既是你的同事又是你的朋友的人围绕着你，他们不同意你的想法，你可以从这些分歧中学习，但他们分享你的利益，所以这些分歧带来的好处你们都得以分享。一个好的婚姻也应该如此，尽管你的伴侣不总是同意你，但有一件事情是同意的：家庭的利益是共同的。

我想我能预测是否得以实施，无论信封里的决策是什么！

首先，那些实施中所需要的角色都参与其中了吗？我们能得到人们共同需要的 capi 吗？

接下来呢？

我们彼此信任吗？

如果你想高效地实施决策，你必须确定在实施决策中你所需要的人都有共同利益。如果在短期内没有共同利益，那么在长期会有共同利益，它必须是共赢的环境，一种共生的关系，随着时间的推移就像一个朋友一样。这也是为什么朋友是以他们做朋友多久为荣的原因。随着时间的推移，他们经历考验和冲突而建立起彼此信任的关系。

我明白，至少在短期也许会有利益的冲突，在长期必须有彼此的信任，事情最终完成，利益也会使彼此满意。

正确。比如我邀请你吃晚饭，我付钱，你赢了，我输了。但是，下次我们再一起出去吃饭会怎样？谁来付账？你看，短期有利益的冲突，但是长期来看会得到补偿，为此你必须拥有信念，即当前的牺牲将来会得到回报。

在英语中我们说，生活就是给予和接受。在其他语言中，比如阿拉伯语、土耳其语甚至现代希腊语，说法有所不同：生活是接受和给予。这是有区别的。给予和接受是因为有信任，你给予并相信它会回来，之后你会接受。当你说生活是接受和给予时，意思是没有信任，你想首先接受以确保你不会失去它，只有这样你才会给予。

在那些说生活是接受和给予的社会中是没有信任的，美国的成功就是因为存在信任的文化。（随后你就会知道为什么信任和尊重是经济成功的重要因素。）

对于一个共生的友好的和大家都赢的环境，你们必须拥有彼此的信任。这种方式可以将潜在的破坏性冲突转化成建设性冲突，创建一个滋养和共生的环境。共生意味着各方都觉得所提出的变革最终是为所有人的利益服务的。

如果彼此建立了信任，你和我会认识到将因变化而彼此受益，并会遵从此原则而行动。没有彼此的信任，就会有很多对抗（最高层次的共生关系是爱）。

在打开信封前，我应该先问四个问题。

什么问题？

第一，执行时 PAEI 四种角色都存在吗？它们是互补型团队吗？
第二，在制定决策时要有彼此尊重吗？
第三，这个团队拥有 capi 吗？
第四，他们彼此信任吗？

原理是好的，问题也问得对，但还有更多。拥有一个 PAEI 风格的互补型团队，同时还要拥有 capi，这可不是一件容易的事情。想讨论产生这种结果的原因，我们需要回到谈话的开始。

哦不，生活为什么这么复杂？

生活并不复杂，复杂的是如何把事情简单化。

爱的重要性与组织治疗的顺序

我们说过，当下就存在变化，而且变化会永远存在，变化会产生问题，因为变化导致瓦解（子系统不会同步变化）。如果所有问题都来自瓦解，我们就已经能发现治疗方法了……

整合。

正是。整合是彼此信任和尊重的一个功能，最高层次的整合就是爱。

您的意思是说没有彼此的信任和尊重就不会有爱？

是的，我是这么认为的。

但是为什么终极整合是爱呢？

就彼此受益的双方的关系而言，一方必须给予，另一方必须回报。那些存在相互信任的地方，这种交换的时间间隔可能比不存在信任的地方长。在爱的关系中，给予与得到回报之间不存在间隔时间，给予即得到，得到的好处就在于给予。

举例来说，当你带你的孩子们去看马戏团表演时，你是因为相信他们会在你年老体弱时期望得到回报才带他们去的吗？还是你这么做是因为看到孩子们打闹、鼓掌、大笑、庆祝的样子而感到高兴呢？爱是当你给予的时候就是获利的时候，爱是当你不在乎为你所爱的人做些什么的时候，当你给予时，你因为给予而丰富，你给予的越多，你越丰富。在人类历史中，有些人可以完全地、无休止地沉浸在大爱中：佛陀，摩西，上帝……

特蕾莎修女？

或者帮助艾滋病病人的志愿者，或者帮助无家可归的人，或者一个勤奋的工人，或者一个敬业的员工或管理者。他们都是给予者，他们给予的越多，就得到越多的爱，就越接近最大的给予者——上帝。我们都有给予的潜力，我们都是按照上帝的形象创造的，允许我们自己去爱和给予，最终信任的是上帝——无论我们认为这个上帝是犹太人、印度教徒、基督徒的上帝或是中国人的道——一个更高层的意识。

使我们身心富足的目的是给予他人。当我们表达爱时，应该像一个家长因为爱孩子而带孩子们去看马戏表演。没有爱，我们坐在那里看马戏会感到痛苦，当我们看到孩子们为毫无意义的事情而兴奋地拍着小手时，我们会感到很无聊，并且想还不如回到办公室去干没有完成的工作呢。

当一个管理者被一个组织赋予领导职责时，他必须创造和培育一个大家都赢的气氛，一个基于彼此信任和尊重的共生环境。如果他可以做到这样的程度，就接近爱了。

领导者应该有一个共同的目标，就是去创建这样的环境，培育组织的精神内核。去爱追随你的员工、去爱你的客户、去爱你销售的产品。组织中的爱越多，彼此的信任和尊重就越多，整合就越多，变化就越容易实现，在变化的环境中也越容易成功。你认为史蒂夫·乔布斯为什么成功？他爱他设计的产品、爱产品的功能，他强烈地爱着，而客户作为回报，则用他们手中的钱对此进行投票。

这是我们所谈论的路线图（参见下页图）。

现在，你试着总结一下上述观点。

冲突是变化的副产品，它是破坏性的还是建设性的，取决于是否存在彼此信任和尊重。

彼此尊重是必需的，这样风格的冲突才能是建设性的，我们可以从彼此的不同中学习并制定更佳的决策。

彼此信任也是必需的，所以，我们能认知到共赢的环境会在将来存在，随后人们会参与其中，并在实施决策中提供当下的合作。

当上述所有事情都发生时，我们就拥有建设性的而非破坏性的冲突。

我想重复一遍：我知道在打开信封前应该问什么问题。分析团队问题时是否有capi，PAEI四种风格是否都存在，在诊断和提供解决方案前是否有彼此的信任和尊重？

你理解得非常好。

法国大革命期间的口号是 liberte（**自由**）、egalite（**平等**）、fraternite（**博爱**）。它很适合我们的图表。Liberte 就在左侧，说话的自由，这是尊重的基础。Egalite 就在右侧，意思是共同利益。Fraternite 应该在中间——它就是爱。有了彼此的信任和尊重，就有了爱。我们既是朋友又是同事，我们能自由地谈话、彼此学习，从彼此的不同中学到东西而感到富足，我们还能保持共同的利益。

看一下图表的上部，capi 的 c 整合 pai 的方式即 I 整合 P、A、E，为了爱，我们将 c 和 I 整合在一起。尽管我们的风格和利益不同，但是我们可以在一起。由于我们增加了合作，所以我们能推动事情的发展，

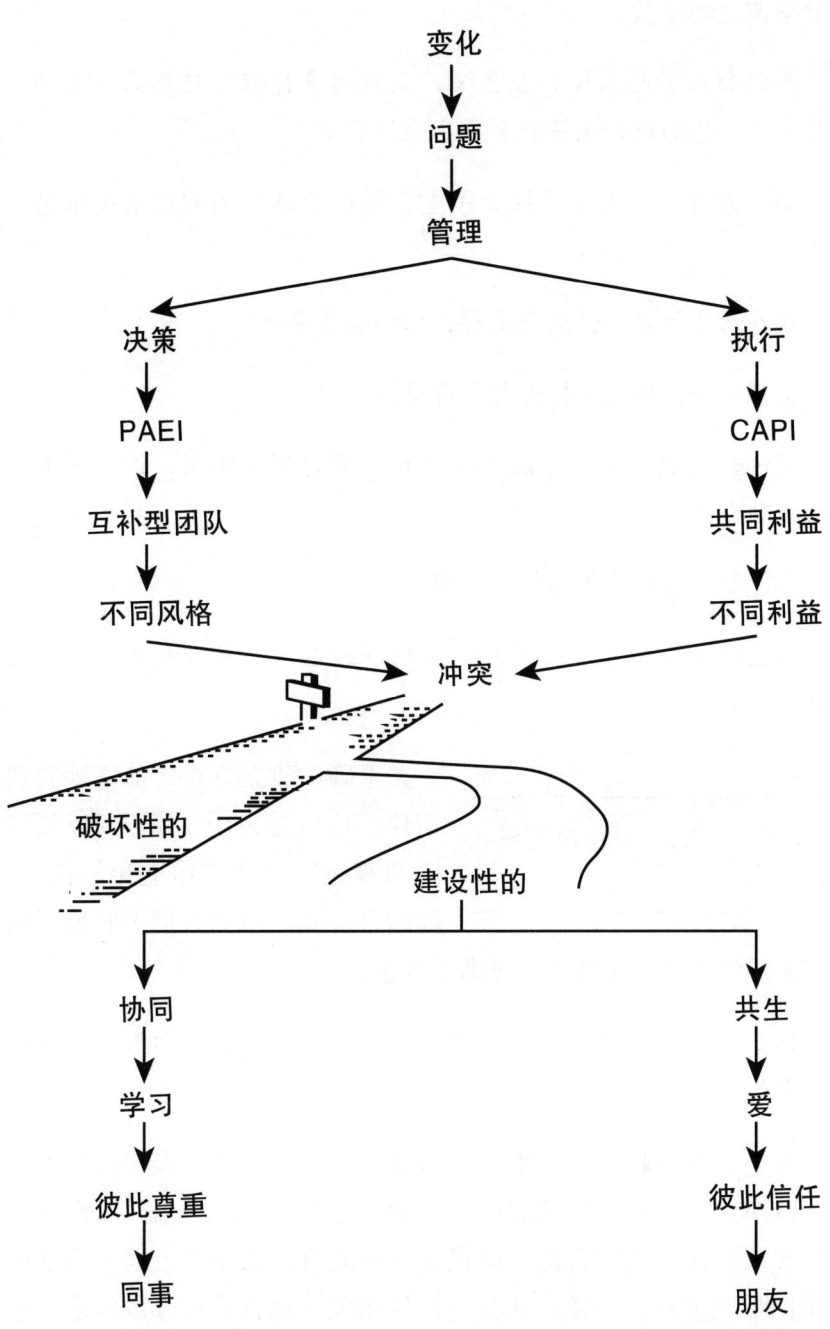

并分享彼此的收益。

共同利益听起来像社会主义，风格的多样性听起来像民主制，联合起来看，您的理论很像社会民主党的党章。

确实如此。我为全球社会民主党派在全球范围的秘书长做过一个演讲。

现在请告诉我，什么更重要，信任还是尊重？

请想一想，你能信任你并不尊重的人吗？

是的，我能。有人可能并不像我期望的那么聪明，但我知道他不会故意伤害我。

你能尊重那些你不信任的人吗？

这恐怕非常困难。如果我不能信任这些人，我可能不会再听他们说什么。

> 建立尊重之前必须先建立信任。

正确。建立尊重之前必须先建立信任。这也是为什么我们经常说"信任和尊重"多于"尊重和信任"。有趣的是，我注意到人们平时说话用词绝不是偶然说的，民间表达充满了智慧！

按您的说法，信任必须先于尊重才能产生有意义的影响，能给我举一个例子吗？

看一下在苏联发生的事情，米哈伊尔·戈尔巴乔夫在苏联推动开放和改革。开放在我们的表中的左侧，它需要政治自由，人们有权利表达异议。你会认同言论自由建立在彼此尊重的基础上这一说法吗？改革则是调整经济利益，利益与信任相关。他首先从开放入手，意味着言论自由和彼此尊重,这是一个错误,因为开放损害了政治力量,而政治力量是进行经济改革所必需的。戈尔巴乔夫的改革是从尊重而不是信任开始的。

当《时代周刊》把他作为年度人物刊登在封面上时,我给他写了一封信,警告他所实施的变革会造成毁灭性的冲突。事情的发展正如我所言。

之后中国人则采取了正确的方式。

我认为如此。所以,哈萨克斯坦总统努尔苏丹·纳扎尔巴耶夫在重组经济的同时保持了政治权力。最终,他将不得不释放政治权力或担心引发政治动荡,所以,他在2015年开始启动政治权力转移和百步计划。

方程式的两侧,我们路线图的两侧,必须同步化,但要有正确的顺序。①先信任,再尊重。

这样的顺序也适用于个人生活吗?

它同样适用于婚姻生活。除非有信任,否则不会有尊重。

我想知道,您是如何正确地使用彼此的信任和尊重来管理组织的?因为多数组织不是这样管理的,所以,您的理论只适用于少数拥有彼此信任和尊重的组织吗?

我从没有停止对彼此信任和尊重的理论的研究,我已经制作了一个流程帮助组织实现变化,使他们能够产生他们所需要的信任和尊重。所以,他们不只依靠彼此信任和尊重,还可

> 不要只依靠彼此信任和尊重,还要发展它。

> 变化越多,对彼此信任和尊重的威胁就越大。

---

① 在本书第一版(1991年)中,我写道:"如果(苏联不能)把自己的利益转变成共同的利益,政治自由可能会被用来表达不同的私利,那么,苏联也会瓦解。"

以发展这种信任和尊重。光靠空谈是什么也不会发生的，它需要承诺和努力工作，此外，当你发展成为这样的一个组织时，如果你不能持续地、重复地培养有益的企业文化的流程，这种信任与尊重也不会持续多久，除非你注入能量。变化越多，对彼此信任和尊重的威胁就越大。

您怎么才能把一个没有相互信任和尊重的组织转化成为两者兼具的组织呢？

在艾迪兹学院，我和我的同伴们一起工作超过50年，为数以千计不同规模的企业、不同行业以及50多个国家提供了服务，我发现有四种因素可以使彼此产生信任和尊重。它们适用于任何组织，目前我们正在测试它在家庭治疗和国家宏观层面的效力。

这四个因素是什么？

共同的愿景和价值观、多样性的PAEI的组织结构、合作的决策制定流程、可以控制和给予彼此信任和尊重的成熟的人。

我们需要共同的愿景和价值观很有道理，但是为什么组织结构也这么重要呢？

组织的结构决定着职责、职权以及奖励的分配方式。这种分配方式又决定着自我利益的差异。同时，不同的工作吸引不同类型的人。

我们已经确定了在组织中我们需要所有的PAEI角色去执行，我们确定了没有一个个体可以同时发挥这四种角色的功能，因此，互补型团队就是必需的，一个互补型团队需要一个互补型结构。一个结构的功能应该提供P型和E型各自分开的活动空间，等等。我们需要P型部门、A型部门、E型部门、I型部门。

一个互补型团队需要一个互补型结构。

您能举一个例子吗？

当然。P型角色通常是执行、业务操作、销售或生产部。E型角色通常是研发部门、工程技术或市场部。A型角色通常是会计部、质检部、审计部、人力资源行政管理等。I型角色是人力资源发展工作。

我们已经讨论过角色间彼此不相容和危及他人的情况，因此，在一个组织结构良好的公司里，你不应该让一个副总同时负责销售部和市场部。那样的话，可以预言P和E角色会是混乱的。如果你这样做，E型会很痛苦。短期效益是P型所关注的事情，这会挤压对长期效益的关注的空间，而那恰恰是E型所关注的。这样的公司虽然有市场部，但该部门行使的不是市场功能，它实际做的都是销售支持工作，却还是被称为市场部。这是一个复杂的话题，如果你想知道得更多，请看我的另一本书《企业生命周期》。

那其他一些因素是怎样的呢？

只是谈结构还是不够的，由于人们有不同的风格，他们必须学会如何彼此沟通。正确的参与式决策制定过程是很必要的。①

然而，拥有共同的愿景和价值观、一个正确的组织结构、不同的风格使用正确的工具来沟通仍然是不够的。有些人肩负筹码，他们既不控制也不给予尊重或信任。他们在加入组织前就一直有一种不信任、不尊重的态度，所以换一个组织对他们来说并没有直接的影响。如果他们不能改变自己，你就不得不改变他们。

如果你想改变组织的行为，首先，你必须发展出一个共同的愿景和价值观，共同分享在公司内的决策制定，之后你需要处理结构问题、决策制定的流程问题，最终是人们自身的问题。

从合作的流程开始，改变人们如何做决策的方式。之后，使用新的流程，改变职责的分配，人们的行为就会改变。他们会更加开放和

---

① 艾迪兹学院的E2课程将教授如何在不同的风格中通过协作的方式减少无效沟通。

更加愿意参与，彼此信任和尊重会得到发展。①那些不愿也不能改变的人或许要离开组织。

这听起来要么太复杂，要么太简单。

它既不简单也不复杂。这不是一个利用信任与尊重的过程，相反，它形成了一个创造并培养信任与尊重的系统。

太多的咨询专家宣扬信任和尊重，但是他们并不知道如何创造它。他们燃起了希望。但是，仅仅燃起希望这一点远远不能令人满意。如果不能让组织产生彼此信任和尊重，人们就会对管理理论和咨询专家产生怀疑。所以，人们指责商学院脱离实际，咨询业被认为是第二个最古老的专业就不奇怪了。

我为那些饱受不信任和不尊重的文化之苦的企业实践这套理论很多年了。这套理论得以发展，就是因为我把那种文化转变为一种彼此信任和尊重主导的企业文化。它要求形成正确的结构、流程、人以及共同的愿景和价值观，还要采取正确的顺序。

人们在试图改变组织的文化时常常会犯一个关键的错误，他们忽略了流程和结构，把注意力全都关注在人的因素上。如果没有团队合作，他们就解雇这个人，换成那些他们以为具有信任和尊重思想的人，但这不一定起作用。

由于错误的结构和流程，即使一个原本品行端正的人也开始会有破坏性和不尊重的行为表现。环境可以改变人的行为，无论他们的品行有多端正。

您开发的这套有关改变的系统可以学习吗？

───────────────
当你祈祷时，你就接纳了你的缺点。
───────────────

当然。艾迪兹研究生学院可以提供有关这套理论的博士学位，它首先包括的是学习，然后是在督导下实

────
① 艾迪兹研究生院将对接受过组织转型项目理论学习的学员提供博士学位。

习，整个项目需花费三年时间。

这是一段内容丰富的对话，我想以后又有了充足的精神食粮。您让我又有了想回到学校去学习的愿望或者去做祈祷。

当你祈祷时，你就接纳了你的弱点。你接纳了你是意识这一更大系统中的一部分，你的行为很重要是因为它属于你，你所影响的整体反过来也在影响你。祈祷可以是阅读圣经中的章节或诗篇，但并不是只有圣经或一本祈祷书，不要把你的祈祷 A 型化，可使之 I 型化。你可以通过吹口哨、冥想、呼吸以及其他你所喜爱的方式进行祈祷，只要你觉得是与你所属的整体进行整合就行。

对话 11

如何与不同风格的人进行沟通

上次谈话最后说到哪里了?

你还记得,要想把任何事情管理好,都必须制定好的决策,并用尽可能少的内部营销能量加以实施。如果没有管理好,那么,不是做出了不好的决策,就是要用比正常情况更长、更痛苦或更昂贵的方式去实施决策。

是的。

到目前为止,我们谈过冲突是很自然的事情,因为我们需要一个互补型团队来制定一个好的决策,还要有一个共同的利益来实施决策。这些都制造了冲突:风格的冲突和利益的冲突。为使这些冲突功能化而不具破坏性,我们需要……

一个彼此信任和尊重的文化。

你还记得我们之前谈过的为了彼此信任和尊重所必需的四种因素吗?

共同的愿景和价值观、共生的决策制定流程、多样化的 PAEI 组织结构、控制和给予信任和尊重的成熟的人。

有一种方法可以很容易让人记住这四种因素，那就是把它们想象成烹调美食家的美食。为此，你需要新鲜的、高品质的原料，那就是人的因素。它们是一个关键的材料——你的原材料。之后，你需要菜谱，如果你没有菜谱，你会毁掉这些最好的原材料，菜谱的作用是教你如何把这些原材料烹调在一起，那意味着一个共生的决策制定流程。接下来，你需要好的烤箱和烹调炊具，那就是结构。最后，你需要决定你想做什么菜。举例来说，是墨西哥菜还是意大利菜？你需要共同的愿景和价值观。

我们也能对 PAEI 这些变量进行分类，你认为共同的愿景和价值观是哪个？

E 型。

多样化结构呢？

A 型。

共生的决策制定流程？

P 型。

还有人的因素？

I 型。

我们还没有讨论过如何发展一种共同的愿景和价值观，我们没有讨论它的时间，但我制作了视频来讨论这个话题。[①]

当我解释为什么你不应该让一个副总同时负责销售和市场或同时负责生产部和技术部时，我们曾经短暂地接触到结构这个话题，如果

---

① TopLeaf 系列视频，"如何定义组织的使命"，www.adizes.com。

想知道更多关于结构的内容，请看我的另一本书《企业生命周期》，或者观看我对这个话题所录制的视频。①

稍后我们会讨论什么样的人可以控制和给予彼此信任和尊重的文化。至于共生的决策制定流程，它包含三部分内容。一开始，我们必须学习如何开展一种有效力的对话，如何用他能理解的方式与他进行交流；第二部分是如何处理不同的认知；第三部分是如何管理会议，这部分我们会在将来的谈话中涉及。

太好了，我准备好了。

我们认为，误解的一个来源在于个人的表现形式或意见不一致。举例来说，当 E 型企业家不同意一个想法时，他通常会很明确地表达出来，当他们同意时也会如此。

是不是正因为如此，我才搞不清楚他们到底是同意还是不同意？他们精力旺盛地说啊说啊，好像他们不同意你似的。

这可能会让人难受。既然他们提高了嗓门，我们可能会觉得不得不同意他们的意见。当 A 型有不同意见时，他们非常安静，他们就是看着你，降低下巴，一动不动。这样就会造成误解，因为 E 型的人会把沉默理解为赞同，而 A 型的人实际上是不赞同的。

我们还讨论了"是"和"不"这两个词是如何根据不同的说话者而有不同的意思的。你不能根据你自己的理解来定义这些词的意思，你需要看是谁在说话，而不是倾听自己带有偏见的声音。

您说的"倾听自己带有偏见的声音"是什么意思？

世界上所有的主要宗教中都有所谓的黄金法则。

"己所不欲勿施于人。"（Do unto others as you would have them do

---

① TopLeaf 系列视频，"你的公司的组织结构是否正确？"也可以参阅艾迪兹博士的《管理与管理不当的类型》《完美管理者》《引领领导者》等书籍。

unto you.）

这是错误的管理沟通方法，如果你和他人沟通就像你希望他们与你沟通那样，你会犯一个什么样的错误？

如果你是一个 E 型企业家，你会以他人是 E 型的方式进行沟通。

这个想法并不是什么新东西。如果你去银行申请贷款，你不会穿成破衣烂衫的样子，对不对？你肯定会穿着保守、举止安详、彬彬有礼地回答银行人士的问题，你正努力适应他的风格。①

在你和其他人说话前，你需要先问自己："我在和谁说话？"当人们与你说话时，你需要问自己："谁在和我说话？"然后你才能正确地理解他们说了什么以及用他们能理解的方式与他们交流。

这很有意思，但是这和管理有什么关联呢？

因为管理和领导的内容之一是推销自己的想法，如果你不能进行交流和说服，你就无法领导。所有的销售人员都会告诉你，你必须了解你的客户，你必须聚焦于与客户的沟通，那样他们才会理解你，尽管他们每一个人所说的话听起来都像不同的语言。

我们试着用图表的形式系统地描述一下决策制定风格对沟通的影响。

上半部是优先级。右侧是结果导向，或者说以**做什么**和**为什么**作为导向，左侧是过程导向，或者说以**如何做**和**谁来作**为导向。有些人是结果导向，另一些人则更加注重产生结果的过程。

表格底部的水平线表明人们做出决策的速度，左侧的决策是慢的，右侧的决策是快的。

这都是什么意思？

---

① 艾迪兹学院有一个测试，该测试对个人的管理风格进行分析，他的风格是怎样的、他的职责需要什么样的风格等。有关管理风格指标测试（简称 MSI）的信息，请与美国艾迪兹学院中国公司迈沃思（北京）咨询有限公司联系。www.mivos-life.com。

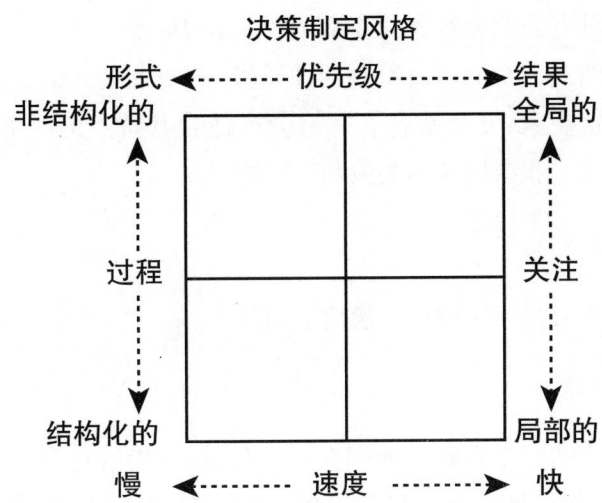

它的意思是有些人制定决策比较慢。有一个关于官僚主义者的笑话：你不应该在周五给一个官僚主义者讲笑话，因为他可能会在周日去教堂时才笑出来。这对于 E 型企业家则不适合，他们反应非常快，他们会打断你说笑话，因为你的笑话让他们想起了另一个笑话。

垂直的两条线代表什么意思？

在右侧我们看到"关注"：最上面是全局性的，最下面是局部性的。这一特征跟我们之前谈过的窗子的比喻是一致的。有人看到了窗外的风景，有的人只看到了窗框是脏的。有人拥有全球化的视野，另一些人只关注细枝末节。最后一个变量是人们做决策的过程，有的过程信息是非结构化的方式，另一些则是结构化的。

在这个例子中的各种术语是什么意思？

在一个非结构化的过程中，一个人也许开始时说到事情 Y，这件事让他想到事情 Z，之后他又谈到事情 Q，然后到 B，然后到 C，最终到达 X。他向后又向前，因为他是一个整体思维的人，认为任何事物与其他事物都存在着关联。在结构化的过程中，人们是线性思维，他们不喜欢还没有完全理解 A 之前就开始讨论 B。

看一下图表，我们可以看到四种风格——P 型生产者、A 型运营管理者、E 型企业家、I 型整合者——会在适合其特点的四个小方框内。谁是全局性的、非结构性的决策制定风格？

E 型企业家。

谁的行动力强、结构化、聚焦于结果？

P 型生产者。

他们就像铁路工程师，他们会说："把轨道指给我看，别的就不用管了。"在工作场所，他们最常说的一句话就是："我们需要做什么？现在就开始干吧，我们有活要干，少废话，多干活。"

很有道理。

谁是结构化的、行动缓慢的风格并聚焦于过程和细节？

A 型运营管理者。

现在看看 I 型风格在表中是怎么写的。

他们是过程导向、行动慢、非结构化的，难怪他们在政治上十分敏锐，他们有全局性的视野，可以改变并适应变化。

如果我们看这张图，不同的人有不同的风格，我们就能明白为什么他们会彼此误解。E 型风格通常会与其对角线所对应的风格发生冲突，那就是 A 型运营管理者。将他们混合在一起就像混合油和水，那是非常困难的。

您能举例说明一下这些冲突吗？

E 型企业家处理信息非常快，他们通常只需要很小的刺激就开始思考。当一个 E 型和 A 型开会时，他在楼道里就已经开始思考了。当他走进 A 型的办公室时，他的脑子已经以每小时 150 英里的速度在飞速运转了，他会对 A 型造成很大的冲击。A 型行动缓慢，不是因为他们笨，而是因为他们一直在考虑 E 型在说什么，在思考他们的想法带来的反应是什么。他们需要时间来处理每一个想法，当他们受到具有创新精神的 E 型人的主张冲击时，那情形就像发生了一场雪崩一样。任何一个 E 型的想法，对于 A 型而言至少会有 10 个让 A 型人觉得重要的反应，A 型管理者不堪重负，也无法处理这种速度。他会很快放弃思考与倾听，让这些想法成为耳旁风，心里却责怪 E 型人头脑发热。A 型甚至会开始盼望 E 型赶紧离开，以使他们赶紧回去工作。

同时，A 型的沉默会被 E 型误解为赞同。

是的，想象一下随之而来的误解。E 型不喜欢预约，当他们有了一个想法时，他们愿意立刻去处理它，他们突然就闯入 A 型办公室。A 型痛恨惊喜，他们希望一切都井井有条——他们的桌子、他们的文件、他们的每一天、他们的休假、他们的一年、他们的一生，就在这时，冒出来一个非制导的炸弹 E 搅乱了他们的生活。

此外，E 型很少有耐心去谈论无聊的实施问题，太多维度了。他们花费太多他们的时间讨论为什么需要完成这些事，E 型从上面直接看到全貌，而不需要知道细节。

美国的印第安人有自己的图腾，这些图腾描述了他们的风格。[①] 当一个战士被称为大老鹰时，这种描述的方式我们称为 E 型风格，他飞翔在天空俯瞰着地平线，但是他的脚却无法着地，他无法看到完整的现实。

美国的印第安人会称 A 型为一头野牛——行动很慢且沉重，但是一旦它决定向前冲，当心！野牛不会轻易地改变方向，它可能会首先向你冲过来。现在，想象一下一只老鹰和一头野牛试着一起向前冲，

---

① 斯多姆著：《七箭》，美国纽约哈珀 & 罗出版社出版，1972 年。

那一定会非常困难，不是吗？

当A型试着与E型谈话时会发生什么？

A型会提前打电话和预约，而E型则通常会改变预约，或者干脆把预约给忘了。当他们最终碰面时，A型讨论了太多的细节，而这会让E型人大为恼火。如果你问A型一个问题，他们通常会从解释过去开始，他们会告诉你问题是怎么演变来的，就像你不知道它的历史就无法理解这个问题似的。A型总是从亚当和夏娃说起，两个小时以后，也只说到文艺复兴时期，你不得不另外再约四小时才能听到最终的问题的由来。

E型和P型，换句话讲，他们的注意力集中的时间是很有限的。最终，E型会说："历史由来已经听够了，解决方案是什么呢？" A型是以两千年的视角来看待问题的，你说他要花多长时间去解决问题？

另外两千年！

这被称为过度分析瘫痪症，官僚们也深受其苦。

E型则有一个完全不同的时间概念，他们不喜欢回看过去。对于E型而言，过去已经死亡，他们看向未来，他们是老鹰，飞翔在高空，俯瞰着地平线。他们看到的都是机会，但他们却难以把自己的所见表达出来，因为看得还不清楚，他们只是感觉到了。如果你要求他们描述一下细节，他们也仅能描述一个大概。

此外，E型不喜欢谈论问题。对于问题，他们的回答是："那是你的职责。" 对于E型人来说，每一个问题都是令人振奋的机遇，对于A型人来说，这些机遇却是令人担心的问题。

难道E型就不关心为什么会存在问题吗？

不，他们宁愿聚焦在机会上，问题会消耗他们的能量。

解决方案呢？

当你问 E 型具体的解决方案时，他们通常会心烦意乱，因为他们觉得自己所预见到的问题早就解决了，这也是为什么和 E 型在一起工作时通常会感到不舒服，他们没有认识到他们正在高海拔的空中飞翔。A 型不会去行动，他们越来越多的怀疑和问题会使 E 型扫兴。

E 型通常会在讨论中间夺门而出，他们仅仅是忍受不了细节。A 型会感到被忽视、被轻视、被抛弃，他们觉得就像为海鸥工作一样，就是那种飞在上面、发出阵阵尖叫的海鸥，在你船上拉下一摊鸟屎，然后从你眼前消失。

其他的例子比如 P 型和 I 型沟通的情况是怎样的呢？

任务导向、行动敏捷的 P 型人一般不那么亲切，也不那么敏感。这让 I 型很难受。I 型人考虑的是放慢步调，对人多关注一些。他们常常会谴责 P 型人是打手、麻木不仁、"粗人"。P 型则认为 I 型太慢和太软弱。

> 我们甚至更应该意识到我们是如何与下属打交道的，因为我们总是会轻视那些我们相信我们可以控制的人。

听起来好像这两者相处得也不见得比 A 型人和 E 型人好多少。

是这样，他们也不一定彼此赏识，因为彼此都认为对方反应迟钝：P 型认为 I 型对组织的需求不敏感，I 型则认为 P 型对人的感觉不敏感。这会使两者产生对立情绪并使他们缺乏相互尊重。

E 型和 P 型怎么样呢？

P 型和 E 型彼此也了解不多。E 型可能会把自己想的大声地说出来，而 P 型会将其解释为一个决定，并开始着手去实施，尽管 E 型没有做出任何决定。P 型——被称为美洲土著的图腾中的啮齿类动物——是紧贴地面的，以至于他们连自己的胡须也看不见，他们不明白 E 型到底在说什么，他们也不共享憧憬。

我理解这些冲突的特性了,但是我们对此可以做什么呢?

你需要做的是能向与你不同的人推销你的主张。

如何做得更好呢?

很多书里都写了如何从上到下地领导员工,我们也需要从下到上的领导。我们谈论的不仅是和老板的沟通,艾迪兹法也是适用于与同事和员工的沟通的方法。实际上,当与员工交流时,使用这套方法会更困难,因为我们总是会忽视员工的风格,而这是错误的。我们在合作制定决策的过程中需要同事的合作不比需要老板的合作少。我们甚至更应该意识到我们是如何与下属打交道的,因为我们总是会轻视那些我们相信我们可以控制的人。有些人也会在他们的伴侣和孩子那里犯同样的错误,对待他们比对待陌生人的尊重还要少。

> 要制定一个好的决策,所有的 PAEI 角色都要参与其中,因此,人们很自然地就扮演了一个缺失的角色。

> 简化生活,让我们可以更好地处理事情的复杂性。

现在开始想想你通常如何与人们沟通,如果你把每一个人都看成是你的老板,这意味着你在推销自己的主张时,不能用职权或权力,只能用你的影响力。

我该怎么做呢?您说我应该试着使用他们的语言来与人交流,但是,首先我需要知道他们是谁,在我与他们说话前,我如何能知道谁是 P 型、A 型、E 型或 I 型呢?

我们有一个测试叫管理风格测试,简称 MSI,可以从艾迪兹学院获得,但你不能在做测试前拒绝和他人交流。

但如果你对一个人不是很了解或从来没有见过她,我该怎么做呢?

问问她从事何种工作。如果是在市场部工作,那就把她当成是具有企业家精神的 E 型。如果他们是在销售部,他们更有可能是 P 型生产者。如果他们在会计部工作，他们可能是 A 型运营管理导向的。看一下他们的工作，试着评估他们的行为，之后再核实你的评估。问他们有多么喜欢他们的工作，喜欢和不喜欢什么，看一下他们的办公室，看看他们的办公桌、着装、如何使用能量等等。对他们保持敏感，它不是重要的量化人格特质，而是事关他们是理解还是不理解你。然后调整你的风格，这样你就能更清晰地沟通了。

同样，请注意这一现象：如果两个 E 型遇到一起，一个表现出更明显的 E 型风格的人可能呈现出 P 型风格，而另一个 E 型则有可能呈现出 A 型和 I 型的风格。

为什么？

要制定好的决策，所有的 PAEI 角色都要参与其中，因此人们很自然地就去扮演一个缺失的角色，尽管那不是他们的优势天性。天性倾向只是一个起点。环境、工作性质、其他的人对一个人展现什么样的风格具有很大的影响。所以不要很快就给人贴上标签，观察他们，倾听和感觉他们，应用一下从这些对话中得来的方法，再加上你自己的直觉。

这很复杂。

是的。不是轻而易举的事。我们通过这些对话所做的一切就是为了使生活简单化，以便我们能够处理生活中各种各样的复杂性。举例来说，在面试中评估某人的风格，我使用以下系统：我告诉应聘者来问我十个问题，我告诉他们我会尽全力回答所有的问题。如果我给他工作邀请，他当场就要决定是接受还是拒绝工作邀请，所以他要确保询问他需要知道的一切。当他问我他的问题时，我可以分析到底是 P 型、A 型、E 型、I 型中的哪种问题。实际上如果他询问有关你的公司目标的问题，你认为他的风格是什么？

那是 E 型。

如果他问:"我们到底要做什么?"

那是一个P型问题。

如果他问薪水和附加福利呢?

A型。

问题透露了一个人的需求和他的个人风格,它虽然不是一个精确的、科学的系统,但是可以作为一个经验法则。

一旦你知道了某人的风格,你会怎么处理这些信息?比如,你会向P型说什么?

P型是快速决策者,他们表现得就像没有很多时间一样,他们总是处于解决危机的压力之下,所以他们必须聚焦在结果上。

让我问你一个问题:如果你的老板是一个P型,而你对他说:"我需要3个小时的时间来讨论问题。"他会怎么说?

"3个小时?好啊,咱们安排在10年之内怎么样?也许到那时我才会有时间!"

现实地讲,你能要求多长时间?

5或10分钟,也许最多5分钟。

当和P型说话时尽量简短。从你的论证的结尾开始,说出你的结论,给P型你的底牌,只有这样他才有时间处理。你可以随后提供有关的支持材料和回答问题。

如果这个人是一个独行侠而不只是一个生产者,你会做什么?

告诉他这是一场危机。对于独行侠而言,这是给你时间的合法理由。你应该说:"我们有一场危机,我必须立刻加以处理,为此我已经准备了解决方案，我只是需要获得您的准许。"

为什么这样做会有效？

要是你不说你有时间压力，或者你正处在解决方案的实施过程中，独行侠会说什么？

> A型会很准确地犯错，她经营着一场控制得很好的灾难。

"把它放在我的桌子上。"

之后这个问题将会与其他100个问题待在一起，而你却因为没有解决方案而卡在这儿。独行侠不会授权给你，所以你需要自己主动申请，你需要让你所做的事情合法化。记住，对于独行侠而言，问题必须是危机，必须存在时间压力，而你必须主动申请解决它，否则的话，这个问题就不会在一个合理的时间内得到解决。

现在，同样的方法也适用于A型运营管理者吗？如果你给A型打电话说"我们有一场危机，我已经实施了解决方案，我只是需要得到您的同意"，你认为会发生什么情况？

你将会被解雇。

A型人会说："谁给你权利去实施解决方案的？你怎么敢没有得到允许就开始进入实施过程？"A型会很准确地犯错，她经营着一个控制良好的灾难。在你获得A的允许之前你不能擅自采取主动，即使这个公司处于下沉状态也一样（快完蛋了也一样）。

如果你是一个P型并为一个官僚工作，你就有可能已经犯了这个错误。你可能在发现危机之后把它给解决了，当你去找你的老板想得到他的赞许、期待他的表扬时，你得到的却是惊讶。事实上，你采用了一个P型方案，A型可一点都不欣赏它。

对于A型，正确的程序是什么呢？

A 型运营管理者或称为官僚，这取决于他们的风格极端到了何种程度，他们更感兴趣的是如何做而不是做什么，他们的风格是慢条斯理、结构化的，聚焦在过程上。你需要使你的风格适应他们的风格，所以你必须密切注意上面的功能。你必须做的第一件事是预约见面时间，A 型是不欣赏出其不意的，如果你做了不速之客，他们前半个小时不会听你说什么，他们备感难受，因为你让他们没有准备或者因为你没有准备好事先告诉他们会面的目的，以便他们能为你做好准备。接下来，你需要使用我所说的"误差系数"。

那是什么？

E 型和 P 型行动很快，A 型和 I 型行动缓慢，他们对时间有不同的概念。例如，我的风格是 E 型，我发现自己的误差系数是 6，意思是，如果我告诉我的下属他们可以在一小时以内做完什么事，那么它实际上需要的时间是六小时。如果我告诉他们我们可以在一周内做完，那么实际上需要的时间是多久？

六周。

你看到没有，我就像一只飞翔在天上的雄鹰，振动翅膀就可以轻松地带我飞很长的距离，然而那些地上的人就只能跑上跑下，跨越好几个山谷才能到达同样的距离。跟随我的一个小动作，对于下面都是相当困难的行动，但是，作为翱翔在天上的雄鹰，我有可能忽略这种差异，这会与我的预期形成误差。

所以在 E 型打电话给 A 型时说"我需要半小时的时间与你谈点事"之前，E 型应该想一下他的误差系数。如果像我一样是 6，E 型应该说："我需要与你见面谈半小时，但是你知道我，我们最好安排三小时的时间。"A 型最不希望看到的是，明明是半小时的时间计划安排，最终却用了三小时。E 型必须要求三小时并告诉 A 型时间安排是怎样的。不要让他感到出其不意。

接下来，如果你是 E 型或 P 型，你要和 A 型或 I 型说话，我建议你学会慢下来。

慢下来？

E 型们总是上气不接下气的，他们的嘴跟不上脑子转动的速度。在墨西哥，他们是这样说的：最先停止谈话以缓和口气的人将输掉辩论。

我注意到那些具有 E 型文化的国家，看起来似乎每一个人都在同一时间讲话一样。对学习慢下来您有什么建议吗？

假定你是一个 E 型或一个 P 型需要与 A 型处理一些事情，你安排了三小时的会面并告诉 A 型你打算要谈什么。开始时就慢下来，就像你走向会议室，做一个深呼吸，当你到达会面地点时，你应该已经放慢到 A 型说话的语速。对于你的每一个主张，A 型都会想到太多太多的反应，A 型需要时间来消化你的信息。如果你不在走廊就放慢速度，那就在会议开始的几分钟内慢下来。

在现代社会，不仅仅 E 型风格使我们匆忙，P 型对执行所给予的压力也使人喘不上气。慢下来！开始会议时先做一个放松练习：闭上你的双眼，做一个深呼吸，放松一会儿。这个主意来自赫伯特·本森博士的哈佛医学院。①

我知道他的著作，但他推荐这套放松练习是为了避免压力的不良影响。

压力和制定好的决策并不能单独相处。越是放松，你的决策质量就越高，因为你的身体告诉你更多信息使你有所觉察。

> 压力和制定好的决策并不能单独相处。

---

① 赫伯特·本森著：《放松的反应》，美国纽约威廉姆 & 莫罗出版社出版，1975 年。

> 思考和分析，但在最终，通过聆听你的身体来倾听你的直觉。

我的身体会告诉我什么？

身体是一个数据存储库，是存放我们的经验的地方。我们难道没说过这样的话嘛，"我有一个直觉"，或者"这个问题让我感到头痛"，又或者"这种情况让我感到紧张"？一次紧张的会议后你难道不感到身体酸痛吗？你的身体正在储存这些经验。下一次，当你遇到同样的问题时，你的身体会用直觉、头痛、紧张再现这一经验，你的身体会与你过去的经验进行沟通。因此，多关注你的身体，尊重它、信任它，只有当你的身体感到放松时你才能制定好的决策。如果你感到紧张，如果它"闻起来不对劲"，如果它"感觉糟透了"，即使所有的数据和专家都表明你应该做这件事，你应该做什么？

千万别去做。

思考和分析，但在最终，通过聆听你的身体来倾听你的直觉所做出的反应。你还可以通过观察与你说话的人的肢体语言而做到更好的沟通。看着他们的眼睛、眉毛、手势移动，同步他们所说的和如何说的。如果你专注于你的痛苦你就不能做到这一点。

如果与会各方都很放松，他们彼此的沟通和理解会比他们处在痛苦状态时要好得多；所以，慢下来，以便一边更快地得到结果！

我明白了，不过我认为在开会时，我以"女士们、先生们，请做一个深呼吸并放松"作开场白会显得有点怪怪的。

第一次你确实会有怪怪的反应，下一次，他们就会要求你这样做，去试一试。

当与 A 型沟通时还有什么需要提醒我的？

看一下议程，从第一项开始，看着 A 型的眼睛，这很重要。目光徘徊的那一刻，就是 A 型在考虑你的主张的反应。停止说话。我知道这对 E 型而言非常困难，但是你必须等待 A 型去消化这些信息。等待 A 型从他的徘徊中回过神来。

> E 型经常想 A 型因为自己没找到蜡烛就拒绝天堂之光。

与此同时，我该做些什么？只是坐在那？

> 你需要在理解做什么和为什么做之前，先定位好如何做。

如果你是一个 E 型，你通常会有很多其他的想法想提出来。当 A 型正在思考时，你可以写一个有关这些主意的清单，在会议期间你应该总是带着纸、笔，如果你不写下这些想法，你会担心随后你就会忘记它们。这会使得在你应该安静的时候却仍然保持思维活跃，就像我们在说话一样。要是你知道自己可以随时找到这些主意，你就不会那么急迫地想把一切都立刻说出来让可怜的 A 型头晕目眩了。

当 A 型从他的深度思考中回来后，他会提问题吗？

最有可能提的是关于实施的问题。一个 E 可能会很难受地想："我真不敢相信，我在试着做一百万美元的生意，而这个人却用这些毫无意义的细节来烦我。"E 型常常会认为，A 型因为自己没找到蜡烛就拒绝天堂之光。

是的，这会让 E 型发疯的。

首先，不要难受。不要抵制与自己不同的风格，而是学会认识并接受它，之后你就能处理它。你应该做的是承认这是个问题，也许你能把它写在挂图上，所以 A 型就能看到你没有忽视这个问题，并且说："等我完成了报告，我们来确定所有问题的细节，如果你有任何问题，请把它写下来。"你是承认以 A 型所关注的方式行事，也不会使你分心，承认所有的问题存在但不在那一刻讨论它们。一旦你讲完了整个图像，进行总结并说："现在让我们看一下问题。"换句话讲，你在提到如何做之前，你必须把做什么和为什么做放到一起去理解。

> 你不能谈论所有的成本，直到你们都理解了价值。

当你在讨论问题时，你也许会发现 A 型已准备好了要提出这些问题。有些关于执行的问题有可能公正地否定你的绝妙主意，但是你不应该讨论如何做，直到你们共同理解了做什么和为什么做。你不能从不能做什么开始，直到你们共同理解了可以做什么。你不能谈论所有的成本，直到你们都理解了价值，成本不会凭空存在，它与价值相关。

你应该在会议上与 A 型待多久？

只在约定的时间内就可以。不要说，"请再等十分钟"。首先，很有可能不是 10 分钟，而是半个小时。那时候 A 型会大发雷霆，他是靠日程表活着的。如果你不能在 10 分钟内结束，你就会不得不匆匆忙忙，而判断问题时最糟糕的错误常常是在会议延长的最后 10 分钟，当人们急着往前赶的时候犯下的。

但是 E 型不喜欢这样的程序，要求他们准时结束就像要求一条鱼去飞。

> 最糟糕的错误常常是在会议延长的最后 10 分钟，当人们急着往前赶的时候犯下的。

有些鱼是可以飞的，而有些鸟则会潜到水下。我不会要求你去做你喜欢做的事情，但会要求你去做需要做的事情。你会认为鸟潜到水下是为了好玩？它是在找食物。作为一个领导者要向他人推销主意，你知道推销自己的主意给自己有多难；想象一下推销给他人就有多难。

当您与 A 型打交道时还有其他需要考虑的吗？

是的，还有很多，这次谈话只是一个开始。例如，对于E型而言数字不需要很精确；它们只是一种表达程度的方式。一个E型可能会说，"我们卖了100万"，事实是我们只是卖了50万到150万之间的一个数，但是对于A而言型，999999也不等于100万。这也是为什么A型通常不信任E型，还经常指责E型说谎。E型必须很小心，不要将想法和事实搞混淆，因为A型是从字面去理解人的。当A型抓住了你的错误，无论多么小，他们都不会再相信你所说的任何事情。

关于A型已经讲得足够多了，我确实一点都不喜欢他们。

注意你的态度，他们会让你摆脱困境。你的PAEI代码中的E越大，你就越应该找更多的A型。成功是基于彼此尊重的互补型团队，意思是合理地接受彼此的风格。

> E型必须很小心，不要将想法和事实搞混淆。

您说得对，我需要记住这是工作，不是社交俱乐部。现在，您会如何与E型相处呢？

我们已经知道E型抗拒任何主意，除非那是他们自己的主意。在你见E型之前，你需要想一下如何将你的主意看起来更像是E型的主意。当你走进E型的办公室后能这么说，"这是问题X，解决方案应该是Y。我已经考虑了所有的细节，我只是希望得到你的准许"。那是你成功地与A型风格打交道的方式，对待E型也可以这么做吗？

不行。实际上，E型可能会说你遇到的是错误的问题，以及错误的解决方案。

在你的推理中找到一个漏洞后，E型会对整个分析提出质疑。E型会努力找出错误所在，以便在解决方案中尽可能地留下自己的印迹。最终的方案里面如果没有给E型留下贡献的空间，那是不会被接受的。

对于一个 E 型而言，A 型的方式意味着你来负责，把 E 型甩在一边，你忽视他并且也不向他咨询意见，他感到不被尊重，然后会找到一种方式早晚把你送回你该待的地方。如果你忽视他，他就会想办法用明显的方式让你注意他。

那我应该用什么方式对待 E 型呢？

不要拿着一个关于问题的"最终"解决方案去找他们，不要期待他们会轻易地同意你。你必须在整个事情的结尾留下空间，使用像这样的词："我可以建议……我一直在想……它的出现……你是怎么想的？"使他们可以把他们的想法加入你的想法中。你应该像这样对待所有的 E 型，不只是你的 E 型老板，我也在谈如何与 E 型的员工打交道。要是你告诉他们做什么、怎么做、你想什么时候完成，他们会讨厌你的。为什么？因为你没有给他们思考的机会。E 型想提供建议，你不想他们使用这些创造力。用其可以理解的语言同他们谈话，问他们想的是什么、他们的建议是什么、他们想如何改善这部分。谋取他们的支持，以便他们把这个主张当成自己的主张。

> 不同的人，激励性、组织性、纪律性也不同。你必须对差异性给予足够的重视。

您又是如何与 I 型打交道的呢？整合者，或者在极端的例子中的追随者或泥鳅鱼，方法是什么？

为什么你不尝试自己回答这个问题呢？

他们寻找认同和政治上的一致。

如果你告诉一个 I 型，"这是问题，那是解决方案，我们需要你的准许"，他会怎么说？

"还不到时候，我们还没有准备好。你和鲁迪谈过了吗？你和保罗谈过了吗？你和丹尼斯谈过了吗？"

一个Ⅰ型会通过问问题来评估政治氛围——已经取得的一致程度。所以，在你准备去见Ⅰ型之前你需要让所有需要参加的人接受你的想法。你需要与鲁迪、保罗、丹尼斯交流，以便知道他们的立场，你需要先整合他们。之后你要对Ⅰ型说，"我们遇到了一个问题，我们所有人都讨论过了，我们都同意解决方案，我们需要得到你的准许"。Ⅰ型立刻就会问："乔怎么说？"如果你没有和乔谈过，显然谁在政治地图上就是重要的，Ⅰ型会说，"我不认为我们准备好了"。但是如果你能说，"我们和乔谈过了，他完全同意"，Ⅰ型会说："那我们还等什么，去干吧！"

在同意之前，Ⅰ型会把重要人物的名单挨个过一遍，以确保每一个人都接受主意，他们天生就理解 capi。

如果我误解了与我谈话的人的意思，会发生什么？

你的策略会产生事与愿违的恶果。就想象你是一个Ⅰ型，正在与你的Ｅ型老板说话，你对待他就像对待另一个Ⅰ型一样。你的一生都在尝试解决冲突和保持对他人的敏感，你和所有受问题和解决方案影响的人沟通，你解决所有冲突并整合每一个人。之后你去见你的Ｅ型老板并说，"我们遇到了一个问题，我们都谈过并认同问题到底是什么，我们也都认同解决方案，我们就是想得到你的同意"。你是怎么认为的？这个Ｅ型老板会做出什么反应？

他可能冒汗了并想，"我的天啊！在我的背后发生了一场政变，没有人告诉我这个问题，他们聚在一起来密谋反对我。他们已经有了一个解决方案，现在他们把我挤到墙角迫使我同意它"。Ｅ型会寻找机会在第一时间解雇Ⅰ型。

传统管理理论几乎忽视了风格的差异，不同的人，激励性、组织性、纪律性也不同。你必须对差异给予足够的重视。你必须根据他们的风格区别对待，Ｐ型的计划就和Ａ型、Ｅ型、Ⅰ型的不同，每一个人看世界的方式都不同，这也是为什么每一个人都希望被区别对待。这还包含奖励系统的设计、雇用和提升、绩效评估，以及如何对待我们的孩子、应该如何对待我们的伴侣。期间它还影响我们应该如何对待彼此。①

沟通风格的差异也对广告产生了影响。看待市场细分的一个方法是通过人口统计：教育程度、性别、地理位置等等。我建议的另一种方法是通过个性特征来看待市场划分。这种PAEI理论已经被很多广告代理公司所接受，要求以不同的方式对待不同的人。比如说车，P型会更注意车的性能，所以针对P型的广告应该关注在耗油量、载客空间、后备厢空间大小以及座位容积等上。

针对A型的广告应该强调安全性、保修、维修记录和转售价值，但是对于E型，事实上就像转售价值、耗油量是很无聊的事情。E型可能关注的是车象征着什么，性暗示会吸引E的注意力，为什么有人会花10万美元买一辆法拉利跑车？这种车坐进去都很不方便，而且你不能在市区里以每小时150英里行驶，但是一辆性感的车和其所传达给他人的想法才是吸引E型的主要原因。这车对于卓有想象力的E型而言意味着一种实现目标的手段，它不像对于P型来说只是意味着是一个交通工具，或者对于A型而言是因为投资而有良好的回报。那也是为什么当卖东西给E型时，色彩、音乐、图片都是非常重要的，有时甚至是很难识别的产品。你要推销的是整个形象。

这也解释了某种现象：通常广告公司的创意总监是E型，所以他们创作的是他们自己喜欢的广告。如果他们将此创意提交给老化组织的副总裁，副总裁往往是一个A型，他们在演示的中间就会被踢出屋去。

广告公司精于算计的主管必须懂得如何区分客户、消费者、最终

---

① 对于这一主题的详细内容，可以在艾迪兹博士《引领领导者》一书中读到。艾迪兹法对于婚姻方面的应用，请看依沙克·艾迪兹、鲁斯、叶晨特斯基·玛丹尼斯合著的《对峙的力量》，2016年。

用户。

> 那么推销给 I 型会怎么样呢?

对于 I 型,你推销的是友好关系。劳力士手表的广告就是一个好的例子,广告不断地指出世界各国领导人都戴这种手表的事实,传达出的信息是,如果你也想成为这样的人,你应该戴同样的表。它象征着归属感。

有趣的是 I 型的广告来自瑞士,如果瑞士没有 I 型和 A 型,就无法和意大利人、法国人、德国人在一个国家里生存。

好的广告公司所传递的信息可以满足所有 PAEI 的四个细分市场,或者说,四种独立的广告要瞄准许多不同的细分市场。

> 您能把所有这些内容总结一下吗?

成功地沟通要求技巧,因为不同的人对同样的词有不同的理解。他们也有不同的需求要被满足,如果你想推销你的主意,你必须对这些风格和需求给予足够的重视。

> 无论何时人们感到疲惫还是心烦,他们通常以符合他们的风格的行为开始,并忽略了与他们谈话的人的风格。

请等一下!这里有一个难题,没有人是完美的或者只有一种类型。当我们与不同的人进行交流时,我们在不同的条件下会表现得不同,看起来我们有多样的 PAEI 风格,而不是一种风格。那会是一种什么情况呢?

你必须保持敏感。试着先用一种方法,如果未被理解,那就试试另一种方法。你应该对你想推销想法的人始终保持目光接触,接受并改变你的风格,直到你的听众完全理解了。每一个领导者如果想沟通良好,必须对不同层级的人说 PAEI 四种"语言"。那就是为什么好的管理者必须有成熟的风格,之所以去国外旅游,了解不同的国家文化,是因为这对于一个人的教育是非常重要的一部分。

但现在我的感觉像是自己永远无法放松了。我必须一直看着与我说话的人，而且要注意我怎么讲。这使我感到紧张。

幸运的是，你不需要一直这么做——这只有当冲突发生或当你不容易理解另一个人时才需如此。

问题是到那时候我根本无法注意自己的风格，而且很难与我试图联系的人相适应。

的确如此。每当人们做出努力或感到难受时，他们通常以符合他们自己的风格的行为开始，并忽略了与他们谈话的人的风格。

所以，当人们出席重要的会议时，他们放松和休息好是极端重要因素的原因，是吗？

有些人甚至会在关键的会议前做快速的冥想。

你是认真的？

还有些时候，人们应该彻底中止会议，重新进行安排。

什么时候？

当你趋于崩溃时。让我们这么说吧，你几乎已经像一台机器一样工作了，就像你的车一样。你知道正常的发动机会发出嗡嗡的声音，而一个不熟悉你的车的人会问你这是什么声音，你可以说，"哦，这很正常"。一旦你知道什么是正常的声音，你就能识别不正常的声音，表明车出了毛病。当你听到不正常的声音时应该做什么？

立刻关闭机器。

绝对如此。同样的情况也发生在个人关系上。有时一个冲突是正常的且不必为此担忧，它对你而言甚至是动听的音乐，因为你知道你们双方都在学习。这是有所收获的痛苦！但是当你听到不正常的噪音时，你就得调停了。

您怎么知道什么是正常的冲突和不正常的冲突？

每一种PAEI风格都有一个典型的不正常的声音，称之为"防御行为"。它表现为当人们彼此听不进去或者不能再相互学习时，它通常发生在当人们感到恐惧和惧怕失去控制时，一般就是它开始起作用的时候。

我敢肯定当他们开始失去信任和尊重时，这种行为就开始了。

是的，危险的是如果他们不停止讨论，它会像一台出故障的机器，发出爆裂声音直到大修，有时不可挽回、彻底损坏。崩溃的是彼此信任和尊重。

那些典型的防御行为模式是什么？

当P型感到他们失去控制时，他们会成为小独裁者，他们声明："就这样了，我听够了！这就是我们要做的事情，就这样吧！"

A型通常是冻住的，他们变得很安静、缩紧下巴，他们看向你但不看着你。他们忽视你而追求自己的议程。在希伯来语中有一个军事术语描述这种行为：狗在吠；车在动。

对于I型的防御行为是什么？

他们屈服。"哦，那就是你的意思？没问题。好的。不用担心。"

您说得对。当我的妻子说没关系时，她是一个I型，我最好开始介意。在我的婚姻中正在面临着麻烦。

I型是随风倒，特别是在风大的时候。但它们并不是真的如此，就像树会被风吹得弯曲，但是风停了它挺直自身，这就是 I 型所做的。他看起来是同意了，过了一会你会发现什么都没有改变。

最危险的防御行为来自 E 型。

> 我知道：他们会攻击。他们一剑封喉，把你撕成一片一片的，公开贬低摧毁你的自尊。那就是我的老板。

之后他们会忘记所有事情。他们把你干掉，第二天早上却像什么也没有发生一样。

但是 A 型永远不会忘记。他们会把所有细节都记在脑子里，还有一些会写在纸上。

这种冲突会在婚姻中发生。E 型与 A 型结婚因为他们是互补的，传统上 E 型是男性，A 型是女性。他攻击她，她默默地承受着，并在心里记着账。多年以后，当她想离婚时，他感到被撕碎了，因为他不知道为什么或发生了什么，之后她提醒他十年前的那个不起眼的下午所发生的事情。他感到震惊，因为他对那次争吵只有一点点印象，他连早饭吃的是什么都很难记起来，更何况十年前发生的事情了，但是 A 型不会忘记，也不会轻易原谅。

> 您正好解释了一些对我而言非常痛苦的经历。一个非常典型的 E 很容易就回到防御行为，表现出自己的不满。于是另外一个人，一个 A 型封闭了自己，因为她觉得受到威胁。当 A 型这么做时 E 型会感到被忽视，这对于 E 型而言是最不愿意发生的事情，会大发雷霆。这又会造成他的攻击的升级，他越攻击，她就越关闭。当她冻结了自己的情感时，他真是悲痛欲绝。

正确！她像你一样痛苦，只是她表现的方式不同罢了。

只是有天赋不能取得成功。为了获得结果，你越是拥有天赋，越是需要自律。

我们应该做什么呢？

无论是他或她的情绪都需要更好地得到控制，即使只有一点点，感到立刻有防御行为就必须停止讨论，你也不应该太快地恢复讨论。当机器的声音就像要出毛病时你会做什么？你关掉机器。你会立刻就再次启动机器吗？

不会，你应该首先检查故障的原因。

同样的道理也适用于个人的冲突。当你停止讨论后，冷静下来，你应该找到造成对方感到威胁的原因是什么，在继续讨论前先清理好这部分。

当你在一次气氛紧张的商务会议中注意到有防御行为时，你应该这样说，"让我们明天再讨论它吧，我已经听到你的意见，对此我十分重视，而且你的意见也应该受到重视，只是我现在有点太激动了"。拒绝继续讨论下去。P型和E型会感到很难受并坚持要把问题解决掉，他们痛恨痛苦的感觉，并想尽快摆脱它。当他们听到不和谐的声音时，他们不想让机器慢下来，他们还想加快速度。别陷进去，停止讨论，第二天开始时可以问："昨天你那么心烦，发生了什么？"试着找出原因是什么。只有当事情得到解决了你才应该重启机器，回到之前需要处理事情的讨论。

这要很自律才行啊。

是的。光有天赋是不能取得成功的。为了获得结果，你越是拥有天赋，越是需要自律，或者你随时自焚。

但光靠自律也是白搭。

绝对如此。你同时需要天赋和自律。分析一下在任何领域取得成功的人——无论是运动界、艺术领域、商界、政坛——你会发现天赋和自律的分量是一样的。

对话 *12*
感知现实

到目前为止,我们谈过不同的人不仅行为不同,他们的想法也不同。如果你想向他人推销你的主意,你必须用他们的方式进行思维,用他们能够理解的语言进行沟通。

人们处理信息和得出结论的速度是不同的,制定决策时也有不同的优先顺序,甚至同样的词对不同的人会有不同的含义。我们也需要解决另外一种源于感知的差异而造成的沟通不足。

> 如果你想向他人推销你的主意,你必须用他们的方式进行思维,用他们能够理解的语言进行沟通。

> 你不只是可以向老师或书本学习,你还可以从大自然中的一花一石,甚至从孩子们身上学习。

在我们继续谈话之前,请允许我先问您一下,您是如何掌握现在教我的这些内容的?

这是一个好问题。你不只是可以向老师或书本学习,你还可以从大自然中的一花一石,甚至从孩子们身上学习。我就是从我的孩子们那里了解感知的,那时他们还在蹒跚学步。我家的老大叫托帕斯,他坐在他的婴儿椅里拿着勺子梆梆地敲着,他的饭溅得到处都是,突然他指着某件东西大声地蹦出一个词:"我的!"

我很困惑为什么我的儿子这么小就有了"资本主义倾向",他为什么那么拜物?占有欲这么强?在他的成长环境里发生了什么?为什么他的第一个词不是**爱**或者**给予**?

之后,我的二儿子肖汉姆在同样的年龄做了同样的事情。我还学到了在全世界的这个年龄的孩子都会说"我的!"无论什么国家、什么语言,我很想知道为什么。

在变革企业文化这一领域工作了多年之后,我认识到,成长期的组织在同样的年龄也会喊"我的!"经过多年的观察,我得到了下面的启示。一种情况可以用三种不同的方式或者三者的任一组合感知到。如果你看一下这个图,你会看见标记着**是**、**想**、**应该**的三个圆圈。

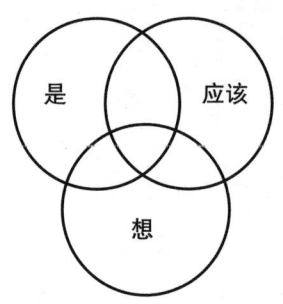

第一种对现实的感知就是"**是**"。它是当下的现实,就是现在的情况。例如,你现在正在听我说话,然而你脑子里同时却想着你应该去工作。你脑海中有一个小小的声音在告诉你,你应该做什么而不是现在正在做的事情。那个"**应该**"就是第二种感知。

第三种感知是你"**想**"要做什么。当你正在听我说话时想到你应该在办公室工作,而你真正**想**的是在家陪伴你的孩子们。

这听起来好像有许多内在冲突。

是这样。这关系到你正在做什么、你相信你应该做什么、你想要做什么,就有这一切给你造成了情绪上的痛苦。

让我们来探索一下感知所交叉的地方:当**应该**与**是**重叠但没有**想**时会发生什么情况?

我做了我**应该**做的,尽管我**不想**去做。

正确,就像吃药或者减肥。

现在,当**是**与**想**重叠但没有**应该**时会发生什么情况?

那就是酗酒和吸烟。我做了我想要做的事情,尽管我认识到我不**应该**做这些。

那么,**应该**和**想**重叠但没有**是**会怎样?

哦,我知道这个。当我对处于青春期的女儿感到心烦时:"我**想**让你在午夜前回到家,你**应该**最晚午夜前到家,我担心得要死,为什么你不能在午夜前回到家?"

"我的!"是三个圆圈的交叉区域:正在发生的**是**什么、**应该**发生的是什么、你**想**要发生的是什么。当孩子大声说"我的!"他们不是要占有它,他们真正说的是:"我想要那个。"孩子不知道**想**、**应该**、**是**之间的差别,他们真正要说的是:"由于我**想**要那个,它就**应该**是我的,它就**是**我的。"

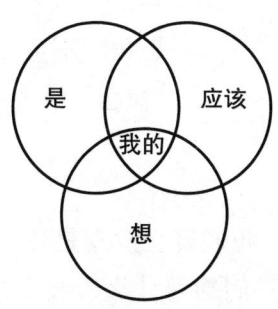

> 如果我们成功地学会感激这个"是",我们就会享受我们的生命中最好的时光。

当他们长到五六岁时,孩子们经常会哭,因为他们正在学习三种感知之间的差别。如果你告诉蹒跚学步的孩子"不要碰烤箱,太热了",当你转过身后他们会做什么?

去摸烤箱!

他们被烫着了,在那里大哭起来。他们开始学会**想**和**是**的区别。

如果你告诉孩子:"现在**是**晚上 10 点,你**应该**去睡觉,因为你明天要上学。"孩子会怎么说?"我不**想**去睡觉。"他们正在学习**想**和**应该**之间的区别,要根据**应该**而不仅仅是**想**来行为。

当我们长大了并经历了一场中年危机之后,我们认识到这个**应该**和这个**想**不是至关重要的,最相关的是这个**是**,我们学到了与现实共存。如果我们成功地学会感激这个"**是**",我们就会享受我们的生命中最好的时光。我们最终了解了我们自己喜欢什么,而且仍有时间去享受它,我们撇开了**应该**和**想**,享受当下。

但是最好的是保持"我的"这个状态,对吗?

是的,把"我的"这种状态视为幸福的方法之一就是当我们正坠入爱河或者热恋时。我们对这个人说:"你**是**我的全部。"我们真正说的是:"你**是**、你**应该是**、我**想**你,都是一回事,你是完美无缺的。"但是我们不会称此为真爱,我们称之为"初恋"或者"暂时的疯狂"。

> 成熟的爱只有在我们不顾一切地去接受并爱我们的伴侣时才会出现。

暂时的疯狂?

是的,因为在结婚后我们就会发现**是**什么、不**应该是**什么,而**应该**是什么,则不一定是我们**想**要什么、我们**想**要什么,却不**是**什么,不是吗？我们就是这样从核心重叠的不成熟之爱走向成熟之爱的，这意味着接受现实和接受不完美的世界。

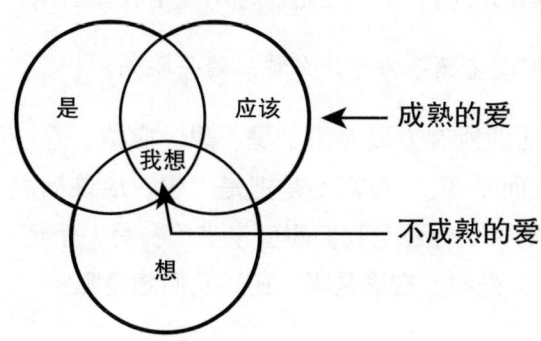

法国人是这样区分爱和喜欢的：你因为某种原因喜欢，而你却会不顾一切地去爱。

"我的"并不等于爱，它是不成熟的爱。成熟的爱只有在我们不顾一切地去接受并爱我们的伴侣时才会出现。

爱他人是从爱自己开始的，这意味着首先接纳你自己的不完美。在你原谅他人之前你必须先原谅你自己。因此，爱是由内向外而不是由外向内发展的。没有人可以给予你，在给予他人之前你需要先给予你自己。

> 在你原谅他人之前你必须先原谅你自己。

在印度，人们通常不会出于爱情而结婚。他们并不期待三个圆圈重合成为"我的！"他们不是出于某种迷恋而是出于承诺才结婚。在这种社会里，爱得到发展。精神领袖大师查日吉说过，爱是一种选择，它就像"肌肉"，你越是"锻炼"它，就越能体验它。

在西方社会，我们有了浪漫的期待，我们期待"我的！"这种状态是持续的。当我们不能持续体验它时，我们会感到很难受，我们经历了为满足期待所带来的痛苦，于是我们要求离婚。《当坏事降临到好人身上》一书的作者鲁比·库什纳，在他的一次讲座中有一次讲了一对摩登夫妻要求他为他们的婚礼做司仪，他们想改变婚姻誓言，他们不想说"至死不分离"，而想说"只要我们彼此相爱"。在这个例子里，有一个关于成熟的爱的承诺，还是一种从爱中收益的期望？

这些和管理或者领导力有什么特别的关联吗？

人们在生活的所有方面混淆了**是**、**想**、**应该**。看一下我们的政治主张："人人生而平等。"我们不是把**是**、**想**、**应该**搞混了吗？人们生来平等，**应该**生来平等还是我们**想**生来平等？另一个例子："美国是自由世界的领袖。"**是**吗？**应该**是吗？还是我们**想**是呢？

但是为什么会有这种混淆呢？

因为具有不同的 PAEI 风格的人对现实的感知是不一样的。例如，E 型更倾向于哪种类型：**是**、**应该**还是**想**？

他们倾向于"想"。

他们混淆了**想**和**是**："既然我想要它，所以就是这样。"这也是为什么 E 型会说："我们卖了价值 100 万美元的商品。"但是当 A 型问："合同在哪里呢？" E 型可能会回答："哦，客户将在下周的会上决定。"你看，E 型说"卖了"，就像它已经发生了一样，现实是它还在**想**和**应该**的范围。一个 E 可能会说："我们是行业的领导者。"大伙儿非常吃惊，他继续说："你们会看到，我们会是的。"他混淆了未来的**想**和当下的**是**。

这让我想起在一次会议中听到一个管理者说："我们是行业中最出色的企业。"当她被质疑时，她说："好吧，我们具有成为最出色的企业的所有因素。"

如果你研究历史，你会发现许多带有这种混淆的战争的例子。很多人因此而丧生，就因为一个独裁的 E 型领导者在**想**的认知上独断专行，忽视了**是**，使**应该**来服务于唯一地**想**。

您能举个例子吗？

希特勒在第二次世界大战的末期，他是在欧洲的地图上用指头测量距离来指挥这场战争的，忽视了现实的情况，那些传递现实中的坏消息的人都被处决了。

谁的感知是从**应该**开始的，然后它**是**，忽视那个**想**呢？

A 型。如果你问一个 A，"我们对于这个问题有一个解决方案了吗？"他可能说："是的，我们有！我们已经花费了 100 万美元在这方面，不是吗？"你可能会挑战这个说法并说："我知道我们**应该**有一个解决方案，因为我们花费了 100 万美元，但是这不是我要问的问题，我想问，我们有没有一个解决方案？"什么时候我们才能有一个解决方案？只有在它起作用时。

现在请告诉我，哪一种类型的感知是从**是**开始的？让**想**和**应该**见鬼去吧，他们说。

P 型。

是的，谁会不停地在"跳舞"，使得你不能搞清楚他们所相信的**是**什么、他们**想**要什么或者他们认为**应该**是什么？

I 型。

I 型具有善于理解差异的能力，因为他们实际上缺乏一个贴近现实的统一的过程。与此同时，他们不透露自己的想法，因为他们想先知道你的想法。

这就制造了很多的混淆。

混淆源自不同的人用不同的方式感知世界这一事实，这些我们已经讨论过很多次了。一个 E 型参加会议时说："我们卖了（是）100 万。"

A 型回应："合同呢？"

E 型说："他们下周决定后，我们就会（是）得到合同。"

"他们没有签署合同的可能，"A 型说："我们的东西太贵了，我们没有竞争力。"（**应该** = **是**）

"是的，但是我们应该很快就有合同，"E 型回应道："我很喜欢我们的产品，他们怎么会拒绝购买我们的产品呢？"（**想** = **应该是**）

人们不断地混淆**是**、**想**和**应该**。当我们只看价值，它不是一个**应该**，它是一个**想**。

或许 I 型会插进来说："现在我们不谈这个了，问题到底是什么？"

P 型这时只想结束会议，赶紧回去工作，避免这种无聊的人际对话。"各位！我们到底有没有合同？"（**是** = **是**）

理解这些感知上的差异如何帮助你进行合作决策呢？

当我在我所指导的想成为盛年期的企业开会时，我坚持要按 P 型的感知来使用**是**、**想**和**应该**这些词。所以，如果有人说："我们**是**这一行业的领导者。"他们最好说的是 P 型语言。如果他们并不是领导者，我期待人们在会议上说："我们**想**成为这一行业的领导者，但是我们还不**是**。为了成为领导者，我们**应该**做的是……"

你现在看到我是如何使用这些词的吗？如果你参加会议，仔细倾听大家的谈话，你会发现他们不断地在混淆**是**、**想**、**应该**。不是说"我想做些事情"，这说起来不舒服，他们会说，"我们**应该**做这些"。**应该**这个词只适用于价值高于成本的情况。当我们只看价值时，它不是**应该**，而是**想**。

在使用三种感知来领导变革时，是否有一个特别的顺序呢？哪一种是我们应该首先使用的呢？

它就像你的相机上有三种不同颜色的镜头：你放置它们的顺序决

定了你得到的图像的颜色。做规划时常见的错误是从**想**开始的，人们认为，如果没有梦想，计划是不可能成功的。就像乔治·萧伯纳说的："理智的人使自己适应世界，不理智的人则坚持试图使世界适应自己。因此，一切的进步都取决于不理智的人。"

但是，如果你从不理智的梦想开始，坚持做那些**没有**也**不可能产生作用**的事情，那么梦想就会变成一场噩梦。有些人清醒过来后不得不说，现

> 改变的方式是从接受现实开始的。

实究竟**是**什么？规划应该从**是**什么开始。它就像医学诊断，必须先开处方，一旦你分析了发生的**是**什么，你就会去做你**想**做的事情，从中你获得你**应该**做什么。

规划的顺序应该是：情况**是**什么；鉴于此，我们**想要**的是什么；并根据对**想要**的做一定的限制，得出我们**应该**做什么。避免陷入"因为我**想**要它，它就**应该是**，它就**是**"的幼稚陷阱。纵火犯有可能是"被宠坏的孩子"，这也是为什么 E 型有时会摧毁他们已经建立的东西。他们执着于他们的大企业和它所代表的梦想，他们拒绝承认**是**什么，只是执着于**想**要的感觉。他们没有讨价还价的意愿，就像他们拒绝认识到他们的梦想是不能做到的，结果就是一点一点地失去他们辛辛苦苦地建立的一切。

做出改变的办法首先是接受现实。前进的道路是接受你所在的位置。只要你和你现在的状态抗争，你就不会有能量走向未来。一旦你接受了现实，你所有的能量都会用来做出改变。因此，管理变化的顺序、组织的治疗法必须从**是**开始。

改变状况的顺序应该是：**是 → 想 → 应该 → 新的是**。

如果你混淆了顺序，你就是一个狂热分子。哲学家乔治·桑塔亚纳说过，一个不理解现实是什么的狂热分子会做出两倍、三倍、四倍的努力，这就是他在泥潭中越陷越深的原因。

不首先承认现实就无法发生变化，例如，在承认自己正在超重之

前，你是不会去减肥的。

根据我对纵火犯的理解，他们是很难接受现实的。

> 纵火犯沉湎于梦想，即便梦想变成了噩梦也一样。

确实如此。纵火犯沉湎于梦想，即便梦想变成了噩梦也一样，他们经常等待和依赖奇迹。以色列的建国总理本·古里安被问及以色列如何在四邻的阿拉伯国家的袭击中幸存时，他回答："那些不相信奇迹的人不是现实主义者。"

但是，您告诉我纵火犯们总在改变方向，您不记得了吗？大轮在转来转去，而小轮则慌不择路地跟着转。

地球不是平的，对吗？如果你从右边出发，最终你会以左边告终。同样的道理也适用于爱与恨、冷与热。如果你发烧了，你就会感到冷。如果你非常非常爱一个人，你会时不时地恨他（她）。变化与稳定的关系也是如此。你曾经看过轮子飞快地转动吗？它们似乎停留在原地。它改变得越多，看起来它就越是一样。

没有什么比一个连续不断的暂时更为持久。E型除了改变本身之外，还会改变一切。所以，事情变化得越多，从某一角度看，便成了它们什么也没变。E型认为，他们做的是战略决策，实际上他们的决定顶多只有战术上的影响。变化太多的影响就是没有变化，只会造成一个持续的混乱状况。

纵火犯会做出许多改变，除了梦想本身。所以，尽管有很多变化，但并没有什么真正的改变。

对话 13

人的素质

您能总结一下我们之前已经谈过的内容吗？

让我们一起总结吧。

为了管理，我们需要做决策并实施。对一个人而言，在任何时间里都能确保制定出好的决策是不可能的，我们需要征求他人的意见，我们需要一个由不同风格的人组成的互补型团队，这样做的结果就是：产生冲突。

当实施决策时，我们需要有共同利益的人，即那些我们需要但制造了利益冲突，同时能确保实施成功的人。

但是，我们可以通过创造一个彼此信任和尊重的文化氛围，使冲突发挥作用，这样我们才可以彼此学习。我们讨论了创造共同的愿景和价值观、正确的 PAEI 结构以及合作的决策制定模式所需要的沟通方式。同时我们还需要合适的人，即那些能够控制和给予信任和尊重的人。我们需要创建一个能称之为"同事"的群体。

我们要寻找的是那种通过指出我们缺点从而完善我们的观点的人，通过合作性的批评，我们的观点变得更有力。

也就是说，只有相互尊重，才能达到这样的效果。

绝对如此。冲突并不会破坏一个婚姻，冲突是可以预见的，因为我们每个人所爱的、所结合的是与我们不同的人。破坏婚姻的不是由于我们有争吵，而是如何争吵。

耶鲁大学做了一项研究，对选定的一群已婚夫妻做了多年的跟踪，其目的是为了找到能够预测哪些夫妇会在一起的性格特征。他们的发现非常有趣。没有任何性格特征可以预测哪些夫妻可以留在婚姻中，相反，他们发现，预测婚姻的生存能力并不在于夫妻性格上的差异，而是他们如何处理这些差异。我认为，彼此尊重是如何处理差异的决定因素。

婚姻顾问也报道了一些非常有趣的事情，人们离婚的理由与他们结婚的理由是一样的。我们被彼此的不同而不是相似所吸引。因为我们知道我们不是完美的个体，所以，我们通常选择的另一半是一个在我们的弱项方面表现更强的人。这在结婚前看起来是那么的美好，但是结婚后会怎样呢？这些差异在后来变成困难之源。那些无法处理这些分歧的人最终要么离婚，要么继续受罪。

一个婚姻可能在 capi 上也会发生冲突。双职工带来了利益冲突，对一方有利的事情可能会损害另一方的利益。夫妻双方不应该梦想一个没有任何冲突的乌托邦式的婚姻。期待冲突并学会如何驾驭冲突，而不是逃避或因此变得沮丧。

在婚姻中，冲突也可以是建设性的吗？

当然。举例来说，在某些婚姻中，冲突是粘接的来源。一些夫妻在他们发生冲突后比冲突前更亲近了，另一些夫妻则彼此间离得更远了，这之间的区别是什么？不是冲突的内容，而是他们如何处理冲突。

你可能与你的配偶或某个亲近的人发生了争吵，多年后你已经不记得争吵的细节了，但是你不会忘记当初是如何争吵的。你依然还记得争吵所带来的苦涩感受，让你无法忘记的是你是否还能信任和尊重这个人。

冲突是建设性的还是破坏性的，这要看冲突双方是否信任和尊重彼此。我有个建议给你：不管什么时候，当你不同意某人的意见时，要密切关注你是如何不同意的，而不是你不同意的是什么。

我必须尊重人们，尽管他们有不同的风格和判断标准。

就像奥托·冯·俾斯麦（德意志帝国首任宰相，1871-1890年在任）说的："即使是绞刑犯，也要尊重他。"

尽管存在利益冲突，我必须开发出一套系统来培养彼此的信任。

卓越的领导力可以在一个同事之间善于沟通的组织中实现，同事也是朋友，因此而合作。他们彼此间拥有相互的信任和尊重，所以他们拥有协同和共生的关系。

我现在能够看到大厦上悬挂的旗帜："卓越的管理来自团队合作：合作、沟通、彼此信任和尊重。"

不错！

但是，我们如何知道我们是否拥有合作、沟通、信任和尊重呢？

你可以从肢体语言中看出来。当做出一个决策是处在一个相互尊重的氛围中时，大家会转过身，彼此面对面地聚在一起做决策。一旦他们都同意这个决策，同时他们也彼此信任，那么，在实施决策时，他们就可以彼此背对背。

在一个没有相互信任和尊重的环境中，肢体语言恰好相反。因为人们彼此不尊重对方的意见，所以在决策制定期间，他们最有可能是彼此背对背的。当他们开始实施决策时，由于他们彼此不信任，他们将会面对面，提防彼此。

告诉我你在做决策和实施决策时你面对的是哪种方式，我就会告诉你，你的组织管理得有多好。

有没有另外一种方法可以判断一个组织管理得有多好？

有的。聚在一起做一个决策要胜于一个人做决策，但需要更多一些时间。在彼此尊重的组织中进行管理，需要更多的时间来做决策，因为人们需要聚在一起讨论。但是，决策制定后实施起来会很迅速，因为人们是在彼此信任的情况下去执行制定的任务的。他们不是那种爱在背后指手画脚的人，没有争论，因为分歧在制定决策时就主动解决了。

在管理不当的组织中没有信任和尊重，人们做决策非常快，因为他们是靠个人来做决策的。但是，决策制定后实施起来却没有穷尽，因为总有那种爱在背后指手画脚和不断猜测的人——他们没有信任。

管理良好的组织在管理时使用"长短结合"的方式，管理不当的组织则采用"短长结合"的方式。

这有助于我去理解与美国方式相对应的日本的管理方式。在美国，决策很快，但实施是缓慢的；在日本，则要花费很长的时间来做决策，但是实施起来是很快的。

有一次，一个德国管理者问我，当一个德国公司与一个日本竞争对手拥有相同的研发预算时，为什么日本公司的创新那么快。我回复他："他们之所以快速，是因为他们的慢。"他以为我在开玩笑。

日本人存在很多种相互尊重的方式。日本文化的一个特征是，丢面子是令人羞愧的，甚至因此而剖腹自杀，使别人丢面子是最糟糕的事情。

那么，相互信任呢？

日本公司承诺员工有长期的保障，同时期待员工做出同样的承诺作为回报。这种相互承诺创造了一种相互信任的氛围，就是这种信任滋养了双赢的氛围，并且鼓励相互合作。

不幸的是，美国并不总是采取这样的方式。有时候当有事情发生时，管理层会先考虑自己，然后才是员工。当公司陷入困境时，管理层可以使用"黄金降落伞"补偿计划来保护自己，并解雇员工，接下来美国人反倒对工会与管理方不那么合作而感到惊讶。问题是，他们为什么就该合作？

当你拥有信任和尊重时，你就会关心；当你关心的时候，你就会倾听；当你倾听时，你就会学习，最终的结果是一个共生的协同关系。

有些关系只是协同而不存在共生关系。民主、资本主义、市场经济，这些系统是为成长而设计的。它们是协同但不是共生系统，富人变得更加富有，穷人则会变得更加贫穷。相反，社会主义制度试图将利益结合起来——无产阶级、知识分子、农民——结合成一个无阶级的社会。共产主义试图创建一个共生的社会，这个社会肯定不是协同的。正如前英国首相温斯顿·丘吉尔所观察到的："资本主义不平等地分配财富，而共产主义平等地分配贫穷。"

那么，我们需要的是什么呢？两者都有的系统？

是的。一个真正的社会民主制度要同时具备协同性和共生性。换句话说，我们需要的是一个既繁荣发展又能保护共同利益的整体社会。这个混合系统简略地说明了公司外的敌对关系——市场经济、资本主义的市场力量——和公司内的社会主义、相互关心。这也包括社区，因为在公司工作的人也属于那个社区。

成功的共通性

无论大型企业还是小型企业，无论是一个个体、一个家庭、一个组织还是一个社会，任何系统的成功都能通过一个而且只能通过一个因素加以预测，即外部整合与内部瓦解之比。

$$成功 = f \left\{ \frac{外部整合}{内部瓦解} \right\}$$

外部整合是一个组织在识别和满足客户需求方面所投入的资源总量，并发现公司的能力可以面对变化实现盈利的机会。市场营销和战略规划发挥了这个作用。

如果你看过所有关于市场营销或战略规划的图书并加以总结，再总结，最后得出核心的知识点就是：如何成功地匹配机会的能力。例如，它包括市场细分和产品差异化等等。

内部瓦解是指在组织的内部消耗了多少管理能量，是彼此信任和尊重的一种功能。

如果没有彼此信任和尊重，内部瓦解的能量将会非常高。它被浪费在谣言、指责、相互评价和破坏性冲突上。

物理学定律告诉我们，能量在任何时候都是固定的，没有永恒的无尽的能量。这种固定的能量是以一种可预测的方式分配的：首先去处理内部的瓦解，然后，剩下的能量，如果有的话，用于外部整合。

您能举一个例子吗？

假设你去医院探望一个住院的朋友，他出了车祸。医生可能会要求你探视的时间不能超过 5 分钟，为什么？因为你的朋友没有足够的能量来回应你，他需要使用其所有的能量使自己康复。生病的人需要更多的睡眠以获得更多的能量。想象一下，你病得很重，这时某人来找你谈如何打入纽约市场的战略规划，你很可能会告诉他以后再来，为什么？你没有足够的精力来讨论这个话题。

> 探究他人的秘密之前，你需要先了解你自己。

虽然人类的能量在任何时候都是固定的，有多少能量可以被用来外部整合，取决于消耗了多少能量在内部瓦解上。这一准则同样适用于个人、家庭生活、公司甚至国家。

如果人们受到低水平的自尊和信任的折磨，他们就会陷入内心的冲突中。他们也许很好看、聪明而富有，但他们不会获得成功的关系或事业。他们大部分的心理能量都用来处理源于低水平的自尊与自信所产生的各种问题上。

当人缺乏自信和自尊时，他们的大部分能量被用来去倾听，他们担心别人是如何看待他们的，他们试图找出他们是谁以及他们应该做什么，因而很少有能量用来应对外部世界。他们在遇到某人并发展一段关系前，必须首先学会如何信任和尊重他们自己。发现他人的秘诀在于首先发现自己。

你可能知道一些外表看起来很有魅力的人，与异性交往时一点也不成功。与此同时，你可能也知道一些外表不是很有吸引力的人却很受欢迎。这是怎么回事？第一种类型是没有散发出能量。缺乏自我尊重和自我信任，这些人展现出犹豫和拒绝。而另一种类型，他们信任和尊重他们自己，可以使用所有的能量聚焦在他们的合作伙伴上，他们散发着能量，所以很有吸引力。

爱他人的前提条件是先爱自己，但是，那并不意味着要变得自私，它的意思是在思想、身体、情感和精神上是同步的，当他们身处冲突中时，能够信任和尊重自我。

尊重你自身的弱点和不足并信任它们，最终你会发现正确的解决方案，那就是成功的秘密。成功并不是终点，而是你开始旅程的前提条件。自我信任和尊重的意思是对你自己有信心，这是你对他人有信心的先决条件。除非你爱自己，否则就不存在信心，爱自己的意思就是接纳你的内在冲突，并把你的思想、身体、情感和精神整合为一个整体。正是这种平和与自我接纳使人具有吸引力，并散发出由内而外的美丽。

处于内心冲突的人会感到紧张，而且把痛传播到了自己的周围。他们既不是好的伴侣，也不是好的领导者。整容、驾驶豪华汽车或者沉迷于其他形式的奢侈消费会使他们的外表具有吸引力，但这种吸引力充其量只能维持一小段时间。就像大家都说的，外在美是肤浅的。

教育我们的孩子意味着逐步灌输信任和尊重这一理念，直到形成自我信任和尊重。尊重身体、尊重情感、尊重父母、尊重长辈、尊重老师以及尊重我们所生活的社会，还有对国旗保持尊重。

教育孩子成为怎样的人比教他们"知道"要重要得多，孩子们知道的东西往往很快就变得过时了。他们是怎样的人却将持续一生。

您知道，我认为太多的Ａ型早已占据了教育机构。他们用标准化测试来测量技能的做法令人生厌，这是一种有效率的教育，但我很怀疑其效果，它教会了你去"知道"，却不教你怎样做人。

我同意你的观点，让我们继续下一个层次的分析吧。假设我们已经有了自尊和自信的人，他们有精力去应对外部世界，但其家庭生活却因缺乏尊重和信任而一团糟，他们与父母、配偶或孩子之间存在问题。现在，他们的精力要用在什么地方？

研究表明，离了婚的高管们实际上两年之内对企业不会有什么用处，在这段时间里，他们不可能取得成功。原因并不是因为他们客观上不好，而是因为在那段时间里，他们主观上把能量用到了别的地方。对他们而言，成功就是用最少的伤疤在动荡的生活中生存下来。也许，在美国，生产力缓慢下降的一个原因是美国家庭的崩溃，但有一件事是确定无疑的：美国生产力低下并不是由于缺乏技术或财政资源造成的。

我们再看下一个层次。那些知道他们自己是谁、不是谁并且具有一个能相互帮助、支持彼此尊重和信任的家庭的人，他们所有的能量都可以用来处理他们的事业，但他们的组织却没有彼此信任和尊重的文化。市场部与销售部争斗、生产部与技术部争斗、财务部与所有人争斗。当客户上门时，这些人会说什么？"明天再来吧，今天我已经筋疲力尽了。"

现在，我们假设有一个具有共同的愿景和价值观的组织，具有正确的组织机构、流程和人员。它发展并滋养出彼此信任和尊重的文化，但是，该组织是在一个充斥着腐败及宗教、民族和种族之间的仇恨的环境中经营。现在怎样？它能在国际市场上有良好的竞争力吗？这个国家的能量都用到了哪里？如果工会与管理层对抗、军队和政府对抗、政府与人民对抗，那么，还剩下多少能量？没有信任和尊重，资金会流向哪里？流向瑞士！这个国家也许资源很丰富，但不能成功，因为彼此的关系崩溃了。

> 如果我们的内部是强大的，我们就可以处理好外部问题，并抓住机会。

比较一下日本和瑞士在经济上取得的成功，这两个国家只有有限的物质资源，不像一些发展中国家拥有丰富的石油、天然气、钻石或其他各种资源。因为他们的内部冲突，这些发展中国家不能建设性地使用他们的资源。殖民列强剥削他们，当地政府在获得独立后也表现出同样的行为方式。殖民列强给殖民地带来了缺失的 A 型和 E 型元素，为了占据主导地位，殖民者通常会使殖民地的一个宗教或种族反对另一方而使他们瓦解。当殖民者离开的时候，他们带走了 E，留下了一个巨大的 A，并破坏了 I，这就造成了低效的 P。这就是很多第三世界国家所继承的遗产。

殖民主义的悲剧并不是殖民者拿走了殖民地，而是他们所留下和巩固的文化和制度——精英主义、剥削、控制、官僚主义文化。第三世界国家现在需要将他们被削弱的 I 型部分与他们的文化组合在一起。和平第一：穆斯林和印度教徒之间的和平、安哥拉的和平、南非的和平。只有等 I 型成长起来之后，下一步工作才是扫除政府的官僚主义等等，降低 A。只有这样，这些国家才能建立起 E 型企业家，当 E 增加后，P 型才开始增长。

要获得成功，彼此信任和尊重的文化对于经济的可持续增长是至关重要和不可或缺的。

绝对如此。你所拥有的取决于你是谁，而你是谁并不取决于你拥有什么。

上述例子都表明，成功源于自身。太多的公司只关心战略规划和如何击败竞争对手，他们就像宇宙一样：边缘在膨胀而核心却在崩溃。

成功来自内心。如果我们的内部足够强大，我们就可以处理好外部问题，并且把它视为机会来对待。如果我们的内部脆弱，那么，每一个外部的机会都会被视为一个问题。

美国的问题在于美国，而不是全球竞争。与日本相比，美国的制度缺乏彼此信任和尊重。美国能打败谁？那些比美国的制度更少彼此信任和尊重的社会。确实，我们还必须考虑其他因素，比如规模和资源，但是请想象一下，如果这些国家可以彼此信任和尊重，他们能多做多少事情。

最近在约翰内斯堡的一次讲座中，我说南非处在历史上一个重要的十字路口，它可能成为欧洲的瑞士或者成为非洲的巴尔干半岛，这取决于他们能否形成一种彼此信任和尊重的文化。

因此，改善一家公司、一个国家或一个人的绩效的方法并不是改变策略，而是改变内部环境？

正确。一旦你改变了内部的环境，正确的策略和方向将变得更容易，没有一个健康的内部环境，即使是最好的策略，执行起来也会非常困难。

如果真是这样，有些国家就有可能变成强国了。

当然。以以色列为例，那里的人们来自70多个不同的国家，这些人在分离了两千年之后重新聚在一起，这是一个真正的联合国。这些差异产生了巨大的能量，如果这些能量用彼此信任和尊重加以引导，以色列就会成为一个强国。

是什么阻碍了它？

犹太人由于历史原因而被禁止拥有一个自己的国家，他们只能从事手工业劳动，因此，他们无法发展出强大的 P 和 A 的特性，而是形成了强大的 E 和 I 的品质。对于 E 型而言，尊重是一种挑战，E 型通常很傲慢，感觉自己比别人知道得更多。对于 E 型而言，信任同样是一个问题，他们都有很强的偏执倾向。进一步讲，对于犹太人而言，特别是经过两千年以来的迫害和大屠杀，信任不会来得那么容易。

在以色列，提升信任和尊重的层级可没有说起来这么简单。根据犹太人的历史经验，现实地讲，以色列不敢冒这种险——行动起来好像信任这个世界似的，因为这样会陷入麻烦，尽管这样做可以使经济看起来很好。

使用同样的工具来分析，在中东地区建立起相互信任和尊重之前，是无法建立和平的。

那么欧洲呢？

欧洲作为一个欧盟可能是强大的。它拥有丰富的文化多样性、市场经济和开放的边界，如果克服其历史上的不尊重和不信任，欧盟可以成为世界领导的有力竞争者。

但是，那不会发生。

尽管拥有共同的市场，但是它没有共同的财政和货币政策，这个系统里有太多的 A。

看一下我们的路线图，我注意到有些地方您还没有解释过。为什么破坏性冲突是一条笔直的高速路，而建设性冲突的路线似乎更复杂？

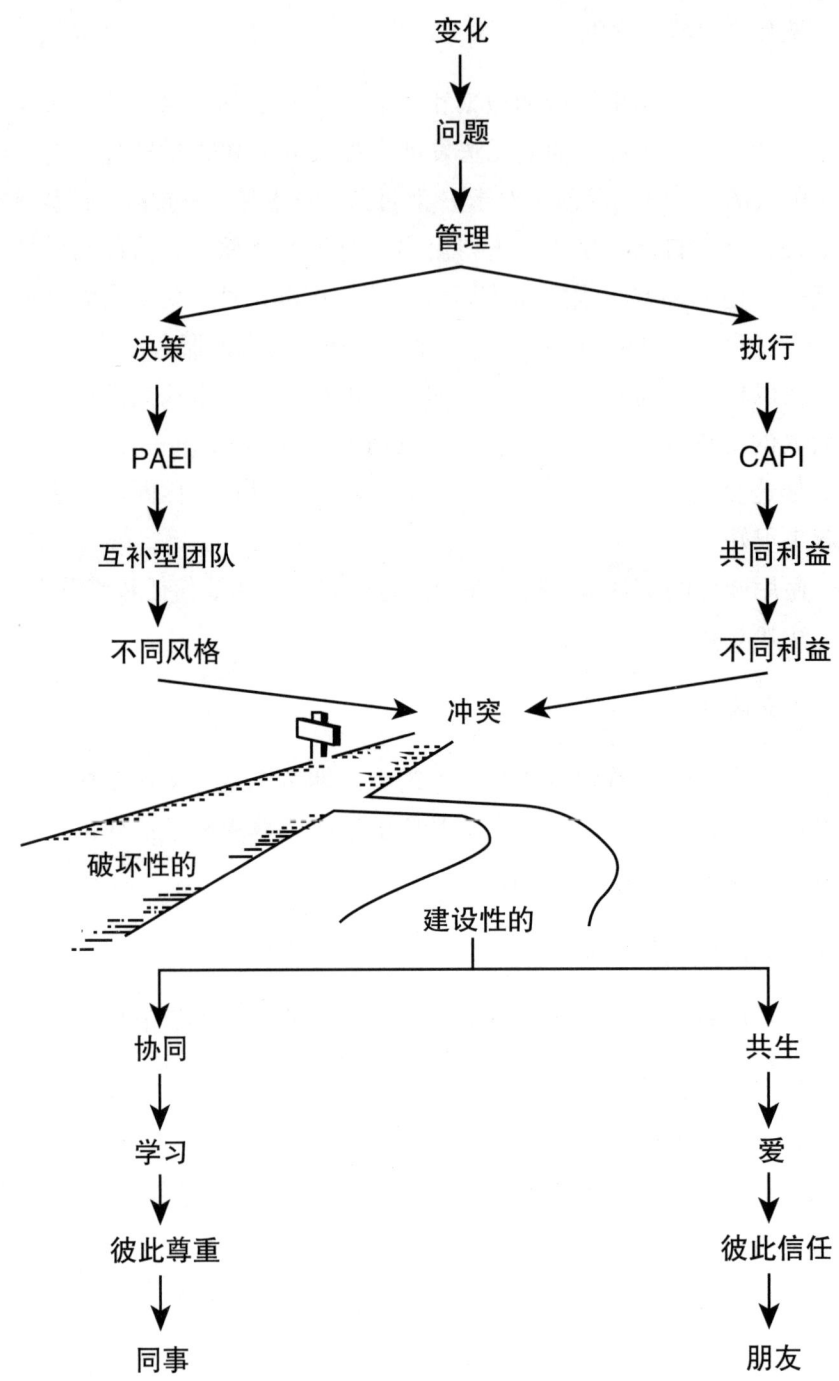

通往破坏性冲突的道路很容易，因为制造破坏性冲突你根本不需要去做什么，变化本身就具有破坏性。就像我们之前讨论过的，如果将一台机器闲置而且无人使用一段时间，它就不能再启动了，你可能会抱怨道："可是，我什么也没有做啊！"没错，这正是为什么它不能工作的原因。

时间是变化的，未受关注的变化就是破坏性的，这是其自身的特性。这就是熵的原理，在这一原理中，每个系统都很自然地趋于混乱。要促使变化具有建设性，你就必须付出努力。

但是，为什么建设性冲突的通道很复杂？为什么出口的标志都是小写字母？

那是因为，只有当人们驾驶速度慢且很谨慎时，他们才可以看到出口的指示标志。

他们为什么要开慢点？

你是否注意到冲突中的人们是如何表现的？他们处于痛苦之中，当他们感到痛苦时会做什么呢？

他们会加速。

是啊！他们会在破坏性冲突的道路上狂奔，他们提高了他们的嗓门、语速很快、直呼他人的名字，甚至冲出房间。到底发生了什么？他们不能承受痛苦。那些放松、不急不躁、能够保持冷静头脑的人才有机会解决冲突，或者至少有机会去理解冲突。他们就是那些能够看清出口标志并走在建设性道路上的人。

你怎样才能慢下来？

环境越严峻，一个人就越需要放松。我通过与全世界的高管们一起工作发现，最成功的人是那些"鸭式管理者"。一只鸭子看似平静地漂浮在水面上，在水下，它的脚正以最快的速度划动着。同样，一个好的管理者能够在冲突面前泰然自若，他不会对某一主题失去理智或客观性，绝不会用破坏性、不尊重的方式处理冲突。

您的意思是一个优秀的领导者是一个知道如何以不令人讨厌的方式表达不同意见的人？

是这样的。像犹太人一样思考、像英国人一样彬彬有礼地行事，或者，引用一句英国谚语，用和缓的语言表达尖锐的观点。这个原则不仅适用于管理者，也适用于配偶、孩子、父母以及每一个人。有些人做得正好相反，他们用不愉快的方式表达同意，最后，即使你与他们达成了一致，你也不想再经历一次，这种经历太令人痛苦了。

好的，我明白了。同情绪化的人发生争吵会使人筋疲力尽。

在国际关系中同样如此。我们如何处理与敌人的关系是非常重要的，永远不要不尊重你的敌人，用这种方式你永远无法获得和平，即使是战争，也必须以尊重的方式对待之。你必须传达出值得信赖的内容，否则，一场战争的结束仅仅是为下一场战争埋下种子。第一次世界大战后，德国心存怨恨，这为第二次世界大战埋下了种子。然而，二战结束后，美国明智地向欧洲提出了马歇尔计划，美国重建德国。如果美国没有这样做，德国也不会成为今天北约的一部分。

你必须给对手留下一条不至于丢脸的道路，否则，下次你会遇到一个更坚定的敌人。在1973年的赎罪日战争中，据报道，当时的美国国务卿亨利·基辛格阻止以色列进入埃及太深，他说埃及不能被摧毁，否则以色列将永无宁日。

一个系统必须建立在信任和尊重的基础之上，它应该控制任何摧毁这一基础的企图。

那么，民主党内的民主反对派会怎样呢？

以我的判断，民主社会党在禁止反对民主制及不尊重民主程序的政党时采取了正确的行动。否则，极权主义政党可以通过民主方式获得权力，然后废除民主制度，就像纳粹党所做的。这不应该被允许。哲学家马尔库塞对此写道："对抛弃宽容的制度不存在宽容。"

彼此信任和尊重在政治上的应用非常有趣，但是现在，我的问题是关于管理的，请告诉我更多一些各种各样的人是如何使冲突具有建设性的。

人的因素：识别领导者

要想使冲突具有建设性，我们必须关注的一个因素是"人"，我们必须拥有可以给予、有控制力、信任与尊重的人。

在市场部、数据处理部、会计部的工作人员（不是一线生产管理者，他们需要为公司的生存而产生结果）承担着职能性责任。只要他们胜任自己的专业领域，你就能够忍受他们的个人风格。但是，一旦人们成为一线管理者，他们是谁就比他们知道什么更重要。因为如果他们没有某方面的专业知识或不知道怎么解决某些技术问题，他们可以雇用那些可以给他提供建议的人。一个非常成功的运营总裁曾经对我说过："我拥有三个博士学位，尽管我高中都没有毕业。"我问他这怎么可能呢，"很容易，"他说道："我雇用他们。"知道怎么做是很容易学会的，你只要能雇到合适的人就行，做人就要困难得多，信任和尊重是领导者的关键。

你拿那些不给予别人信任和尊重的人怎么办呢？

把他们推荐给你的竞争对手，这比你的竞争性产品更能打击那些公司。你在竞争对手那里进行挑拨离间，让他们开始内斗和浪费能量吧。如果你的周围都是那些可以给予、有控制力、信任与尊重的人，你自然就会获得胜利。

那么，如果人们只能有其中一种特质会发生什么呢？例如，如果他们赢得了尊重而不能给予别人尊重呢？

长期而言，这对那些给予尊重但却不能赢得尊重的人没有好处，即使是短期也是不利的。如果人们是不可信赖的，我才不理会他们懂多少东西呢，他们不能成为成功的领导者、管理者或者父母等等，至少一段时间内如此。

告诉我你赢得并给予了多少尊重，告诉我你是怎样信任并被人信任的，我就会告诉你，你是不是一个好的领导者、父母或者配偶。简而言之，我会告诉你，你是一个什么样的人。

所以，成为一个正直的人是管理工作出色的一部分，对不对？

这是一切问题的根本。一个好的管理者（或父母、配偶、政治领袖）的价值不在于他知道什么，而在于他是什么样的人。雇用一个他就是这样的人并教会他知道，比雇用一个他知道但要教会他成为这样的人要容易得多。

如果我们随机阅读一些简历，我们会发现，人们写的都是关于他们的 P 和 A 导向的内容：他们已经做过什么、获得的学位以及得到的头衔，但它没有告诉你他们是什么样的人。他们受人尊重吗？他们是否以一种能滋养他人的方式发表不同意见？他们甚至知道如何表达反对意见吗？简历中并没有说他们是多么值得信赖的人，也许他们是一旦闻到血腥味就出动的鲨鱼，也许他们是那种一旦你转身就在背后捅你一刀的人。这些信息并没有出现在一份简历中，但这是管理者在聘请一个人之前最需要了解的事情。

那么，您如何决定雇用谁呢？

给申请人的前雇主打电话，问他们是如何做出贡献以及如何处理不同意见的，你就能发现你的申请人是否值得信任并受人尊重。你想要了解的是：他们是哪种人？

获得这些信息不是很困难吗？

是的。在美国，有一些法律使得这样的信息很难得到。虽然如此，你还是应该寻找适合的领导者。请注意，管理者和管理不当者是有区别的，领导者的 PAEI 代码表现是不同的。管理不当者的代码中有一个或多个为空白，任何一个空白都使他们成为管理不当者，管理者需要有完整的代码，但拥有小 I。举例来说，大 P 和小 aei 就是正常的管理者，他们是生产者。他们会是好的一线主管，但也就是这样的水平了，不会再超越，除非他们愿意学习和改变，变得更灵活一些。作为一个领导者，你必须有大 I 再加上其他一个或更多的代码。

在一个互补型团队中，人们必须连接起来。代码有空白的人，无法连接那些在那个缺失的角色中表现出色的人。更重要的是，不具有多样性的人要想持续变化和成长将相当困难。

根据我们的定义，领导者应该是大 I，他们知道自己的优点和缺点。当你为了某个职位而面试某人的时候，第一个问题应该是："你的优点和缺点是什么？"如果这个人说，"我没有任何缺点"或者"我的缺点就是我的优点"，这样的人就不应该被雇用，这个人不知道自己的缺点，那他就不知道自己是谁。和这样的人一起工作或为其工作，我感到很担忧。

为什么他们会成为问题呢？

要赢得并给予尊重，你必须知道自己是谁。只有你知道自己是谁、识别你的风格，你才能建立起一个互补型团队以及你所需要的一些其他风格。

我能够识别我周围的人的风格，但识别我自己的 PAEI 风格很困难。

这是普遍现象。我的朋友——来自加州大学洛杉矶分校管理研究生院的山姆·卡尔伯特教授说过，了解一个人需要有两个人才成。没有人能在真空中了解他自己，我们通过他人的眼睛看到自己，我们通过对他人的影响了解自己。从逻辑上讲，如果我们知道他人的管理风格，他人就会知道我们的风格，这是很符合逻辑的，他们会对我们的风格做出回应或应付我们的风格。这就是为什么独行侠的下属是跑腿的跟班、官僚的下属是唯唯诺诺的职员、纵火犯的下属是一群捧场者。

如果你想知道自己是谁，看看你会对他人产生什么影响，对他人如何反应保持敏感，观察你的下属和同事的行为表现，对收到的反馈保持开放心态。

许多年以前，我在墨西哥做了一次演讲，我用英文做演讲，有一个同声传译来翻译。我对翻译有点厌烦，因为听众对内容的反应要慢一拍，这与我的演讲不同步。于是，我问观众是否喜欢我说拉蒂诺语，这是我和家人一起使用的 15 世纪的语言，是一种混合了西班牙语、意大利语、葡萄牙语的混合语。听众同意了。

用一种古老的语言讲授 20 世纪的内容是很值得骄傲的事，但我试过之后，一些有趣的事情发生了。当我用 15 世纪的语言问听众："你们听到我说的了吗？"他们表现得有些迟疑，好像我说了什么奇怪的事情。于是我用英文问他们："我刚才说的是什么？"有人回答："你问我们，是否感觉到了你。"动词"听"在现代西班牙语中是 escuchar，你用的词是 sentir，它的意思是"感觉到"。

在那一刻，我很受启发，五百年以前，听见、感觉到以及听到这些词的意思是用同一个词来表达的：sentir。它真正的意思是感觉到。甚至在今天，在现代西班牙语中，当某人听力有困难时，大家会说他 mal de sentido，字面意思是"感觉有困难"。

在过去的五百年里都发生了什么？在西班牙语中，我们使用几个词来表达，而过去是用一个词，这意味着有些人听见却没有真正地听到，有些人听到却感觉不到你在说什么。他们可以重复每一个词，甚至分析它们，但他们感觉不到你在说什么。五百年前，自从有了 sentir 这个词，人们就一直用这一个词，它意味着人们听到、感觉到他们所听到的，他们之间必然有更多的联系。

很有意思，同样的情况还发生在希腊。在科孚岛，他们因为与大陆隔离而会说一些古老的希腊方言，"感觉到"和"听到"使用的也是同一个词。

对于领导者、配偶或父母，你需要做的，不仅是让他们听见或听到他人说了什么，还要让他们感觉到他人说了什么。我们的技术和经济发展一直伴随着越来越多的情感与社会隔离，我发现，对我所说过的话，发展中国家的人听见和感觉到的比发达国家的人听见和感觉到的要多。

我还有另一个启示。在芝加哥一个寒冷的冬天，我驾车遇到暴风雪，车外寒风凛凛，车内却十分温暖，我脱掉了夹克。我坐的地方离外边的冰天雪地只有咫尺之遥，我在车内却感到很舒服。

同样的现象也发生在现代社会的情感世界中。技术把我们训练得与世隔绝了，使我们对情感没有反应，我们把自己装在盒子里，而盒子之外，人们的情感崩溃了，但我们依然待在自己的空间里，对他人漠不关心。我们学会了如何把感觉到的与听见和听到的东西分离开。考虑一下"关掉"这个词，我们对待他人就像我们不想听的广播电台一样。

对一些人而言，花时间将听见转换成听到再转换成感觉到是一个非常漫长的过程。一个朋友告诉我，他的狗在他下班回家后立即就能知道他的感受。他一打开门，他的狗就跳到他身上，当他感到心烦时，它会回到自己的角落，缩成一团，静静地等待。我这位朋友由此得到启发，他总想通过感觉与他的妻子进行沟通，而等到他的妻子也听见、听到、感觉到他时，他却更加心烦意乱了。

让我们总结一下：对于优秀的领导者而言，我们需要彼此信任和尊重，这意味着优秀的领导者是那些能赢得并给予尊重的人。他们是什么样的人呢？首先，他们的风格是全面的，他们不会在所有方面都擅长，但他们有能力充分执行所有的角色功能，他们有优点也有缺点，但他们的 PAEI 代码中没有空白。

其次，优秀的领导者知道他们自己是谁。了解自己的方法之一是，关注你对他人所做的事情。你觉察到他人是如何对你反应的吗？这种反应将告诉你，你是谁。

优秀的领导者是那种可以听见、听到、感觉到的人。他们不会听见而听不到，听到而感觉不到，他们对他人的影响力保持敏感，他们是有意识的，他们活在当下。

那些不知道自己的人，通常是那些他们认为知道自己是谁的人。他们生活在真空中，不允许自己得到来自外部的反馈。

优秀的领导者接纳自己的优点和缺点，因为接纳他人的首要条件是先接纳自己的缺点。如果你不能接纳你自己，你如何能接纳他人呢？

我听得很清楚。彼此信任和尊重必须从自我信任和自我尊重开始。这些品质的发展是由内而外的，要想成为好的领导，首先要向内看。

优秀的领导者可以在他人的身上发现自己所缺乏的优点，这很不容易，因此，大 E 可以识别其他的大 E，但他们不知道如何识别和评估一个 A 的优势，他们不清楚应该用什么样的标准。事实上，他们甚至不喜欢 A 型。

这就是为什么优秀的领导者应该拥有一个全面的风格。他们与他们所做的事情有机地联结，对自己有一个平衡的看法，接纳自己的缺点，能够识别出他人在他们所不擅长的领域中所具备的长处。此外，他们接纳他人在某些方面比他们强，因为他们接纳自己并不擅长所有领域，他们能处理源于这种差异而产生的冲突。他们有足够的安全感，不会受到因分歧所带来的威胁。他们能听见、听到和感觉到，从本质上讲，他们能创造一个学习的环境。

您能列出一个优秀的领导者的品质清单吗？

当然。优秀的领导者是这样的人：
1）拥有一个全面且灵活的风格；
2）知道自己是什么样的人；

3）觉察自己对他人的影响；
4）对自己有一个平衡的看法；
5）接纳他们自身的缺点；
6）能够识别他人的优点；
7）接纳与自己不同的人；
8）能够驾驭冲突；
9）能创造一个学习的环境。

简而言之，他们是成熟的人。

是的，成熟造就优秀的领导者。成熟来自经验，经验来自做出错误的判断并能从错误中学到东西。成熟的过程总是伴随着痛苦，这涉及丢弃过去空间的附着物，才能在未来建立新的附着物。不是每一个人都知道如何丢弃他们的附着物、如何使其离去。成功是容易的，失败是困难的，一个优秀的领导者是一个经历过失败而获得成功的人。通往天堂的路是要经过地狱的。

所以，您反对让年轻的商学院毕业生从管理金字塔顶端起步的快车道做法？

绝对如此。他们被推到高层常常是因为他们所知道的，而不是因为他们是谁，他们还不具备教会他们成熟与人性的经历。优秀的领导者是谦逊的，他们知道他们的缺点并寻求他人的帮助。在西班牙，"知道"有三个层次：1）知道信息；2）知道如何做事；3）知道如何做人。

在现代社会，我们过分强调对信息的掌握、对如何做事的掌握，却几乎完全忽略对如何做人的重要性。领导者如果想要赢得和给予信任和尊重，就必须知道如何做人。

这个谈话很受益，也很沉重。

还有更多，我们以后再谈。

对话 *14*
如何将委员会式工作转化成团队协作

有一次我受邀去加拿大做演讲。主办公司的 CEO 在演讲的前一天晚上到机场接我,并邀请我到一家酒店套房与参加这一项目的其他高管见面,他们正在玩扑克。共有三张桌子,每张桌子上有四个高管,他们相互开着玩笑并放声大笑,他们的兴致很高,甚至有人为此输了几百美元,当他们终于停手不玩时已经是午夜了。

当他们准备离开时,我注意到了一些很有趣的现象。子夜一点,经过一晚上的扑克游戏,他们的肾上腺素依然在上升,他们说道:"太过瘾了!让我们尽快再聚聚,接着玩。"

我很想知道这其中有什么奥妙。如果我同样地安排这些高管们参加会议,他们必须在说出预算的情况下做出决定,他们会在两小时后就筋疲力尽了,能量消耗殆尽,没有人会期待着参加下一次委员会会议。

这不是很有意思吗?我很想知道在玩扑克游戏和参加委员会会议之间到底有什么区别。

如果同样的高管们要对团队任务做出决策,为什么他们不会有玩扑克牌时一样的行为呢?请告诉我,在玩扑克牌游戏和进行管理委员会会议之间有什么区别呢?

他们在玩，并因此而获得乐趣。

乐趣是结果而不是原因。

那就是他们喜欢玩扑克牌带来的挑战。

他们在生意场上同样可以体验竞争，那当然也是一个重大的挑战。

他们可以获得平等的机会？

对，但是你可以认为在生意场上也是如此。

规则！游戏有明确的规则。

正确。不只是在扑克牌游戏中，在任何其他游戏中，人们都不能违反规则。你不会相信人们会自律，所有游戏都要有规则。

> 人生是一个长期的游戏，你最好学会游戏规则。

这个扑克牌游戏给我带来启示，让我来撰写团队合作式的参与型管理培训项目，而不是委员会式的项目。

当孩子们准备玩游戏时，他们做的第一件事情是熟悉规则。如果有人破坏了规则，他们会停止进行游戏并对此开战。

生活中的任何相互依存都是由规则约束的，我们要做的是发现它们。没有行为规则就发挥不出相互依存的功能性，尽管我们不是总能理解或觉察到这些规则。人生，我的朋友，就是一个长期的游戏，你最好学会游戏规则。

那么这会把我们带到哪里呢？为什么知道规则并照此执行这么重要？

没有彼此信任和尊重的文化就没有团队合作，没有遵守彼此认同的行为规则就不会有彼此信任和尊重。

如果这都是真的，那么遵循适宜的规则就会带来团队合作的结果。

现在你理解这些了。这是我已经做的：我让运营管理加入到整合中。首先，我意识到任何培养不尊重和不信任的行为都是必须禁止的，一切增强信任和尊重的行为都必须得到鼓励。

那么这就是管理组织转型的方法的底线吗？

是的，必须有行为准则来培养尊重和信任！

可是尊重在这里意味着什么呢？您如何才能通过制定规则赢得尊重呢？

我在哲学家伊曼努尔·康德的著作中找到了答案。他说："尊重就是接受他人的主权。"

这里的主权意味着什么呢？

想一想在国际关系中它意味着什么。

主权意味着一个国家有合法的自由去根据自己的内部事务决定自己想做的事情。

正确，如果一个国家对其内部事务所做的决策是我们并不喜欢的，我们不能派我们的军队侵犯这个国家以使其改变它的决策，那样就是侵犯了这个国家的主权。

这同样适用于人际关系。有一天我说："你怎么敢这么说、这么想？"我就是向你派遣了"军队"以使你改变你的想法。我接受你的思想主权和你想说的，因为你拥有合法的自由来形成和表达你自己的观点。如果我抗议你表达出你的想法，或者坚持让你改变想法，这就是不尊重，因为我侵犯了你的主权。

彼此尊重意味着我们彼此接受用不同的方式去思考并表达自己的主权？

正是。

那么彼此信任呢？

解释这点更复杂一些，但还是让我们来解释一下吧。在我们谈话的开始阶段我说过变化是生活的一部分，对吧？

是的。

在英语表达中生活是给予和接受。

是的。

为什么我们不能像土耳其人或阿拉伯人那样说生活是接受和给予呢？

因为当你先给予时，你相信会得到回报。

这非常重要，因为短期看不是双赢的局面，没有共同利益。有人赢就有人输。然而，如果是有回报的，那么最终就会得到平衡。如果一个人相信会得到回报，那么他就会先给予。

接受和给予的文化可以说几乎没有信任，它们充满了冲突。对信任必须有信心。

您可以给我一些您已经试验过的规则，来引导和帮助我走出这个困惑吗？

我制定了一些规则，这些规则我已经在世界各地不同文化下的很多公司中得到检验。我发现如果组织结构是正确的，即使没有讨论彼此信任和尊重，人们也会改变他们的行为。俗话说篱笆扎得牢，邻居相处好。当人们拥有共同的愿景和价值观，并在彼此的讨论中遵循彼此信任和尊重的原则，猜猜结果会怎样？人们就会自然地开始用彼此信任和尊重的态度去行为。

你可以自由地思考任何你想思考的事情，我所关心的是你的行为到底是怎样的。

这看起来有些做作。那既不诚实也不真实，您这是说教式操纵。

有些人说:"向我证明上帝是存在的,然后我就会相信。"另一些人会说:"我相信有上帝,让我来找到他。"第一种人永远不会找到上帝。

为什么不会呢?

对于无神论者不会有答案,对于宗教信仰者不会有问题。如果你认为上帝存在,你就会在孩子的笑容里、在夏日清风中、在日落时、在你所有目所能及中找到上帝。如果你相信没有上帝,没有证据可以说服你。

我们首先是相信,**其次**我们才去搜寻支持我们的信念的信息。所以先从相信彼此信任和尊重开始吧。假设这是一个值得信任的人,可以从他身上学到一些东西,之后再核查证据。

表现得就像你可以信任他,并可以从他人身上得到学习一样。如果这个人值得你信任和尊重,你就会得到成长。如果你从不信任和不尊重开始,你就永远不会有机会发展信任和尊重。你也不会给他人机会来改正你的错误。

但那就意味着我必须抓住机会。

是的,先从小的地方做起。

这个谈话真正转变了我的思考范式。那么行为准则是什么呢?

它们很简单,但它们的简单性使它们变得强大。我提醒你不要因为它们很简单就低估它们的效力。

为什么您要提醒我呢?

因为有些人已经习惯于用学术思维模式来思考,认为那些不太复杂而又简单的事情都是没有价值的。事实恰恰相反。我花了很多年的时间试图简化事情,相信我,这可是一项艰苦的工作。

那么请告诉我,您学到了哪些既简单又有力量的规则呢?

艾迪兹学院的全部课程将培训学员们如何运用各种各样的规则，但是现在我还是会给你一个例子。一个如何处理会议开始时间的规则。会议通常不会准时开始，有些人认为准时是很傻的事情，重要的人可能会迟到，他们越重要，就越认为自己可以迟到。你可以通过人们到达会议的顺序来分析整个组织的等级。老板就是最后到的，如果任何人晚于老板就会被认为是冒犯。

但是如果有人确实不能准时呢？

那也没关系。人们可能会迟到十分钟，只要他们按约定好的惩罚政策来支付迟到每一分钟的代价就可以了，迟到者缴纳罚款并坐下。支付罚款意味着他们认识到自己违反了规则。它只是一个象征性的行为，并不是经济惩罚。没有必要解释为什么迟到，不管这个借口有多么合理，无论如何都要交罚款。事实上，这样的惩罚应该引起笑声。在许多公司，人们不必付钱，而是要做俯卧撑，他们可以选择做真正的俯卧撑或者类似的动作。

那会是什么？

弯曲你的膝盖，做蹲起运动，一上一下，它看起来很有趣。你看到过公司的总裁做这个动作吗？我可是看到过首相这样做过，人们边鼓掌边大笑，做的人也是一边做蹲起运动一边笑着，这有助于发展友情，如果这样做有效，人们就不会再迟到了。

我们也要准时结束会议，要尊重人们可能还有其他事情要做。

我记得为什么这样做：当会议被延长时，P会感到压力，并做出不好的判断。

确实如此。准时结束也表明你承认并尊重对方有其他的承诺。

另一个规则是针对在会议中发言的人。当人们谈论一个自己深有感情的问题或关于他们所创造的事情时，他们通常会在停止谈话之后还在不断思考他们刚才所说的话。他们在听他们脑海中的"磁带",核查他们是否已经说出了他们想说的话。当这种情况发生时,他们的眼神通常是游离的。危险在于别人也许开始跟他们说话了,而他们在听谁的话呢?

显然是听他们自己的。

这就是为什么沟通时非常困难的原因,特别是与E沟通。即使最轻微的挑衅也会使他们的思绪变得很强烈,以至于他们听不到别人的话,这也是为什么他们经常被指责傲慢和无礼。他们不听并不表示不尊重,而是因为他们有太多自己的想法要考虑。

委员会会议与艾迪兹法规定的团队会议是不一样的,当一个人发言结束时,主席通常会指定某人来发言。这个程序是一个大错误,特别是对于E型们,因为他们不会听别人的发言,他们能主宰会议并占据大部分的发言时间。所以艾迪兹法的规则是,当一个人说话时不能被打断,直到这个人把发言权给下一个人。

我们如何知道这个人结束发言了呢?

你告诉我,在这个世界里只有谁知道你已经说完了你想说的话了呢?

我自己!

对啊,只有正在发言的人才知道他们什么时候结束。这是艾迪兹法关于会议的第二条规则:人们可以按他们所愿,想发言多久就发言多久,如果他们停止发言,在思考接下来他们要说什么,之后还可以继续发言,这都是可以的,不能有人打断他。当他们真的觉得要停止发言时,他们看向他们的右侧,向其他人发出信号,那些想发言的人会举起他们的手。注意,他并没有让第一个举手的人发言,但是让他右手边第一个举手的人发言,并直接称呼下一个人的名而不是姓名。

为什么他们只称呼"名"而不称呼"姓名"呢?为什么不能称呼"姓名"或者只是向右给个手势呢?为什么不能只说"通过"或者点头来表示被允许发言呢?这听起来很受制约。我想您是一个E型;现在我想您是一个隐藏的A型。

你唯一能评估我所谈到的内容的方式是去体验它,而不是去分析它。请这样理解:我已经研究了如何将组织文化从缺乏彼此信任和尊重转变为彼此信任和尊重的最小细节。理论不经过实践是毫无意义的。

这一称呼他人"名"的规则是由很多原因发展起来的。当你感情用事时,你可能会忘记正在与你说话的那个人的名字,再记起来要花几秒钟的时间。举例来说,当我对我儿子很生气并想和他说话之前,我有十秒钟时间记不起他的名字。

如果你可以记起一个名字,那就标志着你结束了思考信息的过程并准备好倾听他人的谈话。如果你记起名字有困难,你就还没有结束思考。不必匆忙,回去继续进行你的思考。想一想你刚才说过的话,重复一遍,正确的事情重复几遍都是必要的,直到你确信自己已经说完了想说的话为止。

当你从沉思中回过神来,转向你的右侧,如果你能立刻记起你的右手边举手要发言的人的"名",你就已经结束了思考和发言。

为什么我不能称呼他人的"姓名"呢?

这是有充分理由的。还记得当你还是孩子的时候,你的母亲或父亲对你很生气时的情景吗?他们会称呼你的全名:"乔纳森·史密斯,现在是上床睡觉的时间了。"这就是父母们所采取的正式的方式,换句话讲,当你对某人称呼其"名"时,你很难生起气来。这是你针对所讨论的主题变得有点生气的那一群人所采取的保险策略。如果每一个人都必须称呼彼此"名",那就会降低沮丧和敌意的水平。有些人也许会非常生气,不停地说啊,说啊。当允许发言的时间快结束时,这个人通常会做一个深呼吸,平静地说:"乔。"他不能用一种挑衅性的方式说"乔!"。称呼"姓名"而不是称呼"名"是一种挑衅性的方式,就像你的父母曾经做过的那样。这是一种保持友好气氛的规则。此外,人们喜欢听到他们的"名"被提到,这强化了一种支持性的氛围,无论谈话过程多么痛苦。

为什么不让第一个举手的人发言?

因为那样的话 E 型们将主导会议,P 型或 E 型总是愿意抢先举手发言,即使他们还没有想好要说什么,他们这么做就是想获得发言权,他们会提出不成熟的想法。参加会议的人在争夺发言时间时就开始表现得咄咄逼人。通过让右边第一个举手的人发言,你创造了一个让别人不得不等待的局面。

为什么等待是适宜的?这也是我为什么那么讨厌开会,太耗费时间了。

在希伯来语中,单词宽容、耐心和痛苦都来自同一个词根,SVL。这引起了我的思考:我们在团队合作中想要的是彼此尊重,但没有彼此的宽容就不会有彼此的尊重,对吗?

对。

我不能这么说:"我尊重你的意见,但我不能容忍他们。"那是行不通的。没有宽容就没有尊重,没有耐心就没有宽容。我不能这么说,我容忍你有不同意见,但我没有耐心去听。你能容忍别人的观点的唯一办法是耐心地听他说些什么。现在,容忍不同的观点,并培养耐心去倾听他们是很痛苦的。

我知道为什么很多人在委员会会议中表现得不尊重,他们不能忍受别人不同意他们的意见的痛苦,以及没有耐心去听争论的结果。

当人们有不同的意见并且没有什么宽容心时,他们会做什么?他们会提高嗓门，语速也加快了。你知道他们在展现什么吗？痛苦！他们匆匆忙忙地开会，试图逃离痛苦。他们在高速路上超速狂奔向前，造成破坏性的冲突。

即使其他人先举手也要让右边第一个举手的人发言。这会强迫其他人等待。当他们等待时，他们培养了耐心。当他们培养了耐心，他们就培养了宽容。慢慢地，他们学会了如何与痛苦相处。

依我看来，管理培训和发展的一个目的就是提高一个人处理来自冲突的痛苦的能力。

有经验的领导者知道如何处理与人打交道时产生的痛苦，他们就像特氟龙不粘锅一样：没什么能粘住他们。而缺乏经验的领导者不能忍受痛苦、难以管理，因为他们在第一次经受不舒服的痛苦时就会失去判断，他们进入防御行为模式和误判。经验是非常重要的，因为它可以帮助管理者发展处理人际关系的痛苦的能力。

在艾迪兹法中，我们培训人们成为更优秀的管理者，其中的部分内容就是专门培训他们去忍受倾听他人的不同意见所带来的痛苦。发生的事情是非常有趣的。下面有一个例子。

假设是围成一圈坐着的第七个人先举手，但是发言权必须交给发言者的右手边第一个举手的人。假设发言权在第七个人得到之前要经过好几个人。起初，这个人坐立不安、急于发言，但要求他发言时他又改变了主意，他意识到没有什么可说的。而他听到别人发言时，他又学到了一些东西。彼此尊重这时得到了发展，因为人们彼此间进行学习。

您的意思是说，如果我们将发言权交给第一个举手发言的人，就不会使尊重得到发展？

正是。E 和 P 就是那种动作敏捷的人，他们将主导会议。A 会花时间来思考事情会怎样发展，而 I 总是观察他人及如何进展的，会一言不发。E 会得出结论，认为 A 和 I 不会做出什么贡献而轻视他们。彼此尊重的反面就是彼此不尊重的开始。要是强迫他们去听 A 的声音，E 可能会意识到他们并不是唯一可以想出好主意的人。

人们学习和彼此尊重的最好标志是人们不急于做出判断。当你用这种方式管理过几次会议后，你会听到大家说："我有一个主意，但我不太确定一定是好主意，我很愿意听听其他人的反馈。"他们已经开始彼此倾听了。

您愿意将这些规则再说一遍吗？

首先，无论是谁发言，他需要讲多久就讲多久。当某人发言时，任何人不能举手或发言，大家必须等到他发言结束，不能催促和施加压力。当一个人结束发言时，他就是唯一的那个可以做出决定的人，他看向他的右侧，无论谁希望发言都需要举手示意。前面的人发言结束后便叫自己右侧举手的第一个人。他必须称呼下一个人的"名"而不是"姓名"，他叫下一个人的名字的那一刻，他就放弃了继续说话的权利。现在只有那个被授权的人可以说话。

但是那个人可能会讲个不停。有些人有内容可以说，还有些人是不得不说一些话，听完后者喋喋不休的讲话之后我也许都老了。

如果你想做一个长时间的发言，那就设法变短些；如果你想说得短些，你最好让它们变得长些。

您又来了。如果有人多嘴会发生什么呢？

任何人干扰其他人发言都要支付罚款或做俯卧撑，所有违规收集的钱都捐给慈善机构。

当大家看到罚款都堆在他们面前时，他们就知道不应该违反规则，他们会等着轮到自己，然后再轻声细语地发言。在希伯来语中，我们说"Divrey hachamim benachat nishmaim"，意思是说，"智慧的语言是需要静静地去听的"。在阿拉伯语中他们说"Al agial min alshiatan"，意思是"冲动是魔鬼"。愚蠢的人彼此会大喊大叫。

在会议中遵循和实施这些规则，你知道没有人会被打扰，没有人使你感到有压力或者凌驾于你之上，你可以充分考虑并说你想说的，你有时间核查你说过的话是否为你真正想说的内容，你总是能完整表达你的想法。这使其他人能很好地倾听你的发言。我们围成一圈开会，直到讨论出结果，无论这个结果是什么。

好的，但是当一个人谈论X话题，另一个人谈论Y话题，还有一个人开始谈论Q话题时会发生什么？在您知道结果前，您正在同时讨论十五个不同的话题，您已经偏离了原来的议程。

这也是为什么会议主席被称之为I型整合者，他必须监督大家不要改变议程。整合者必须引导讨论方向，必要时打断流程，通过这样做，整个团体才不会分散开朝向几个不同的方向。就像我说过的，这需要一个七天的课程来学习如何正确地引导会议。

那么罚款呢？总是会有效果吗？

罚款对于极端的E型们是起不了什么作用的。对于像以色列和希腊这样的国家也是没有什么效果的，它们都是E型文化比较流行的国家。在美国，罚款对于非常具有创新精神的年轻公司也是没有什么效果的。

大E并不太在乎钱。我不止一次看到过这种情况，E型生气之后，把十美元扔在桌上说："这里的一美元是破坏规则的罚款，另外九美元是为我后面发言预备的，因为我想什么时候说就什么时候说。"

E不介意在一次会议中交一百美元的罚款，只要他们能让大家听到他们的想法。对于典型的E，我有不同的规则。任何时候E违反了规则，他们就失去了说话的权利，没有比不允许E说话更严重的惩罚方式了。所以他们安静地坐着，遵循规则，就像其他团队成员一样参与其中。

还有更多的规则吗？

很多，还有很多。

您都进行过测试?

我发展出的这套方法已经在世界各地超过千家公司进行了四十年的实践,在不同的文化(迄今为止是 52 种文化)、不同的技术和不同规模的公司中已经得到验证。我们选了一些公司,从较低水平的彼此信任和尊重、合作与沟通,转化为很强的彼此信任和尊重、强大的合作与交流的文化。我们把浪费在内部冲突中的能量转化为可以直接用来处理外部竞争和满足客户的需求。

这一方法持续的时间长不长?

很有作用。但是彼此信任和尊重的文化是不稳定的。如果公司停止继续实践艾迪兹法的内容,他们会失去这一方法所带来的优势。

他们为什么要停止使用呢?

因为变化,尤其是真正的变化是痛苦的。艾迪兹法是有效力但不是流行的方法,所以有些公司会停止使用。举个例子来说,如果一个新 CEO 来到公司,但没有接受过这种方法论的培训,他可以停止这个流程,改变公司结构,拆毁之前煞费苦心所构建的一切。

团队合作与委员会工作的区别:

委员会	团队
主持人引导讨论和决策	整合者引导讨论,但没有做决策
没有彼此信任和尊重的规则	有彼此信任和尊重的规则
通常训练程度很低	训练程度高 / 违反就会惩罚
所有 PAEI 角色不是必需的	PAEI 角色都存在
也许不拥有 capi	必须拥有 capi

请注意:彼此信任和尊重不是依据上述规则创建的。我们需要共同的愿景和价值观,我们需要一个拥有 PAEI 角色的组织结构,我们需

要一个可以正确运作会议规则的流程，我们需要正确的人。这比你向右侧转头和称呼他们的名字要复杂得多。

现在，请您给我有关您的理论的底线原则，也就是当您不得不踮着一只脚站立时，您会怎么说？

在你的组织中建立彼此信任和尊重的文化氛围需要具有：1）共同的愿景和价值观；2）一个多样化的PAEI结构；3）一个协作的沟通和决策制定流程；4）能够获得并给予尊重与信任的成熟的人。

这是本质，可以使你构建一个更好的组织，或国家，或无论什么你所管理的实体，还包括你的婚姻、孩子、社区或你的生活。

这是一段长时间的谈话，我们再总结一下，如何？

为什么不呢？

总结

管理就是解决因变化而出现的问题的过程。

这些问题有一个可预见的模式：有些是正常的问题，有些是不正常的问题。这些请参照组织的生命周期。①

为了管理任何事情，我们必须做出有效益的决策来解决问题，我们还必须能有效率的实施决策。

为了做出有效益的决策，就需要一个互补型团队，我们没有人可以在任何时候独自做出一流的决策。此外，为了有效实施决策，我们需要与有长期共同利益的人共同实施已经做出的决策。

---

① 详情请参阅艾迪兹博士的《企业生命周期》。

拥有互补型团队和共同的利益并不容易，因为存在冲突。当我们思考、说话、行为方式不同时，就会发生冲突。

共同的利益也不是普遍现象，我们不会总有一个双赢的氛围，它是另一个冲突的来源。冲突是生活或管理过程的天然组成部分。

因为管理就是要处理变化所带来的问题，没有冲突就不存在管理。关于变化应该做什么，不同的人有不同的想法。受变化所带来的影响，不同的人有不同的利益。给我展现变化，我就会给你展现冲突。管理变化的诀窍是将破坏性冲突转化为建设性冲突。

当不同风格的人们可以彼此学习时，冲突就是建设性的和协同的。要做到这一点，基于彼此尊重的行为准则进行沟通是实现这一目标的必要条件。

如果存在一种感受得到的双赢的氛围，就可以保证长期运转。如果我们彼此信任，短期利益的失衡就不会随着时间的推移而出现，我们将进行合作，利益的冲突也可以被引导为建设性的。

因此，优秀的管理是基于彼此信任和尊重，是基于合作的合作和开放的沟通之上的团队合作。

对于成功的团队合作，我们需要在制定决策的过程中能够培养彼此信任和尊重的行为准则。我们还需要成熟而平衡的人，即 PAEI 代码完整，不能有任何一项缺失，领导者必须拥有大 I。我们需要正确的组织结构，我们还需要共同的愿景和价值观。

再强调一遍：因为有变化，所以在现实中才产生冲突。我们想使

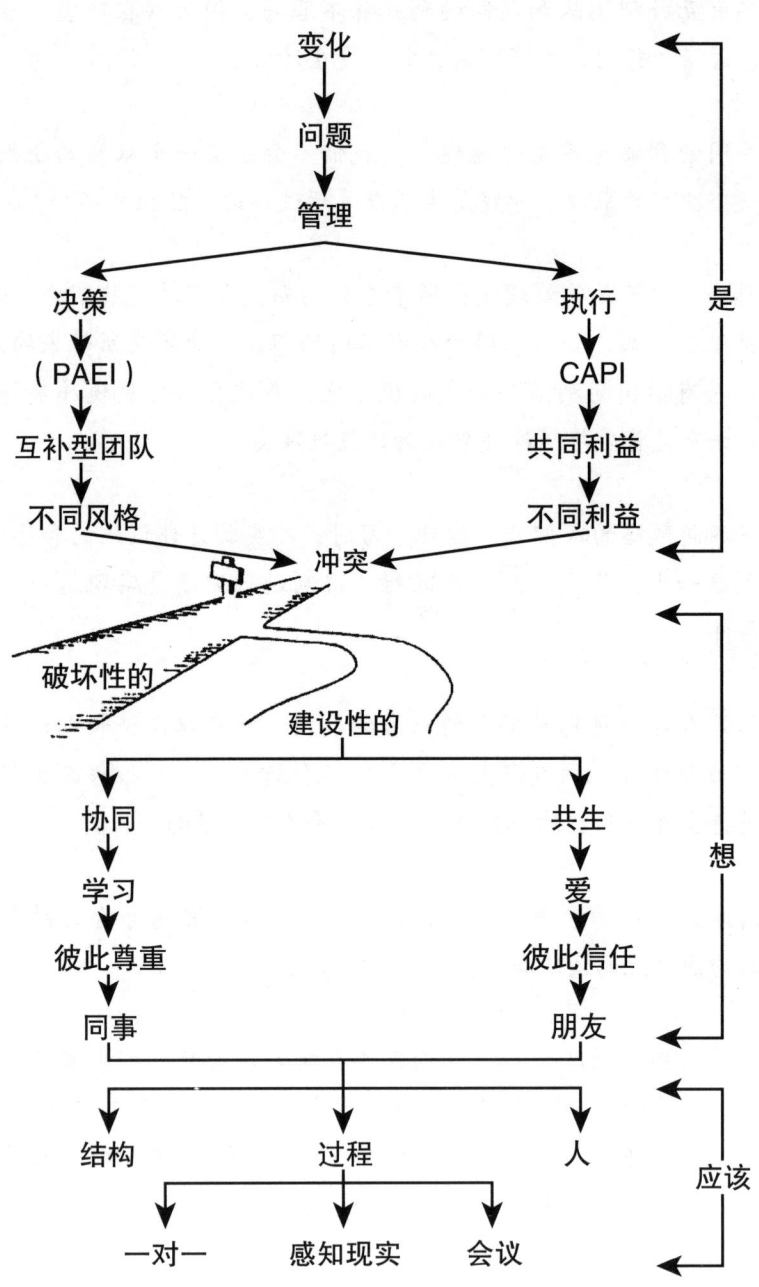

冲突是建设性的，为此我们需要适合的文化。对此，我们需要成熟的人、制定决策的正确流程、正确的组织结构、共同的愿景和价值观。

我最感兴趣的是如何将冲突产生的破坏性能量转化成建设性能量的过程，64000 美元的问题是您是如何创建这样文化的？

让我们继续讨论。

对话 15

艾迪兹项目与组织变革

系统性组织诊疗（变革）简介

彼此信任与尊重可以预测一个公司或者它的任何系统是否会成功，无论你想以何种方式定义成功。

听起来很有趣。

$$成功 = f\left\{\frac{外部整合}{内部瓦解}\right\}$$

对某些人来说，成功可能是成为亿万富翁；对其他人来说，躺在沙滩上收集肚脐上的汗毛就是成功的。成功是一种外部整合与内部瓦解的比率。

我想您早先提过这个公式，能不能再解释一下？

没有任何系统可以在真空中运行。它在与其交互的环境中运行，环境影响它并受到它的影响。

对于一家公司而言，外部整合意味着在功能上彼此依存、相互受益，这个可以通过市场份额、重复购买率等指标来衡量。

公司该如何进行外部整合呢？通过战略规划和营销策划。这一努力的共同之处在于分析在哪里不断变化的机会，并试着以优于竞争对手的组织能力与这些机会相匹配。

> 抓住外部机遇的能力要强于竞争对手。

在个人生活中，外部整合通常被称为职业规划，过程是一样的：我擅长做什么？在那里的机会是什么？如何将我的个人能力与这些机会相匹配？

从更宏观的国家层面来讲，外部整合被称为经济政策、贸易政策或产业政策，是由一个国家的贸易差额来衡量的。

内部瓦解则可以从被耗费的能量上面来分析。打个比方，如果你被训练成一个机械工程师，你就要学会用最少的移动部件来设计一台机器。移动部件越多，磨损机会就越多。因此，机器设计应具有最大的压力和最小的摩擦力。摩擦造成的浪费本可以用于机器的正常运转。

我们从物理学中知道，在任何时间点上，能量都是固定的。我发现在组织内部，这种固定的能量是以一种可预测的方式进行分配的。首先，它致力于处理内部瓦解，其余的则致力于外部整合。因此，所有的成功都是由内而外地产生的，而非由外向内。

有太多公司坚信成功的秘诀在于他们的战略规划。错了！如果公司内部分崩离析，就不会实施任何战略计划，至少短期内无法迅速被执行。

要使公司的内部瓦解最小化，我们需要建立一种彼此信任和尊重的组织文化。艾迪兹项目针对组织变革的目标就是：在组织内部创造并培育一种最小的能量消耗，彼此信任和尊重的可持续的文化。

我们之前已经谈过决定在公司中是否有彼此信任和尊重的四个要素了。

它们是：共同的憧憬与价值观、PAEI 式多元组织结构、彼此协作的决策过程以及既可以给予又可以获得尊重与信任的人。

但是您将如何在一家公司内部实现这四个要素呢？为什么称它为"系统性组织诊疗"呢？

之所以是系统性的，是因为它有可预见的步骤和规定的路线图，描述了什么时候该做什么、和谁一起做，以及如何做。艾迪兹项目的 11 个工作坊，我们称为 11 个阶段，就是被设计旨在影响这四个因素的。

您有证据证明它有效吗？

是的，我有。企业获得了超常的财务回报。其中有很多都获得了行业中完善管理公司的奖励。①

我们正开始通过问卷调查来衡量士气，但我们已经有现有的数据表明员工离职率降低了，有些员工虽然获得了其他公司的高薪，但都拒绝了。

能介绍一下艾迪兹项目吗？

第一个工作坊的编号为零，因为实际上还没有开始组织诊疗。我们只是提供理论说明。我们会检查这套方法体系赖以存在的价值观是否被这家公司所接受。不要忘了我们是在"推销"彼此信任和尊重的文化。有些领导者不在乎企业文化，他们只想快速得到结果。这样的企业，我们建议它们去找咨询公司就可以了，裁员、降成本……而这些都不是我们做的。

等等，您反对削减成本吗？

一点也不，但我们不消减脂肪，而是将脂肪转化为肌肉。不是削

---

① 请参阅艾迪兹博士的《对话 CEO——艾迪兹法实践篇》，美国加州艾迪兹学院出版公司出版，2015 年。

减成本，而是增加收入。

有意思。您继续讲。

组织诊疗的第一阶段，我们称为"协同诊断"（Syndag™）。最多30个人参加研讨，学习如何自我诊断组织内部问题。

公开地讨论问题是一个很大的改变，参加者能放得开吗？

这是一个井然有序的工作坊。我们教他们如何管理会议的规则；如何通过一种相互尊重的方式从解冻前进到收集、归纳等阶段，以便他们可以彼此学习。这个阶段的目的是学习营造彼此信任和尊重的规则。从一开始他们就要学会有关在会议中发言的一些硬规则，比如谁来发言、何时发言、如何发言，还有要按时与会等。

初步诊断后，我们不会纸上谈兵，只是说说彼此的信任和尊重，我们会有针对性的让参与者切身体验如何做到彼此信任和尊重的培训。

这有用吗？

每次工作坊都会增设要求，增加做到彼此信任和尊重的难度，这就像是举重运动，逐步增加重量。

在第一阶段的协同诊疗中，他们学习如何在没有破坏性冲突的情况下讨论和分析他们的问题。

太不可思议了！你是说30个高管，坐在一间屋子里三天，讨论公司问题，他们不会互相残杀？相反，他们就问题是什么、产生的原因和行动计划应该是怎样的达成共识而离开了为期三天的会议？

是的，完善这个系统花了数年时间，效果很不错。

我相信您说的，但说实话，我想看到这一点。

我们学院的资料库里有上千家这样的公司。

第二个阶段是教会他们如何解决问题。我们首先选择低挂的果实：一个子系统的简单问题，而不是系统问题。例如，我们将解决一个库存或收集问题，并教会小组如何组成CAPI，以及如何引导从收集信息到最终完成的过程，最终总结出可以迅速实施的方案。

我明白了。他们以自己的能力建立信任。

首先他们学会了如何诊断，然后学习如何解决子系统问题，接下来就是如何将问题向上层引导。

这个如何理解？

世界上关于如何领导下属的课程不计其数。我们聚焦的是：如何在你负有责任，而职权却在组织上层时解决问题。这个阶段要教会人们如何将问题引导到职权范围内，而不仅仅是责任所在。

第一、二、三阶段教会人们如何分析和解决问题，如何向下、横向、向上地合并CAPI。这样组织开始建立信心，他们看到结果。他们可以在不互相指责的情况下讨论问题，而不需要进行政治迫害。他们是作为一个团队来解决问题，而非委员会式的令人沮丧的管理过程。

现在我们做准备解决一些系统性问题。整体的问题。在第四阶段我们教授和实践如何定义在该时间点对组织特有的公司使命。

但所有公司都有一个使命。这里有什么不一样的吗？

我所见过的大多数企业的使命陈述都是类似的，可以用在任何阶段的任何组织身上。比如，"我们的使命是满足客户和股东要求、对社会负责"等等。

我们想知道在那个特定的时间点能让我们为公司感到自豪的具体的驱动力是什么？它们在生命周期的哪个位置？使命就是如何过渡到下一个预想的阶段，并最终走向鼎盛。①

---

① 请参阅艾迪兹博士的《企业生命周期》。

第五阶段是根据PAEI的角色设计组织的职责结构。如果我们要拥有一支互补型团队，那么就需要拥有一个可以使PAEI角色发挥作用的互补型结构。

第六阶段是修改预算系统以适应新的结构。

第四、五、六阶段涉及的是组织结构。现在公司的CAPI团队与其使命保持一致，他们有一个已经被定义（在第五和第六阶段）的结构来履行使命、职责和职权，我们将把艾迪兹方法推广应用到整个企业中。我们在公司培训和认证艾迪兹变革领导者，由他们在企业内部普及这套方法。我们会提供咨询、指导手册、培训和专业监督等服务。

> 我们为"失去"每一个客户而感到自豪。

我们的目标是最终将客户从我们的干预中解放出来。他们知道如何保持彼此信任和尊重的文化、如何作为一个团队做出决策、如何每年重新定义组织使命以及根据需要，如何重构组织结构。

换句话说我们为"失去"每一个客户而感到自豪。

什么？你们是一个非营利性组织吗？

我们当然是营利性组织，我们也实现了盈利，但这不是我们的目标。我们像是一个治疗师：我们的目标是使客户健康。试想一下一个心理医生因有一个一生都需要他的病人而自豪，那治疗的意义在哪里呢？

一旦受过训练的团队知道如何诊断问题和解决问题，那么每个人就都明确了自身在组织结构中的角色，通过自身拥有的职权来行使自己的职责，接下来就是教他们如何将组织扩展到最高绩效。现在，整个组织都在合作，并延伸到可以做到的最好的状态。

在第九阶段，我们教他们如何作为一个团队去做战略规划。

为什么这个时候才做战略规划？不会太晚吗？它不是组织变革或者诊疗的关键部分吗？

如果没有彼此信任和尊重，战略规划有何作用？如果人们疲于争吵，他们无法解决简单的问题，他们将如何实施颠覆性的战略变革呢？

只有当这种合作和愿意变革的文化生根了，当整个公司走在追求鼎盛的路上了，我们才会开始做战略规划。这个时候战略规划，或者说战略变革，有理由存在，因为该公司已经以目前的形式实现其巅峰表现。然后我们就可以讨论如何破坏它，以取得更好的结果。

换言之，你首先翻地，再浇水、施肥，只有当土壤等条件准备好了再种树？

正确。在冰冻的土地上种植优秀的种子有什么用呢？这正是许多咨询公司所做的。该企业还没有做好变革的内部文化准备，但他们还是建议改变。

接下来的阶段是什么？

第十阶段是建立平行的管理渠道：自上而下地指挥和监督决策的执行；自下而上的流程是为了决定要做什么改变，这样公司就会不断变化。

第十一阶段，工作坊的最后一个环节是针对合作和巅峰表现设计一个奖励体系。

工作坊到此为止了吗？

不，11个阶段是一年中的11个月。目标是每个月做一个阶段，然后在12月休息。然后来年一月份重新开始，新的诊断、新的同步、新的解决问题，等等。

也就是说企业一直在变化？

完全正确。在交付这十一个阶段的过程中，公司发展了共同的憧憬和价值观、设计并贯彻适合PAEI角色的组织结构、有效分权、学习如何进行团队决策，并且，作为一个项目的结果，彼此信任和尊重的文化已经建立起来。人们开始实践彼此信任与尊重，以前耗费在内斗上面的能量被解放出来以对抗竞争。

那些不改变、不能在团队中工作的人怎么办？

离开是必然的。这很好。因为企业不需要那种傲慢自负、利己独裁的"天才领导者"——不管怎样。

这套方法真是绝了，我受益匪浅。

这仅仅是万里长征的第一步，要学的还有很多。

您建议我接下来读那本书？

首先我建议的是《完美管理者》：为什么不能成为完美管理者以及如何做。接下来是《企业生命周期》：组织是如何成长、成熟、衰老、死亡的。再往后如果你想深入学习，可以读《管理与管理不当的类型》和《引领领导者》。

如果接下来你还有兴趣，你可以看看《企业生命周期》的姊妹篇《追求鼎盛》。

然而，这是我最强烈的建议：当你读完本书的时候，请再读一遍。读到结尾，你会对书的开篇阶段有更好的理解。

我会的，非常感谢您！

也要谢谢你让我分享了我的知识，如果知识不是共享的，它有什么用呢？

再见。

再见，我的朋友。

译后记

对我来说,翻译艾迪兹博士最新修订版《把握变革》一书本以为是一件相对轻松的事情。虽然我不是英语专业出身,但凭借对艾迪兹博士管理理论的熟悉和培训推广的经验以及书籍采用日常对话的写作方式,我还是欣然接下了这份工作并很有信心完成它。

功夫巨星李小龙在接受采访时曾经说过:"我开始学习武术时,觉得一拳就是一拳,一腿就是一腿。随着时间的推移,对中国武术及各种流派技术的深入了解,我觉得一拳不简单是一拳,一腿不简单是一腿。创立了截拳道之后,我现在觉得,一拳不过是一拳,一腿不过是一腿。"用这段话来形容我在翻译此书的过程非常合适。开始翻译时觉得并不难,越是翻译到后面,越是觉得艾迪兹博士在本书中所传递的不只是管理理论和领导力提升,而是他集一生的经历和管理研究实践所形成的一套哲学。我觉得,艾迪兹博士将变化常态下的管理用最简单直接的方式来开展工作,以取得预期甚至是超出预期的结果,这不只是适用于生命周期的各阶段企业,如果运用得当,对家庭关系也非常适用。这一翻译过程使得我对艾迪兹博士的理论有了更加精进的体验,对我的家庭关系也提供了帮助。

2013年4月,我母亲突发脑出血住院治疗,在父亲精心的陪伴和照顾下,母亲凭借惊人的毅力以及对恢复健康的信念,只用了4周时间就出院回家治疗,比常规的住院治疗时间提前了1周多,并且恢复到很多此病患者都无法达到的状态。我在翻译和出版过程中也遇到很多意想不到的困难和挫折,有时对一个词、一段话的准确表达实在是不知如何翻译,持续几天甚至几周时间人都快崩溃了。但我想我也继承了母亲的那种不屈不挠的奋斗精神、父亲身上的执着和豁达，最终完成了此书的翻译。我也籍此机会将本书献给我的父母，我以父母为傲，我也知道父母以我为傲！

熊艳芳老师是我一生的挚爱、合作伙伴、同事，我们一起做过很多事情，无论在我顺境还是逆境都给予我信任和支持，这种感觉无法用语言来表达。她对事情精益求精的态度非常值得我学习，正是这种态度使得此书最终呈现给读者的版本是我们都认为现阶段我们能做到的最好版本。我们一起合作翻译此书，使我受益良多并享受这一过程。

我的朋友兼前同事顾兆然先生对本书第15单元进行了初稿翻译，他的专业性令人钦佩，在此特别感谢！

华夏出版社的陈小兰女士从此书准备引进翻译开始，一直到印刷出版都提供了专业的指导和建议，没有她的帮助，此书就无法顺利出版，衷心地感谢！

美国艾迪兹学院负责出版工作的 Mr. Louis 对于本书的出版给予了大力支持，他是一个非常容易合作的人，在此也要感谢他的支持和信任！

如同大多数译者在最后一段共同说的话："本人经验有限，还有很多不足，书中还有很多未尽人意之处，欢迎各位读者指正。"

我们衷心希望此书的出版可以支持各位经营运作企业的领导者和管理者，迎接变化，把握变革！

张伟中
2017.11.11